가치 투자
실천
바이블

KOJIN TOSHIKA NYUMON BY ENAFUN KABU DE KATSU TAMENO RULE 77
written by Tsukito Okuyama.

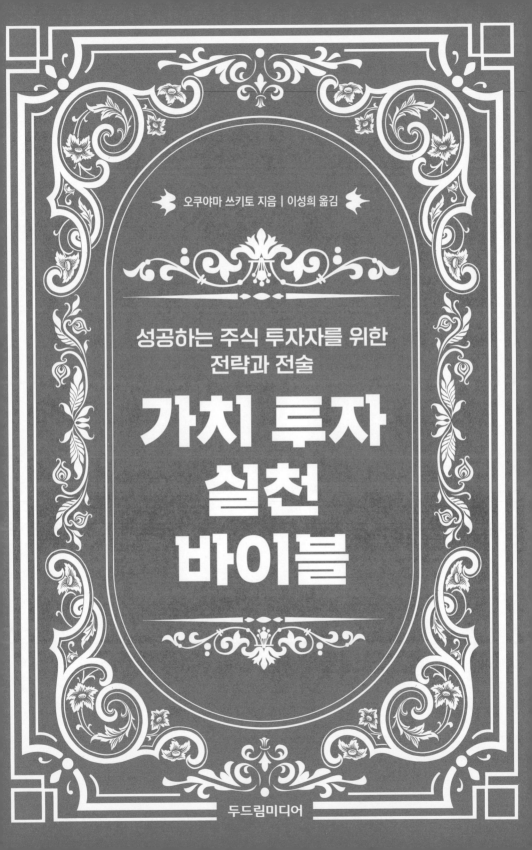

오쿠야마 쓰키토 지음 | 이성희 옮김

성공하는 주식 투자자를 위한
전략과 전술

가치 투자 실천 바이블

두드림미디어

'투자자'라는 입장에서 승부한다

오늘날의 일본은 자본주의사회다. 귀족사회나 무가사회(武家社會)에서 농민의 부는 귀족이나 무사에 의해 수탈당할 뿐이었다. 하지만 자본주의사회에서는 자본가가 사업에 자금을 투자함으로써 경제가 발전하고, 기업에서 일하는 사람들이 벌어들인 부가 최종적으로는 주주인 자본가에게 흘러 들어가는 구조로 되어 있다. 그것이 좋은지 나쁠지에 대한 논쟁은 제쳐두고, 그것이 현실이다.

다행히 오늘날의 일본은 자유주의이기도 하다. 자본주의를 뒷받침하는 구조로 주식 시장도 정비되어 있다. 주주가 되고 싶으면 수만에서 수십만 엔이라는 자금을 마련하기만 하면 누구나 투자자가 될 수 있다. 물론 귀족이나 무사가 서로 세력을 다퉜던 것과 마찬가지로, 주주는 주식으로 살벌한 전쟁터에서 살아남을 필요는 있지만, 몇 가지 포인트를 파악하고 아마추어 개인 투자자만의 투자 전략을 구축한다면 프로와도 충분히 싸워볼 만하다.

비즈니스맨이라는 강점을 주식에 활용한다

나는 회사에 다니면서 주식 투자를 하고 있다. 직장인이기 때문에 항상 컴퓨터 화면을 들여다보면서 주가 변동을 체크하기란 불가능하다.

그래서 단기적인 주가 변동은 무시하고 장기적으로 보유하면서 기업의 성장이나 실적 회복에 따른 장기적인 주가 상승을 노리는 투자 방식을 철저히 지키고 있다.

'회사를 그만두고 주식 투자에 전념하는 편이 더 수익을 낼 수 있는 거 아니야?'라고 생각하는 독자도 있을지도 모른다. 하지만 나는 반드시 그렇지는 않다고 생각한다. 한 업계의 프로로서 비즈니스에 정통하면서 주식 투자를 하는 편이 여러모로 유리한 면이 있기 때문이다.

먼저 비즈니스의 제일선에서 생생한 정보를 접할 수 있다는 점은 매우 유리하게 작용한다. 주식에 관해서 '왠지 나와는 다른 업계의 주식을 사지 않으면 안 된다'라고 믿고 있는 사람이 있는데 그렇지 않다. 자신과 가까운 기업의 주식일수록 겸업 개인 투자자에게 유리한 측면이 있다. 크게 벌 수 있는 소스가 그 안에 지천으로 널려 있기 때문이다. 단지 그것을 깨닫지 못하고 있을 뿐이다.

또한 오늘날의 비즈니스맨이라면 싫어도 회계나 비즈니스 공부를 해야만 한다. 그 점도 그대로 주식 투자에 활용할 수 있다. 이 책에서 소개하는 밸류엔지니어링 투자법은 내가 근무하는 곳에서 어떤 직무 책임자로서 임명되었을 때 알게 된 가치공학(value engineering, 밸류엔지니어링)이라고 하는 경영학 사고법을 응용한 것이다. 평상시 업무에서 아무렇지도 않게 사용하고 있는 정보를 응용해 비즈니스맨만의 투자 스타일을 확립할 수 있는 것이다.

개별 성장주에 장기 투자한다

나는 고등학생 때 처음으로 주식 투자에 발을 들였다.

어느 날, 아버지께서는 이렇게 말씀하셨다.

"네가 태어나서 지금까지 친척들에게서 조금씩 받은 것을 모은 돈이 30만 엔 정도 있단다. 대학생이 되기 전에 너에게 주려고 해. 아니면, 내가 예전부터 투자하고 있던 주식 단주(端株)가 30만 엔 정도 있지. 네가 원한다면 그것을 해도 좋단다. 어느 쪽이든 원하는 것을 골라 보렴."

단주란 주식 수가 최저 매매단위에 달하지 못하는 주식을 가리킨다. 예를 들어, 100주 단위로 매매되고 있는 종목의 주식을 30주만 가진 경우를 말한다. 아마, 증자(增資) 혹은 다른 어떤 이유로 갖게 된 경우일 것이다.

나는 후자를 택했다. 종목은 야마이치증권(山一證券)으로, 1997년 자진 폐업에 들어간 그 야마이치증권이다. 내가 그 주식을 손에 넣은 1980년대 후반은 거품 경제가 시작될 조짐이 보이는 타이밍이기도 했기 때문에 증권주는 대체로 잘 올랐다. 아버지로부터 양도받았을 때 1,000엔 정도에 불과했던 야마이치의 주가도 이러쿵저러쿵 2년 정도 흐르는 사이에 3,000엔으로, 3배나 상승했다. 고등학생인 나에게 있어서 인생관이 바뀌는 큰 사건이었다.

이 경험이 계기가 되어 나는 경제학부에 지망했고, 대학에서는 증권 이론을 다루는 연구회에 들어갔다. 그 연구회의 담당 교수였던 분이 고 로우야마 쇼이치(蠟山昌一) 교수님이다. 당시에 교수님은 오늘날에 잘 알 려진 선물 시장이나 신흥 시장, REIT(부동산 투자신탁)과 같은 금융의 새로 운 구조를 검토하고 계셨다.

공부를 싫어했던 나는 매일 도박만 하고 대학 수업에는 제대로 출석 하지는 않았다. 하지만 연구회 공부만큼은 즐거워서 빠지지 않고 참석 했고, 그곳에서 금융이론을 기초부터 배웠다. 그래서 대학을 졸업하면 금융업계에서 일하려고 생각했다. 하지만 졸업을 하기도 전에 거품이 붕괴되었다. 금융업계의 앞날이 너무나 어둡게 느껴졌다. 결국 일반 기 업에 취직하는 길을 선택했고 주식은 취미 정도로만 이어가게 되었다.

이기고 지는 날들이 반복되면서 자산은 전혀 늘지 않았다. 한동안 단 기 트레이드나 차트 분석도 공부해봤지만, 나와는 전혀 맞지 않았다. 그 렇게 고민하던 어느 날, 한 권의 책을 접하게 되었다. 바로 미국의 전설 적인 펀드 매니저 '피터 린치(Peter Lynch)'가 아마추어 개인 투자자를 대 상으로 자신의 투자법을 설명한 《전설로 떠나는 월가의 영웅(ONE UP ON WALL STREET)》이다. 부제는 '아마추어의 지혜로 프로를 앞질러라'라고 되어 있다.

린치는 미국의 자산운용 대기업인 '피델리티'의 주력 펀드(투자신탁)를 1977년부터 13년 동안 운영하며 연평균 29%의 수익률(운용 수익)을 기 록해 펀드의 순자산 총액을 700배로 증가시켰다. 그의 책을 읽어보면 '오늘날의 일본 시장을 설명하는 것이 아닌가'라는 착각이 들 정도로 보편적이면서도 본질적인 것들이 적혀 있었다. 이 책이 미국에서 최초로 출판된 것은 1989년이었으니 책에 담긴 내용은 모두 그 이전 미국의 이야기일 터인데 말이다.

내가 피터 린치의 책을 읽었을 당시에는 단기 트레이드가 대세였다. 한편, 장기 투자라고 하면 인덱스 펀드나 ETF 등에 넓고 얕게 투자하는 장기 분산 투자가 주류였다. 주식 잡지나 책을 읽어도 개별 성장주에 장기 투자하는 방법을 자세하게 설명해주는 책은 전무했다.

나는 피터 린치의 책을 몇 번이고 반복해서 읽고 거기에 쓰인 린치의 투자법을 되새기며 일본의 개별주에 응용해 매매해보기로 했다.

'이 투자법이 오늘날의 일본에서도 통용될지 한번 시도해보자. 그리고 그 내용을 블로그에 공개해 모두가 알게 하자.' 그런 마음가짐으로 2008년 5월, 블로그 '에나훈 씨의 배나무(エナフンさんの梨の木)'를 개설했다. 같은 해 7월에는 주식으로 운용하고 있던 자산 중 100만 엔을 블로그 용으로 꺼내서 전용 증권계좌를 개설하고, 그 투자 성적을 계속해서 공개하는 방식으로 진검승부를 하기로 했다. 그날로부터 14년이 지난 지금, 그 계좌의 잔고는 2022년 말 현재 2,379만 엔으로 23배나 증가했다.

올바른 지식을 얻고 연구해 '억만장자'가 되자

나는 로우야마 교수님의 연구회에서 많은 것을 배웠다. 바로, 증권 시장을 정비하는 것이 일본 경제를 발전시키는 데 매우 중요하다는 점, 사람들이 기업에 대해 올바른 평가를 해야 비로소 시장이 기능을 한다는 점, 그러기 위해서는 많은 사람들이 기본적인 투자 지식을 가질 필요가

	에나훈		닛케이 평균 지수		주요 사건
2008년 7월	1,000,000	–	13,481	–	
2008년 말	786,209	-21.4%	8,860	-34.3%	리먼 브러더스 사태, 닛케이 평균 지수 거품 붕괴 후 최저치(7,162.9엔)
2009년 말	1,317,336	67.6%	10,546	19.0%	유럽 금융위기, 민주당 정권 탄생
2010년 말	1,913,337	45.2%	10,229	-3.0%	센카쿠 열도 중국 어선 충돌 사건, 중국의 반일데모 확산
2011년 말	1,691,089	-11.6%	8,455	-17.3%	동일본대지진, 엔화 가격 최고치(1달러 75.55엔)
2012년 말	3,369,140	99.2%	10,395	22.9%	제2차 아베 정권 발족
2013년 말	5,371,056	59.4%	16,291	56.7%	아베노믹스 스타트
2014년 말	7,578,241	41.1%	17,451	7.1%	소비세 8%로 인상
2015년 말	8,605,484	13.6%	19,034	9.1%	IS(이슬람 국가) 테러 확산, 시리아 난민 급증
2016년 말	10,903,530	26.7%	19,114	0.4%	트럼프 정권 탄생, 영국 EU 탈퇴 결정
2017년 말	12,591,900	15.5%	22,765	19.1%	북한 핵 개발 가속화, 북-미 군사 긴장 고조
2018년 말	13,153,573	4.5%	20,015	-12.1%	미-중 무역마찰 심화
2019년 말	14,926,998	13.5%	23,657	18.2%	레이와(令和)로 연호 개원, 럭비 월드컵 일본 개최
2020년 말	21,076,971	41.2%	27,444	16.0%	신종 코로나바이러스 감염 확산
2021년 말	23,403,544	11.0%	28,792	4,9%	도쿄 올림픽 개최
2022년 말	23,790,646	1.6%	26,094	-9.4%	러시아의 우크라이나 침공

있다는 점 등이다. 그래서 나는 '투자에 대한 올바른 지식을 널리 알리고 싶다'라는 마음으로 투자 블로그를 시작했다.

그런 내가 주식으로 성적을 내지 못하면 사람들을 설득할 수 없다. 그래서 블로그를 개설한 후, 그 어느 때보다 진지하게 투자에 몰두했다. 결국 그 보상이 몇억 엔이나 되어 돌아왔다.

신기한 것은 주식 투자의 문은 누구에게나 열려 있는데도 대부분의 사람은 잘 접근하려고 하지 않는다는 점이다. 여기에는 여러 가지 원인이 있겠지만, 한 가지 말할 수 있는 것은 영어나 스포츠 등과 달리 주식 투자를 체계적으로 학습할 수 있는 구조가 일본에는 거의 존재하지 않는다는 점이다. 전문 용어를 대강 익히면 나머지는 독학과 배짱으로 어떻게든 부딪혀보는 수밖에 없다. 경험을 잘 쌓아 자신만의 투자 스타일을 구축하는 사람은 소수에 불과하고 대부분의 초보자는 무언가를 얻기도 전에 손실을 반복해 나가떨어지고 만다.

리스크와 수익을 저울질하는 중상급자를 목표로 한다

이 책은 내가 과거에 출판한 3권의 입문서의 핵심을 집약해 초보 단계를 돌파하기 위한 길을 정리하고 중요 포인트를 나열한 것이다.

내가 첫 번째로 쓴 《에나훈 표 주식 투자법》은 피터 린치식 투자를 내 나름대로 해석해 아마추어라도 승리할 수 있는 투자법을 포괄적으로 정리한 초보자를 위한 입문서였다.

그다음으로 쓴 《에나훈 식 VE 투자법》은 성장주를 저렴하게 사기 위한 노하우를 구체적이고 체계적으로 정리한 것으로, 앞서 언급한 밸류 엔지니어링 투자법에 관해 설명했다.

3번째 책인 《에나훈 식 바이앤홀드》는 SNS나 인터넷 뉴스가 널리 보급됨에 따라 누구나 순식간에 다양한 투자 정보를 대량으로 손에 넣을 수 있는 시대가 되어 오히려 많은 개인 투자자들이 대혼란을 겪게 되는데, 이렇듯 범람하는 정보에 대한 대처법을 제시하면서 저렴한 성장주에 투자해 큰 수익을 얻는 바이앤홀드(Buy & Hold) 기법을 설명했다.

　이 3권의 내용을 집대성한 이 책을 읽어보면 즉흥적인 생각이나 이런저런 정보에 휘둘리는 초보자 영역을 벗어나, '내가 무엇을 하고 있는지'를 정확히 이해한 후에 리스크와 수익을 저울질하는 중상급 투자자를 목표로 할 수 있게 된다고 자신한다. 주식 투자를 시작했지만, 좀처럼 잘되지 않는 사람, 혹은 지금부터 주식 투자를 시작하려고 하는 사람, 그리고 주식 투자로 나름 성과를 내고 있지만, 한 번쯤은 생각을 정리해보고 싶은 사람 등 많은 사람이 이 책을 읽어주면 감사하겠다.

오쿠야마 쓰키토

목차

Lesson 4. 기업의 관점
분석 포인트를 파악하다

Lesson 5. 주가의 움직임
시세를 읽을 수 있게 되다

Lesson 6. 승리하기 위한 투자법
바이앤홀드야말로 승리의 지름길

사례 편 1. 가치주 투자의 성공 사례

Lesson 11. 탐색과 분석의 효율화
조사하면 알 수 있는 것에는 최선을 다하다

Lesson 12. '회사 사계보' 독파
개인 투자자들의 필수템

Lesson 1

마음가짐

주식에서 승리하기 위한
기본적인 태도

01 개인 투자자의 '2가지 약점'을 해결한다

개인 투자자에게는 크게 2가지 종류의 약점이 있다. 하나는 자신의 노력으로 극복할 수 있는 약점이고, 또 다른 하나는 극복할 수 없는 약점이다. 예를 들어보자. '회계에 대한 지식이 없다'라고 하는 약점은 전자에 해당하고, '회사에 다니고 있어서 낮에는 주가 변동을 확인할 수 없다'라는 약점은 후자에 해당한다.

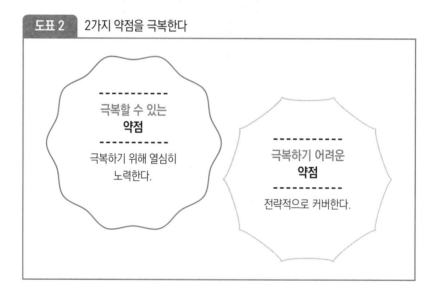

도표 2 2가지 약점을 극복한다

극복할 수 있는
약점

극복하기 위해 열심히
노력한다.

극복하기 어려운
약점

전략적으로 커버한다.

개인 투자자가 주식에서 승리하려면 이 2가지 약점을 해결할 필요가 있다. 둘 다 해결하기 어려울 거 같지만 사실은 그렇지도 않다.

'직장 생활을 하다 보니 낮에는 주가 변동을 확인할 수 없다'라는 약점을 해결하려면 낮에 주가 변동을 확인할 필요가 없는 투자 스타일을 마스터하면 된다. 그 투자 스타일은 바로 매일매일 주가 변동을 신경 쓰지 않아도 되는 장기 투자다. 한번 매수하면 계속해서 보유하는 '바이앤홀드'라고 불리는 투자 스타일을 말한다.

주가는 장기적으로는 기업의 실적과 연동되고, 기업의 이익 성장이 주가 상승을 불러일으킨다. 그 리턴(수익)을 노리는 바이앤홀드는 주식 투자의 왕도라고도 말할 수 있는 스타일이다(⇨24번).

02 먼저 소액으로 주식을 산 다음 운전면허를 딸 수 있는 정도로 (주식에 대해) 학습한다

'지식 부족'이라고 하는 약점의 해결책은 지식을 쌓는 것, 즉 공부와 실천뿐이다. 그렇다면 효과적으로 공부하기 위해서는 어떻게 하면 될까?

초보자들이 '주식을 시작하려면 가장 먼저 무엇을 해야 할지' 묻는 경우, 나는 항상 '주식 계좌를 만들고 주식을 사라'고 조언한다. 일단은 먼저 시작해보고 주식 공부를 병행한다. 그것이 가장 효율적인 방법이라고 생각하기 때문이다.

현실적으로 시장과 마주하는 경험이 없다면 아무리 책이나 잡지로 공부한다 해도 머릿속에 들어오지 않는다. 처음에는 잘하지 못해도 상관없다. 극단적인 인기주에 뛰어들거나 신용거래로 크게 레버리지를 거는 등 극단적인 전략을 채택하지 않는 이상 크게 손해 볼 일은 적다. 어디까지나 연습이라는 전제로 적은 액수로 투자하면 된다.

주식 투자를 시작하는 데 가장 신경 쓰이는 부분이 바로 회계 지식이다. 주식 투자에 관한 블로그를 운영하다 보면 '주식 투자를 시작하고 싶은데 회계 공부는 어떻게 하면 좋을지', '주식을 시작하기 전에 회계 2급 정도는 취득해놓는 편이 좋을지'와 같은 회계 학습법에 관한 질문을 받을 때가 있다. 그럴 경우에도 나는 항상 다음과 같이 대답한다. '일단 소액이라도 좋으니 실제로 주식을 사보고 그 회사를 살아 있는 교재로 삼아 재무분석이나 회계 처리에 대해 공부하는 편이 더 낫다.'

재무·회계 지식이나 용어는 아주 난해한 편은 아니지만, 처음 공부하는 사람의 머릿속에는 잘 들어오지 않는다. 그럴 때는 실제로 주식을 사보고 살아 있는 교재로 활용하면 좋다. 돈이 걸려 있기 때문에 더 진지하게 공부하게 된다. 종목은 자신의 취미나 본업과 관련 있는 것 중에 재미있을 것 같은 것을 여러 개 사면 된다. 원래부터 관심 있던 분야에, 사업 내용이나 상황 등을 잘 알 수 있기 때문에 의외로 돈을 벌 수 있다.

투자 액수를 소액으로 정해두면 큰 손해로 인해 치명상을 입을 일도 없다. 취미나 본업에 관련된 지식도 보완할 수 있기 때문에 즐거운 마음으로 공부를 계속할 수 있을 것이다. 공부를 수업이라고 생각하면 지속할 수 없다. 즐겁게 공부할 수 있도록 궁리하는 것이 중요하다.

주식 투자로 성공하기 위해서는 운전면허증을 취득할 수 있을 정도의 체계적인 학습과 실천이 필요하다. 또한 운전면허를 따더라도 평소에 운전을 하지 않으면 운전대를 잡을 수 없게 되는 것과 마찬가지로, 계속해서 주식 투자 기술을 갈고 닦는 데 시간을 들일 필요가 있다.

03 '과도한 두려움'을 극복하고 액셀 밟는 법을 배운다

　회계 지식의 부족과 마찬가지로 초보자에게 있을 수 있는 또 다른 약점은 주식을 너무 무서워한다는 점이다. 1991년경 시작된 거품 붕괴로 인해 주식은 무서운 것이라는 인식이 수많은 일본인 사이에 널리 퍼졌다. '(할아버지가 큰 손해를 봐서) 주식 투자만은 하지 말라'는 소리를 어릴 적부터 부모에게 꾸준히 들어온 지인도 있다.

　사실 30년 넘게 주식 투자를 해온 나도 항상 '주식은 무섭다'라고 생각한다. 따라서 그런 생각이 반드시 틀렸다고는 할 수 없다. 주식 투자를 할 때 어느 정도의 두려움은 과도한 리스크를 지지 않게 해주는 브레이크 역할을 하기 때문에 완전하게 배제할 필요는 없다. 하지만 브레이크를 밟은 채로는 앞으로 나아갈 수 없다. 중요한 것은 밸런스의 문제다. 일단 손해를 보더라도 '수업료'라고 생각할 수 있을 정도의 소액으로 주식을 사보고 주가 변동에 익숙해지는 것이 '과도한 두려움'이라는 약점을 극복할 수 있는 첫걸음이 된다.

　주가 변동에 익숙해지면 그다음으로 배워야 할 것이 바로 액셀 밟는 법이다. 자동차 운전할 때도 마찬가지인데, 브레이크에서 발을 떼는 것을 두려워하는 단계에서는 큰 사고가 나지 않는다. 하지만 액셀 밟는 법을 익히고 나면 대형 사고로 이어질 위험도 커진다. 주식 투자도 마찬가지다. '자신이 초보'라는 점을 인식한 상태에서 소액으로 주식 공부할 때는 돌이킬 수 없는 큰 손해는 보지 않는다.

그런데 한동안 투자를 지속했는데 생각지도 못하게 계속 수익이 나기 시작하면 '소액으로는 결판이 나지 않는다. 재산을 크게 불리려면 어딘가에서 승부수를 띄워야 한다'라고 생각하다가 세게 액셀을 밟아버린다. 이 단계야말로 주식 투자를 할 때 가장 위험한 시기다. '빨리 큰돈을 손에 넣고 싶다'라는 욕망이 '너무 큰 리스크를 지게 만든다'라고 하는 새로운 마음의 약점을 만들어내기 때문이다.

물론 '바로 이것'이라고 확신할 수 있는 종목에 큰 자금을 집어넣어 인생이 바뀔 정도로 성공을 거머쥔 사람이 있는 것 또한 사실이다 (⇨74번). 미디어에 거론되는 뛰어난 투자가들 중 거의 대다수는 자신만의 대표 승부 종목이 몇 가지 있고, 몇 안 되는 기회를 만들어오고 있다. 즉, 액셀 밟을 때도 균형을 잡는 것이 중요하다.

04 '주식 투자는 도박에 가깝다는 사실'을 염두에 둔다

때때로 인터넷상에서 '주식 투자는 도박인가?'라는 논쟁이 벌어진다. 주식은 제로섬 게임이 아니다. 즉, 폐쇄된 세계에서 돈 쟁탈전을 벌이는 것이 아니기 때문에 도박이라고는 할 수 없다. 그런 주장도 있지만 나는 주식 투자는 도박에 가깝다고 생각한다. '호보카니(ほぼカニ, '거의 게'라는 의미)'라는 상품명을 가진 게살어묵이 진짜 게는 아닌 것과 마찬가지로, 도박에 가까운 것도 진짜 도박은 아니다. 하지만 도박과 같은 성질을 다수 갖고 있다.

정부와 금융 기관들은 주식 투자에 어두운 이미지가 입혀지는 것을 원하지 않기 때문에 그런 표현은 쓰지는 않는다. 하지만 본격적으로 투자에 발을 들인다면 주식이 가진 도박적인 요소를 외면해서는 안 된다. 그렇다고 해서 나는 '도박=어두운 존재'라고는 생각하지 않는다. 일본 도박의 대표 격인 마작이나 경마가 나쁜 것일까? 마작이나 경마 자체는 나쁜 것이 아니다. 장기나 육상경기와 마찬가지로 게임이나 스포츠의 한 종류다.

그렇다면 왜 많은 사람이 마작이나 경마가 나쁘다고 생각하는 것일까? 그것은 바로 거기에 빠져들어 말도 안 되는 거액을 쏟아부어 인생을 망치는 사람들의 발길이 끊이지 않기 때문이다.

이러한 관점에서 보자면 주식 투자도 마찬가지다. 주식 시장 자체는 자본주의 시스템의 심장부이며 중요한 기능을 담당하고 있다. 당신이 여유 자금으로 주식 투자를 하는 것을 누구도 부정적으로 바라보지는 않는다. 하지만 다수의 리스크를 이해하지 못하고 주식에 빠져 과도하게 승부를 건 결과, 가족마저 불행하게 만드는 사람이 끊이지 않는다.

주식 투자는 도박에 가깝다. 도박에서는 '어디에 걸지'와 마찬가지로, 아니 그 이상으로 '얼마를 걸지'가 중요한 요소가 된다.

05 애매함(about)을 허용한다

나는 이미 30년 넘게 주식 투자를 해왔지만, 엄밀하고 절대적인 정답을 찾으려는 태도는 근본적으로 잘못되었다고 단언할 수 있다. 주가의 움직임은 결국 사람들의 상상의 결과에 불과하기 때문이다. 예측할 때는 상당한 폭을 두고 판단하는 것이 현실적이고, 그것이 정답이다.

이 세상의 질서는 대부분 애매함(about)을 허용하고 있다. 법률, 정치, 교육, 스포츠 등 객관적인 질서가 있는 것처럼 보이는 것들도 엄밀하게는 상당한 폭의 중간 영역이 존재한다. 속도위반을 예로 들어보자. 당신은 제한 속도 40㎞인 탁 트인 직선도로를 운전하고 있다. 문득 보니 저기 풀숲에 과속을 체크하는 경찰이 숨어 있다. 황급히 계기판을 확인하니 시속 46㎞를 가리키고 있었다. 순간 가슴이 철렁했지만 아무 일도 일어나지 않았고, 경찰은 그냥 넘어갔다. 당신이 제한 속도를 15%나 초과했는데도 아무래도 오차범위, 허용범위로 보고 눈감아준 것이다.

그럼 당신이 시속 50㎞로 달렸다면 어땠을까? 아슬아슬하게 통과하거나 경찰의 기분에 따라서 속도위반 딱지를 끊게 될 수도 있다. 애초에 이렇게 탁 트인 직선도로의 제한 속도가 40㎞로 설정된 기준도 애매하고 단속하는 기준도 상당히 폭이 넓다. 질서라는 것의 기준은 이처럼 애매한 것이다.

유발 하라리(Yuval Noah Harari)의 세계적인 베스트셀러 《사피엔스》에 따르면, '사람들의 생활을 지배하는 '질서'는 사실상 상상 속 존재에 불과하다. 단지 그것은 한 사람만 상상해서는 성립되지 않는다. '방대한 수의 사람'이 같은 상상을 공유하고, 또한 그것을 옳다고 믿어 의심하지 않을 때 본질적인 존재가 되어 질서가 형성된다'라고 설명하고 있다. 이것은 주식 시장의 질서에도 동일하게 적용된다.

06 인터넷에 떠돌아다니는 정보에 현혹되지 않고 스스로 판단한다

'제대로 확인도 하지 않고 주식을 샀다가 큰 손실을 입는다'라는, 개인 투자자에게 흔히 있는 실패를 자주 듣게 된다. 우연히 SNS나 인터넷의 게시판에서 매우 유망해 보이는 정보를 보고 크게 기뻐하며 주식을 샀다. 그러나 곧바로 주가가 급락해 큰 손해를 봤다. 독자 중에도 이런 쓰라린 경험을 해본 사람이 많을 것으로 생각한다.

SNS와 인터넷 뉴스가 널리 보급되고 누구나 순식간에 다양한 투자 정보를 대량으로 얻을 수 있는 시대가 되면서 오히려 많은 개인 투자자들이 대혼란에 빠지게 되었다. 좋아 보이는 투자 정보가 아무런 정리도 없이 대량으로, 게다가 일방적으로 밀려 들어오기 때문에 무엇이 옳고, 무엇이 문제인지를 잘 알지 못한 채 정보의 소용돌이에 휩쓸리고 마는 투자자가 끊이지 않는다.

먼저 명심해야 할 것은, 정보가 확산되는 초창기에 주식을 사서 확산이 막바지에 다다를 무렵 매도하려고 하는 투자 전략 자체가 초보 개인 투자자에게 매우 위험하다는 것이다. '어떠한 이유로 이런 중요한 투자 정보가 흘러 들어왔을까?' 이 점을 확실히 생각해봐야 한다.

주식으로 돈을 버는 방법은 매우 단순하다. '저렴하게 사서 비싸게 팔면 된다.' 하지만 그것을 실현하기 위해서는 저렴하게 팔아주는 사람에게 사고, 비싸게 사주는 사람에게 팔아야 한다. 그런데 일부러 비싼 값에 사주는 투자자가 어디 있겠는가? SNS나 인터넷 게시판에 올라온 정보에 무언가 의도가 있다면, 아마도 그러한 투자자를 만들어내는 데 있을 것이다. 즉, 그런 정보를 바탕으로 주식을 산 게 된다면, 당신은 고점에 물린 투자자가 될 수도 있다. 적어도 그런 가능성이 있다는 점을 충분히 이해한 후 인터넷 정보에 접근해야 한다(⇨62번).

SNS나 인터넷 게시판의 정보를 바탕으로 주식을 사는 것은, 비유하자면 시험문제가 잘 풀리지 않는다고 옆자리 학생의 답안을 훔쳐보고 답을 적는 행위와도 비슷하다. 의도한 대로 옆자리 학생이 우수하고 올바른 답안을 작성하고 있다면 당신도 정답을 얻을 수 있지만, 그 학생이 틀렸다면 당신도 오답을 적게 된다. 그로 인해 탈락했다고 '이 녀석! 똑똑하게 생겼으면서 문제를 대충 풀다니!'라고 옆자리 학생에게 화를 내는 것은 도리에 어긋난다. 커닝 능력을 높이고 더 우수한 학생의 답변을 더 빨리 베껴 적는 능력을 키워도 당신의 실력은 절대 향상되지 않는다.

커닝 능력을 높이려는 노력은 당장 그만두고 스스로 유망한 주식을 찾아내는 능력을 길러야 한다. 주식에 관한 책을 여러 권 읽고, 회계나 재무분석 쪽이 약하다면 그 분야를 공부하면 된다. 또한 사업구조 분석이 약하다면 비즈니스 모델 관련 서적을 읽는 등 진정한 투자 능력을 길러야 한다.

하지만 주식 투자 이외의 업무나 취미와 관련된 분야에서 생각지도 못한 정보를 접했을 때는 이야기가 달라진다(⇨Lesson 3). 정보 제공자는 친절한 마음으로 귀중한 정보를 제공해줬을 가능성이 있다. 물론 이 경우에도 정보를 그대로 받아들이지 말고 철저히 이면을 파악하는 습관을 들여야 한다(⇨Lesson 4). 물론 법으로 금지하고 있는 내부자 정보에 해당하는 것을 얻었을 때는 아무리 전망 있는 정보라고 해도 투자해서는 안 된다.

Lesson 2

시드머니
만들기

저축 생활에서
투자 생활로

07 여유 자금의 10~20%를 주식에 투자한다

주식 투자를 하기 위해서는 자본금이 필요하다. 물론 별도로 전 재산을 들일 필요는 없다. 대부분은 이전과 마찬가지로 예금이나 보험 등에 투자하고, 먼저 여유 자금의 10~20% 정도를 부자가 되기 위한 전략적인 운용 자금으로 주식에 투자한다. 자금적 여유가 없는 경우에는 아쉽지만 크게 승부수를 띄울 수 없다. 부자가 되기 위해서는 '자신이 부자가 되기' 위한 예산을 마련할 필요가 있다. 다시 말해, 시드머니를 만들어야 한다는 것이다. 어쨌든 돈을 모으지 않으면 아무것도 시작할 수 없다.

나도 주식 투자 시드머니를 마련하려고 결혼 직후부터 아내와 함께 절약 생활을 시작했다. 도박을 하느라 돈을 모으지 못했던 나는 결혼을 계기로 저축에 힘을 쓰기로 결심했다. 아내가 먼저 '1,000만 엔을 모아보자'라고 제안했다. 그러자 놀랄 만한 일이 벌어졌다. 3년 조금 넘는 시간 동안 2,000만 엔을 모을 수 있었던 것이다. 여성 잡지에 실린 '연수입 300만 엔으로도 100만 엔을 모을 수 있는 방법'을 연수입 합계가 800만 엔 정도였던 나와 아내 우리 두 사람이 실천했더니 매년 600만 엔을 저축할 수 있었다. '연수입 300만 엔이어도 100만 엔을 모을 수 있는 방법을 연수입 800만 엔인 사람이 실천하면 600만 엔을 모을 수 있는 법칙'이다.

물론 이러한 내용을 읽어도 '낭비벽이 있는 배우자의 반대에 부딪혀 절약 생활을 할 수가 없다'라고 생각하는 사람도 있을 것이다. 그런 사람에게는 급여를 받자마자 바로 일정 부분을 떼어두는 것을 추천한다.

예를 들어, 매달 급여에서 3만 엔씩 떼서 저축하면 3년 만에 100만 엔을 모을 수 있다. 먼저 저축으로 시드머니를 만든다는 의식을 갖는 것이 중요하다.

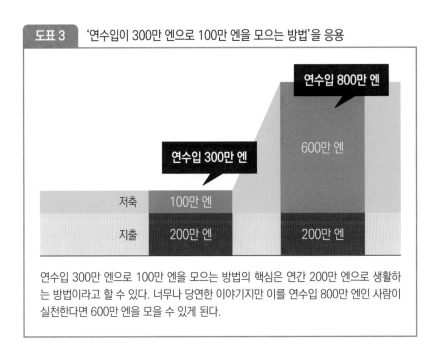

도표 3 '연수입이 300만 엔으로 100만 엔을 모으는 방법'을 응용

연수입 300만 엔으로 100만 엔을 모으는 방법의 핵심은 연간 200만 엔으로 생활하는 방법이라고 할 수 있다. 너무나 당연한 이야기지만 이를 연수입 800만 엔인 사람이 실천한다면 600만 엔을 모을 수 있게 된다.

08 절약 생활로 자금을 모은다

저축이란 수입에서 지출을 뺀 것을 말한다. 수식으로 표현하자면, '수입-지출=저축'이 된다. 저축을 늘리기 위해서는 2가지 방법밖에 없다. 수입을 늘리거나 지출을 줄이면 된다. 이는 이론적으로는 매우 간단하다. 하지만 직장인으로서 성실하게 일하는 것만으로는 연수입, 즉 소득을 늘리기 어렵다. 그래서 우리 부부는 지출을 줄여서 1,000만 엔 저축하기를 목표로 삼았다. 즉, 절약에 전념한 것이다.

'어떻게 하면 지출을 줄일 수 있을까요?'

이런 질문이 들려올 것 같은데, 그 수단이나 방법은 인터넷이나 책을 뒤지면 쉽게 찾을 수 있다. 식료품은 할인 폭이 큰 영업 종료 시간이 임박했을 때 가서 산다. 전단지를 비교해서 1엔이라도 싼 가게에 간다. 1인당 1개 한정인 초저가 상품을 살 때는 아기도 데리고 간다. 실제로 참으로 다양한 방법들이 있다. 당신은 그것들을 실행하기만 하면 된다. 그것만으로도 확실히 돈이 모인다. 필요한 것은 의지뿐이다.

목표를 정하고 예산을 설정해 정기적으로 진행 상황을 관리한다. '정말 그 상품을 구입할 필요가 있을까?', '꼭 필요할지라도 가격이 시세와 비교했을 때 비싸지는 않을까?', '더 저렴하게 살 수 있는 방법은 없을까?' 회사원이 자신의 업무를 관리하는 것과 마찬가지로 가계를 관리하면 누구라도 당장 내일부터 돈을 모을 수 있을 것이다.

목표는 1,000만 엔이었지만 결국 3년여 만에 그 2배인 2,000만 엔이나 모았다. 그 결과에 나도 아내도 깜짝 놀랐다. 평소에는 지출만 관리하고 통장은 수개월에 한 번 정도밖에 보지 않았다. 볼 때마다 몇백만 엔씩 불어나 있는 예금 잔고를 보고는 감동하고, 또다시 열심히 절약했다. 이렇게 적으니 구두쇠 같은 생활을 한 것처럼 보일 수도 있는데, 실제로는 그렇지 않았다. 당시에는 절약 생활을 즐기고 있었다. 열심히 하면 할수록 돈이 모였기 때문에 게임을 하는 기분으로 할 수 있었다.

영업 종료 시간 직전에 반값이 된 식빵, 1+1 행사 중인 다짐육, 100엔 인데도 한 팩 가득 담긴 서더리. 양배추랑 콩나물, 할인된 가격에서 추가로 반값 더 싸게 파는 상품 등 봉투 한가득 담아도 1,000엔이 넘지 않았다. '열심히 절약하면 이렇게나 식비를 절약할 수 있구나….' 매일 놀람과 감동의 연속이었다.

직원 식당에서 '녹차와 밥, 정어리 반찬 한 가지'로 소박한 점심을 즐겼던 적이 있는데, 동료나 젊은 직원들에게 비웃음을 당하기도 했다. 물론 그런 것은 전혀 개의치 않았다. 그러던 중, 어느 선배로부터 '이 자식, 말린 정어리의 도코(土光) 씨 같은 녀석일세'라며 칭찬을 받았다. 정어리의 도코 씨란, 이시카와시마 하리마 중공업(IHI)과 도쿄시바우라 전기(도시바)의 사장을 역임하며 철저한 합리화 정책으로 양사의 경영 재건을 완수한 후에는 나카소네 야스히로 내각 아래서 행정 개혁을 지휘한 도코 도시오(土光敏夫) 씨를 말한다. 오래전에 돌아가신 분이라 나는 도코 도시오 씨를 잘 알지 못했다. 하지만 선배로부터 칭찬받은 것을 계기로 '검소한 생활은 오히려 멋있다'라는 생각을 하게 되었다. 멋있다든지 나쁘다든지 하는 판단 기준은 사람마다 다를 수 있다. 자신이 만족한다면 그것으로 충분하다.

'자산 1억 엔'을 실현하기 위해 투자를 시작한다

돌이켜보면 결혼한 직후부터 아이가 태어날 때까지 3년이 조금 넘는 기간은 저축하기에 최고의 타이밍이었다고 생각한다. 부부 둘이서 일하며 최대치로 벌 수 있었고, 생활비를 제외하면 꼭 필요한 지출이 거의 없었기 때문이다. 인생에서 집중적으로 저축하고 싶다면, 결혼 직후부터 아이가 저학년 때 정도까지가 최적의 기간이라고 할 수 있다. 그 뒤로는 교육비도 들고 집도 장만하고 싶어진다. 사회적 지위가 높아짐에 따라 너무 구두쇠처럼 사는 것도 부끄러워진다. 또한 자식을 창피하게 만들고 싶지 않다는 부모의 마음도 있어서 조금은 겉치레도 필요하게 된다.

당시 지방 근무를 명령받았던 나는 전임자로부터 15년 된 중고차를 공짜로 물려받아 기쁘게 타고 다녔다. 하지만 초등학교 1학년이 된 딸이 '이 차, 멋없어'라고 말하자 생각을 바꾸기로 했다. 새로 구입한 차 앞에서 크게 기뻐하는 딸의 모습을 보며 '이제 극단적인 절약은 그만두

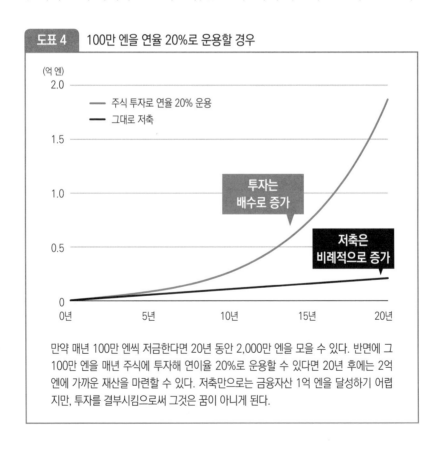

도표 4 100만 엔을 연율 20%로 운용할 경우

(억 엔)

— 주식 투자로 연율 20% 운용
— 그대로 저축

투자는
배수로 증가

저축은
비례적으로 증가

만약 매년 100만 엔씩 저금한다면 20년 동안 2,000만 엔을 모을 수 있다. 반면에 그 100만 엔을 매년 주식에 투자해 연이율 20%로 운용할 수 있다면 20년 후에는 2억 엔에 가까운 재산을 마련할 수 있다. 저축만으로는 금융자산 1억 엔을 달성하기 어렵지만, 투자를 결부시킴으로써 그것은 꿈이 아니게 된다.

자'라고 결심한 것이다.

딸이 성장함에 따라 서서히 절약의 강도를 낮춰왔다. 그 결과, 지금은 남들과 같은 생활을 하고 있다고 생각하지만 그래도 절약 정신은 완전히 사라지지 않아 저축하는 습관은 그대로 유지되고 있다.

다만 내 경험을 바탕으로 말할 수 있는 한 가지는, 절약만으로는 자산 1억 엔을 실현하기 상당히 어렵다는 것이다. 불가능한 일은 아니지만 그렇게 되면 단순히 절약에 인생을 바치는 셈이 된다. 어느 정도 모았다면, 그중에 몇 퍼센트를 투자로 돌리자. 절약으로는 자산이 비례적으로밖에 늘지 않지만, 투자를 하면 배수로 늘릴 수 있다. 돈이 돈을 낳아 눈덩이처럼 자산 증가가 가속되는 것이다.

절약으로 모은 돈을 투자로 몇 배 더 늘릴 수 있을 때, 비로소 절약한 노력을 완전히 보상받을 수 있다. 이제는 조금 사치를 부려도 돈이 줄어들지 않는다. '수입-지출=저축'에서 수입 부분이 증가하고 있기 때문이다.

'함께 부자가 되자.' 지금 돌이켜 생각해보면 부부 둘이서 참으로 품격 없는 인생 목표를 세우고 무작정 그 목표를 향해 돌진했다. 절약으로 자금을 모으고 가진 지식과 경험을 총동원해 주식 투자에 임했다. 그리고 성실히 노력을 거듭하며 점차 승리하는 이유를 알게 되어 지금의 우리가 있는 것이다.

Lesson 3

주식 종목
탐색

대박주를
포착하는 방법

09 자신의 강점을 정리해둔다

스포츠든 비즈니스든 승패가 갈리는 모든 분야에서 승리하기 위해서는 먼저 자신의 강점을 인식하고 그것을 발전시켜야 한다. 그것이 철칙이라 할 수 있다. 주식 투자도 예외가 아니다. 그런데 많은 개인 투자자들은 그 단계를 밟으려고 하지 않는다. 자신의 강점을 돌아보지 않고 인터넷에서 화제인 주식을 사버리는 것이다. 이래서는 승리를 바랄 수 없다.

그렇다면 주식 투자에서 당신의 강점은 무엇일까? 이 점을 한번 정리해두었으면 좋겠다. 너무 어렵게 생각할 필요는 없다. 당신의 강점은 대부분 당신의 삶, 그 자체에 있기 때문이다. 수천 개나 되는 상장 기업을 완전히 파악한 투자자는 존재하지 않는다. 자신이 잘 아는 분야를 설정하고, 그것을 깊이 있게 연구하면 된다. 일이나 취미와 관련된 분야라면, 다른 사람은 이해하기 힘들지라도 당신은 이해하기 쉬울 것이다. 숫자를 깊이 파고들거나 미래를 예측하는 힘든 일이라도 당신만의 개성이 살아나고 무엇보다도 즐거울 것이다.

10 주변에서 일어나는 변화를 알아차린다

먼저, 다시 한번 강조하고 싶은 것은 주식 투자의 대상이나 정보는 자신과 동떨어진 곳에 존재하지 않는다는 점이다. 오히려 너무 가까워서 주식 투자와는 관련 없을 것 같은 것들 속에, 당신이 가장 유리한 위치에 서서 가장 높은 수익을 기대할 수 있는 투자 대상이나 정보가 숨어 있다. 따라서 주변에서 일어나고 있는 변화를 민감하게 감지할 수 있도록 안테나를 높게 세워야 한다. 피터 린치는 이상하게 어려운 주식을 사는 것이 아니라 '가까운 종목이야말로 승산을 걸어볼 수 있는 기회'라고 주장한다.

사람들이 행동을 바꿀 때, 그 주변에는 대박주 후보가 반드시 숨어 있다. 예를 들어, 애플의 아이폰을 구매할 때 애플 주식도 샀다면 당신은 상당한 부를 축적할 수 있었을 것이다. 폴더폰에서 스마트폰으로의 전환은 전 세계인이 경험한 주변에서 일어난 변화다. 하지만 이런 우리 주변의 변화를 주식 투자와 연결시킬 수 있었던 사람은 극소수에 불과하다. 당신이 목표로 삼아야 할 것은 이런 극소수의 사람들 사이에 속하는 능력을 기르는 것이다. 우리 주변의 변화를 깨닫고 이를 투자로 연결하려는 사고방식을 만드는 노력이 그 첫걸음이 된다.

또한 우리 주변의 변화를 투자로 연결할 수 있는 빈도는 기껏해야 1년에 2~3번 정도일 것이다. '오늘은 열심히 우리 주변의 친숙한 변화를 많이 찾아야겠다'라고 의욕을 앞세워도 그렇게 쉽게 찾을 수 있는 것이 아니다. 일상 속에서 감탄하거나 놀랄 만한 일이 있을 때, 혹은 가족이나 친구가 흥분해서 무언가를 알려줄 때 등 투자 기회는 갑작스럽게 찾아올 것이다. 그 기회를 확실하게 잡기 위해서는 '포착력'을 갈고 닦아야 한다.

11 직장에서의 지식을 활용해 '불편한 경쟁사'도 주목한다

비즈니스맨이라면 직장에서의 지식을 그대로 주식 투자에 활용할 수 있다. 화학회사 직원이라면 화학주, 반도체 관련 기업 직원이면 반도체 관련주를 노리는 것이다.

예를 들어, 당신이 늘 읽고 있는 업계 관련 전문 잡지에는 해당 업계의 소식이 자세하게 실려 있다. 그 속에 급성장하고 있는 신생 기업 관련 기사가 있다면, 그것이 유망주 후보가 될 것이다. 아마도 미국과 유럽의 헤지펀드 매니저보다 당신이 그 회사의 유망성을 훨씬 더 정확하게 판단할 수 있을 것이다. 나도 이 방법으로 크게 수익을 낸 적이 있다.

또는 직장에서 항상 사용하고 있는 편리한 인터넷 기업도 흥미롭게 볼 수 있다. 그 회사의 장점을 직접 실감하고 있는 당신의 강점을 충분히 발휘할 수 있을 것이다.

10여 년 전의 이야기다. 어느 날, 공장을 운영하던 삼촌이 이렇게 투덜대는 것을 들었다. '모노타로(MonotaRO)(3064) 주식을 살 걸 그랬어. 늘 사용하고 있었는데 말이야. 그 편리함을 처음 알았을 때 샀었더라면 지금쯤 10배나 올랐을 텐데….'

인터넷상에서 공구나 간접 부자재를 판매하는 모노타로는 이제 '공장계의 아마존'이라 불리며 공장에 필수적인 존재로 자리매김했지만, 도쿄 오테마치에 다니는 금융 전문가들과는 연이 먼 기업이다. 확실히 삼촌은 이 회사의 장점을 빠르게 알 수 있는 위치에 있었다.

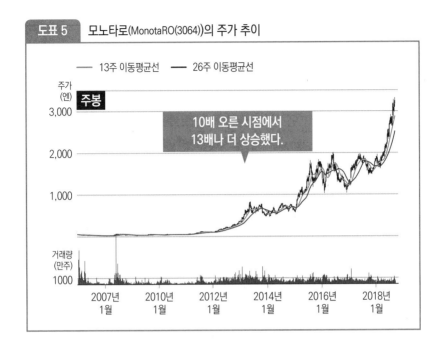

도표 5 모노타로(MonotaRO(3064))의 주가 추이

— 13주 이동평균선　— 26주 이동평균선

주가
(엔)　주봉

3,000

10배 오른 시점에서
13배나 더 상승했다.

2,000

1,000

거래량
(만주)
1000

2007년　2010년　2012년　2014년　2016년　2018년
1월　　　1월　　　1월　　　1월　　　1월　　　1월

　그 강점을 살리지 못한 것은 안타깝지만 더 안타까운 이야기가 있다. 사실 내가 그 이야기를 들었던, 10배 높았던 그 시점조차도 해당 주식을 사기에 전혀 늦지 않은 때였다. 이후에도 모노타로의 주가는 순조롭게 계속 올라 2018년 9월에는 10배 오른 가격에서 13배나 더 오른 6,550엔에 도달했다.

　당신이 일하는 업계에서 아직 높은 평가를 받고 있지는 않지만, 급성장하고 있는 '불편한 경쟁사'가 있는가? 그것도 유망주라고 할 수 있다. 업계에 정통한 당신이 '불편하다'라고 느끼는 것이야말로 그 기업이 우수하다는 증거다. 업계의 질서를 어지럽힌다는 등의 불평을 하기 전에 해당 주식을 사고, 비즈니스 모델을 연구하는 편이 당신의 업무에도 유익할 것이다.

취미나 흥미와 관련된 정보를 활용한다

일 이외에 당신의 취미도 그대로 강점으로 살릴 수 있다. 꼭 남에게 자랑할 만한 취미일 필요는 없다. 게임을 예로 들어보자. '포켓몬고'의 대박으로 급등한 닌텐도(任天堂(7974))와 같이 게임업계에는 여러 대박주가 등장했다. 자동차를 좋아한다면 스바루 브랜드의 후지 중공업(富士重工業 : 현 SUBARU, 7270)으로 10배 수익을 냈을지도 모른다. 상품이나 서비스의 장점을 실감하는 것만으로도 결산서나 인터넷 정보만을 보고 투자하는 사람에 비하면 상당한 강점을 갖고 있다고 말할 수 있다.

더 나아가 취미라고도 할 수 없는 취향이나 기호도 충분히 강점이 될 수 있다. 나는 돈가스를 매우 좋아하는데, 덕분에 돈가스 전문점 '카츠야'를 운영하는 아크랜드 서비스 홀딩스(Arcland Service Holdings : 2023년 8월에 모회사에 의한 완전 자회사화로 상장폐지)로 텐 배거(Ten Bagger : 10배 상승주)를 얻었다. 어쩌면 이게 제일 중요할지도 모른다. '좋아해야 잘하게 된다.' 주식의 경우는 돈이 걸려 있기 때문에 진지함이 다르다. 투자 대상의 홈페이지나 결산 자료를 샅샅이 읽으면 전문성이 쌓일 것이다.

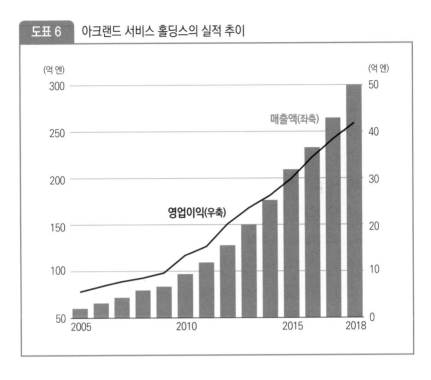

도표 6 아크랜드 서비스 홀딩스의 실적 추이

(억 엔)

매출액(좌축)

영업이익(우축)

(억 엔)

도표 7 아크랜드 서비스 홀딩스의 주가 추이

주가
(엔)

주봉

13 사용자로서 만족한 회사, 가족이 좋아하는 가게를 조사한다

나는 사용자로서 만족스러운 경험을 할 때마다 반드시 그 회사를 조사하는 습관을 갖고 있다. 대박주는 가까운 곳에 숨어 있기 때문이다.

과거에 이런 실패 경험을 한 적이 있다. 비즈니스호텔 '도미인'에 처음으로 숙박한 후, 한 단계 높은 객실 컨디션과 대형 목욕탕, 그리고 맛있는 조식에 만족했던 나는 도미인을 운영하고 있는 교리츠 메인터넌스(共立メンテナンス(9616))의 주식을 450엔 정도에 샀다.

그러나 리먼 브러더스 사태의 상처가 남아 있던 당시 경제 상황을 고려해봤을 때 '디플레이션에 시달리는 호텔업계에서 급성장은 어려울 것 같다'라고 생각을 바꾸어 30% 정도 오른 시점에서 팔아버렸다 (⇨사례 편 3). 하지만 해당 주식은 그 후로도 계속 올라 2015년 12월에는 5,325엔까지 상승해 '텐 배거'가 되었다.

고객의 니즈를 확실하게 파악한 기업이 성장 궤도에 올랐을 때, 주가 상승은 정말 눈부시다. 2~3배, 교리츠 메인터넌스처럼 꿈에 그리던 10배가 될 수도 있다. 장기적으로 볼 때 디플레이션 등과 같은 외부 환경에 의한 마이너스 요인은 우리에게 매수 시점을 알려주기도 한다. 이것도 실패를 통해 마음에 새겼다.

10년 정도 전에 일인데, 아내가 알려준 세련된 100엔 샵 세리아 (2782)는 바닥으로부터 100배 상승하는 경이로운 성장을 이루었다. 하지만 정말 안타깝게도 나는 이 주식을 사지 않았다. 당시에는 아내의 쇼

핑 사랑을 강점이라고 생각하지 않았기 때문이다. 이번 일을 교훈 삼아 가족의 강점도 정리해두기를 강력히 권장한다. 딸이 가르쳐준 어린이 관련 기업이 대박 날 가능성도 있으니까 말이다.

14 대박주에는 특징이 있다

우리와 가깝고 친숙한 주식을 사려면 다음과 같은 특징을 갖춘 주식을 사는 것이 좋다.

❶ 다른 회사의 기술을 잘 활용함

주식 투자에서 매력적인 기업은 의외로 혁신기술을 제공하는 쪽이 아니라 활용하는 쪽이 많다. 예를 들어, 애플의 아이폰(iPhone)은 수많은 일본 기업의 기술에 의해 지원되고 있다. 물론 가장 많은 이익을 올리는 곳은 일본 기업이 아니라 애플이다. 애플의 주가는 1999년 이후 100배 이상 상승했고, 시가총액 세계 1위가 되었다.

❷ 우상향하는 막대그래프

나는 기업의 홈페이지를 조사하는 도중에 장기간에 걸쳐 우상향하는 막대그래프를 보면 그만 흥분하게 된다. 내가 가장 좋아하는 기업은, 〈도표 8〉에 제시한 정보시스템 구축을 지원하는 컴튜어(3844)처럼, 창업 후 10년 이상 꾸준히 성장했으며 상장 후에도 상당 기간 이러한 경향을 유지하는 유형이다. 이런 그래프를 발견하면 바로 감이 와야 한다.

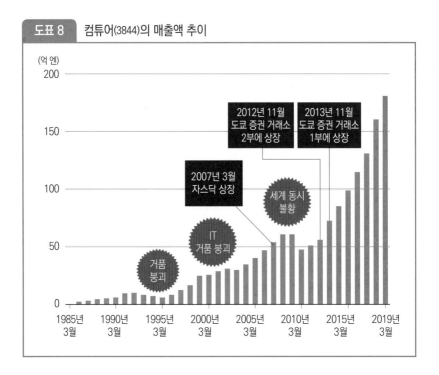

도표 8 컴튜어(3844)의 매출액 추이

(억 엔)

2012년 11월
도쿄 증권 거래소
2부에 상장

2013년 11월
도쿄 증권 거래소
1부에 상장

2007년 3월
자스닥 상장

세계 동시
불황

IT
거품 붕괴

거품
붕괴

1985년   1990년   1995년   2000년   2005년   2010년   2015년   2019년
3월   3월   3월   3월   3월   3월   3월   3월

❸ 아직 화제에 오르지 않았다

주가는 기업의 성장과 저렴한 주가의 보정이라는 2가지 요인으로 인해 상승한다(⇨31번). 같은 성장주를 산다면 주가가 저렴한 쪽이 좋다. 시장에서 인기가 없는 저렴한 주식은 현재 인기가 없다는 것이지, 앞으로도 인기가 없는 것은 아니다. 당신의 독자적인 관점으로 봤을 때 유망하지만, 시장에서는 언급되지 않는 주식을 발견한다면 계속해서 가만히 보유하자. 미래에 시장이 그 성장 가능성을 알아차릴 때 주가는 몇 배나 상승할 것이다.

❹ 긴 줄, 매진, 예약 대기

지금까지는 주목받지 못했던 기업이 어느 날 갑자기 시장의 니즈를 잘 파악하게 될 수도 있다. 주가는 급상승하고 일약 스타주로 변신하게 된다. 하지만 그런 꿈같은 사건의 조짐은 의외로 가까운 곳에서 시작된다. 원하는 상품을 바로 구입할 수 없거나 예약 대기나 줄을 서지 않으면 살 수 없다. 그런 광경을 보면 그 해당 상품을 제공하는 회사를 조사해보자.

❺ 습관성이나 중독성이 있는 상품

식품이나 외식 관련 종목을 노린다면 맛보다는 무심코 입에 넣어버리는 습관성이나 중독성에 주목해보자. 커피, 담배, 감자 칩, 돈가스, 매운맛, 건강식품 등…. 중독성 높은 식품은 반드시 맛 때문에 구매하는 것은 아니지만, 이를 제공하는 기업의 주가는 장기적으로 안정적인 경우가 많다. 같은 이유로 게임이나 SNS, 애니메이션 등의 중독성 높은 분야에서 뜻하지 않게 대박주가 나올 가능성도 잊어서는 안 된다.

❻ 유망주 주변에 다음 타자가 있다

21세기에 들어서 소매 및 외식 부문에서 텐 배거가 차례로 등장했다. 이러한 배경에는 여러 기술적 변화나 구조적 변화가 있었다. 고속도로 및 우회도로 개선으로 인한 이동 방식의 변화, 저렴하고 공사 기간이 짧은 건식 공법의 보급으로 인한 신속한 점포 수 확장, 규모가 클수록 판매 데이터를 축적할 수 있는 POS(판매 시점 관리 시스템)의 보급 등이 바로 그 사례다. 이 변화는 신생 교외형 체인점에 유리하게 작용했다. 또한 이러한 변화는 동시에 여러 관련 기업에도 큰 변화를 가져왔다. 우연히 유망주를 하나 발견하면 성장 구조를 자세히 조사해보고, 이와 유사한 구조의 관련 기업을 찾아보자. 그러면 다음 대박주를 발견할 가능성이 있다. 오늘날에는 AI(인공지능)나, 지구 환경 문제에 대처하는 기업 등에 충분한 관심을 기울여볼 만하다.

15 이해할 수 없는 회사에는 투자하지 않는다

'투자는 합리적이어야 한다. 이해할 수 없다면 돈을 꺼내지 말라.' 이 것은 미국의 위대한 투자자 워런 버핏(Warren Buffett)의 명언 중 하나다.

이 말의 요점은 '이해', 이 두 글자에 있다. 투자자의 가장 큰 약점은 바로 '이해할 수 없다'에 있기 때문이다. 여러 번 강조했지만, 주식 투자에서는 사업 내용을 스스로 이해할 수 있는 회사의 주식을 사는 것이 원칙이다. 사업 내용을 이해할 수 없다면 억지로 이해하려고 노력할 필요는 없다. 워런 버핏이 말한 대로 그 기업의 주식을 사지 않으면 된다. 그렇게 함으로써 '이해할 수 없다'라는 극복하기 어려운 약점과 정면으로 마주하지 않고 피할 수 있다.

이것은 매우 단순하고 합리적인 사고방식이지만 실천하기는 쉽지 않다. 사람은 잘 모르는 것을 매력적이라고 생각하고, 이해하기 쉬운 것을 재미없다고 느끼는 심리적 경향이 있기 때문이다. 이해할 수 없는 것에는 투자하지 않는다는 규칙을 지키기 위해서는, 처음에는 매력적으로 보인 그 기업에 대해 이해할 수 없는 점을 명확히 하고 자각할 필요가 있다. '이해할 수 없는 것이 이렇게나 많다'라는 것을 깨달으면 리스크가 높다는 점도 파악할 수 있을 것이다.

이해할 수 없는 점을 명확하게 하는 구체적인 방법으로, 나는 〈도표 9〉에서 제시한 5가지 질문을 항상 검토하고 있다. 결산서나 회사 자료를 읽으며 배경(확증)을 얻었는데도 명확하게 대답할 수 없는 질문이 남아 있을 경우는 '상황을 지켜보기'로 판단하고 큰 투자는 하지 않는다.

☑ 왜 성장하고 있을까?

☑ 성장은 앞으로 얼마나 계속될까?

☑ 성장이 멈춘다면 어떤 이유가 있을까?

☑ 이미 나쁜 징후는 나타나지 않았을까?

☑ 주가가 적정 수준에 있다고 할 수 있을까?

Lesson 4

기업의
관점

분석 포인트를
파악하다

16 5가지 포인트로 기업을 분석한다

솔직히 말해서 정말 좋은 주식을 저렴하게 사는 데 성공했다면 어설프게 세계 각지에서 새로운 정보를 모으기보다 그 회사에 대해서만 깊고 자세하게 조사하는 것이 훨씬 부자가 될 수 있다. 그러기 위해서는 그 근거를 확인하는, 즉 사실 여부를 파악하는 작업이 가장 중요하다.

그래서 기업을 조망하는 방법을 소개하려고 한다. 나는 블로그 독자들에게서 다양한 댓글을 받는데, 그중에는 주식 투자에 관한 고민 상담이 자주 포함되어 있다. 특히 초보자로 보이는 사람들의 댓글 중에는 '기업이란 대체로 이런 것이다'라고 하는 개관을 잡지 못한 채 투자처인 기업을 오해하는 경우가 많다.

예를 들어, 소니(현재 소니 그룹, 6758)에 대해서는 아직도 한때 화려했던 가전 제조업체의 이미지를 가진 사람들이 많다. 하지만 사업의 구성 비율이나 이익 기여도로 보면, 현재의 소니의 주요 사업은 게임, 음악 등의 엔터테인먼트와 손해보험 등의 금융 사업이다. 이처럼 기업에 대한 오해를 방지하기 위해 기업을 조망할 수 있는 능력이 필요하다.

소니의 사례처럼 기업을 오해하기 쉬운 이유는 브랜드나 광고 홍보, 매장 인테리어나 상품의 패키지와 같은 특징적인 부분의 이미지가 강하게 작용해 그것에 끌려가기 때문일 것이다. 이로 인해 발생하는 오해는 주가에 반영되어 실제로 기업의 실제 가치와 주가 사이에 격차가 생기는 원인이 된다. 주식 투자로 이익을 내고 싶다면, 기업의 표면적인 이미지에 끌려가서는 안 된다. 기업 전체를 균형 있게 파악하는 능력을 기를 필요가 있다.

〈도표 10〉을 살펴보자. 내 블로그 제목에도 사용하고 있는 '배나무'
가 중앙에 그려진 일러스트다. 이는 기업을 분석하기 위해 필요한 5가
지 포인트를 그린 것이다.

예전에는 작았던 배 묘목이 척박한 자연환경 속에서 성장해 이제는
많은 배들이 달린 큰 나무가 되었다. 그 모습이 상징하는 것은 작은 벤

도표 10 기업의 전체를 조망하는 포인트

처에서 대기업으로 성장한 회사다. 어려운 비즈니스 환경 속에서 경쟁을 이겨내고 규모를 확대해왔다. 그리고 상장을 실현해 다양한 상품과 서비스를 세상에 널리 제공하게 되었다.

5가지 포인트를 차례로 살펴보자.

❶ 성장성 ❷ 건전성

먼저 나무의 줄기에 해당하는 부분을 살펴보자. 거기서 나온 말풍선에는 '내부 요인(성장성, 건전성)'이라고 적혀 있다. 만일 배나무 주인에게서 '이 배나무를 사지 않겠느냐?'라는 말을 듣는다면 당신은 가장 먼저무엇을 신경 쓸 것인가? 아마도 '이 배나무는 성장하고 있는 걸까?', '건강한 상태를 유지하고 있는 걸까?' 이 2가지가 신경 쓰일 것이다. 주식투자도 마찬가지다. 투자하기 전에 먼저 파악해야 할 것은 기업의 성장성과 건전성이다.

그런데 기업의 성장성과 건전성을 파악하기 위해서는 약간의 기술이필요하다. 이 부분도 배나무를 예로 들어보자. 배나무가 얼마나 성장했는지는 단순히 나무의 상태를 보는 것만으로는 파악할 수 없다. 매년 동일한 시기에 나무의 두께를 측정하고 그 차이를 조사해야 한다.

마찬가지로 기업의 성장성을 파악하기 위해서는 과거의 결산 자료를통해 매출액이나 이익 등의 실적 데이터를 추출해 연도별 변화를 조사하는 작업을 거쳐야 한다. 내 경우는 동양경제신보사(東洋經濟新報社)가 발행하는 계간 주식 투자 정보지 〈회사 사계보 (이하 사계보)〉에 수록된 과거 3분기분의 실적과 향후 2분기분의 예상 숫자를 가장 먼저 확인한다. 그리고 관심 있는 기업이 있으면, 그 회사의 공식 웹사이트에서 결산 서류나 결산 설명 자료를 확보한 다음, 다시 과거로 거슬러 올라가 데이터를 추출하고 자세히 비교 분석한다.

분석할 때는 홈페이지에서 과거 몇 분기분(5~10분기분. 상장하고 나서 5분기가 되지 않는 신생 기업의 경우는 상장 이후 분 전부)의 결산서를 다운로드한 다음, 손익계산서에 기록된 수치를 표 계산 소프트웨어에 입력하는 작업을 하면 된다. 최근에는 투자 정보 사이트나 증권회사 사이트에서도 그러한 정보를 얻을 수 있으니 그것을 써도 상관없다.

재무 3표 중 왜 재무상태표나 현금흐름표가 아니라 손익계산서를 분석 대상으로 해야 할까? 성장주 투자의 경우, 기업의 실적 성장이 가장 중요하며, 이를 나타내는 손익계산서를 분석의 중심에 두어야 하기 때문이다.

그 작업 결과, '아무래도 이 회사는 성장 궤도에 올라탔다'라는 판단이 든다면, 투자자로서 중요한 것은 이익 성장이 앞으로도 계속될지의 여부다. 이 시점에서 고려해야 할 2가지 포인트가 있다. 하나는 '이대로 성장이 계속된다면 성장의 한계는 어디 즈음에 있을지'다. 또 하나는 '비즈니스 모델 안에 성장의 메커니즘이 내재되어 있는 구조인지'다. 2가지 관점에서 성장의 지속성을 논리적으로 파악하는 것이 중요하다.

한편, 기업의 건전성을 파악하기 위해서는 다소 전문적인 재무회계 지식이 필요하다. 배나무의 건전성을 알고 싶다면 나무 의사와 같은 전문가의 기술이 필요한 것과 마찬가지다. 나는 먼저 〈사계보〉를 통해 자기자본비율, 현금흐름표의 내용, 그리고 현금 등가물과 유이자 부채의 차액을 파악한다. 빚이 적고 현금 수입이 안정적으로 발생하면 건전하다고 판단할 수 있다. 여기까지 읽었는데 '무슨 말인지 전혀 모르겠다'라는 사람은 재무분석 공부도 조금씩 시작하면 좋을 것이다.

❸ 상품·서비스

다음으로 배 열매로 눈을 돌려보자. 배 열매의 말풍선에는 '상품 및 서비스(수익성, 경쟁)'라고 적혀 있다. 아무리 나무가 건강하게 자라나도 배가 맛없다면 '이 배나무를 사야겠다'라는 생각은 들지 않을 것이다. 배 맛을 확인하려면 실제로 손에 들고 먹어볼 필요가 있다. 기업의 경우도 상품이나 서비스를 이용해보고 사용하는 데 편리한지 등을 실제로 경험해볼 필요가 있다.

또 하나 중요한 것은 당신이 평소에 무심코 상품을 구입하거나 서비스를 이용하고 있는 기업의 주식을 조사해보는 것이다. 무의식중에 마음에 들어 자주 사용한다는 것은 '배가 맛있다'라는 것과 다름없다. 일본 맥도날드 홀딩스(2702), 100엔 숍 세리아(2782) 등 자주 이용하는 친숙한 기업의 지난 10년간 주가 차트를 살펴보자. 머리가 어지러울 정도로 주가가 큰 폭으로 상승한 것을 알 수 있을 것이다.

나는 요식업과는 전혀 무관한 일을 해왔다. 하지만 피터 린치의 책을 읽고 외식산업의 유망성을 깨닫게 된 후, 집중적으로 외식기업을 조사해보았다. 각 회사의 홈페이지를 철저히 조사하고, 관심 있는 회사의 매장에서 점심을 먹으며 매장의 상황을 파악했다. 그 결과, 체인점의 기름진 음식을 먹고 살이 쪘지만 외식업종은 내가 잘 아는 전문 분야가 되었다.

| 도표 11 | 세리아(2782)의 주가와 닛케이 평균주가 추이 |

하지만 낯선 기업 중에도 주가가 크게 상승한 회사는 다수 존재한
다. 다소 전문적인 투자가 되겠지만, 실제로 상품이나 서비스를 경험하
지 않더라도 '아마 그 배는 맛있을 거야'라고 상상하는 방법이 있다. 얼
마나 벌고 있는지, 즉 수익성을 확인하는 것이다. 수익성을 확인하려면
ROE(자기자본이익률)나 ROA(총자산이익률)라는 재무 지표를 들여다보면 된
다. ROE는 순이익을 자기자본으로 나누어 계산한다. ROA는 순이익을
총자산으로 나누어 구한다. 이러한 지표의 숫자가 동종업계 다른 회사
와 비교해서 높다면 아마도 해당 기업의 상품이나 서비스는 무언가의
이유로 경쟁력이 있다고 보아도 좋다.

❹ 외부 요인

네 번째 포인트는 외부 요인이다. 외부 요인에는 크게 2가지가 있다.
배나무는 항상 변동하는 날씨 속에서 자라나는데, 바람이 약하게 부는 비옥한 땅에서 자라는 나무와 바람이 많이 부는 메마른 땅에서 자라는 나무는 생육 상태가 매우 다르다. 모처럼 생긴 배 열매가 바람에 의해 떨어질 확률도 전자가 더 낮을 것이다.

기업에 있어서 항상 변동하는 날씨에 해당하는 것은 경기나 환율, 정치 동향, 국제 정세 등이다. 특히 경기와 환율 변동은 다양한 기업의 실적에 영향을 미친다. 주식 관련 뉴스의 경우, 매일 서두에서 그날의 닛케이 평균주가 가격과 TOPIX(도쿄 증권 거래소 주가지수) 등 대표적인 주가지수가 얼마나 변동했는지를 보도하고 환율 등의 영향에 관해 설명한다. 이러한 것들도 중요하지만 주식에 장기 투자를 할 때 더욱 중요한 것은 어떤 땅에서 재배되었는지다. 기업에 있어서 토지, 즉 어느 업계나 업종에 뿌리를 내리고 있는지를 확실히 판별할 필요가 있다.

세리아의 주가와 닛케이 평균주가의 추이를 비교한 차트(《도표 11》)에서도 알 수 있듯이, 적절한 업계에 뿌리를 내리고 맛있는 배를 계속해서 제공할 수 있으면 닛케이 평균주가나 TOPIX가 나타내는 시장 전체의 추세에 거의 좌우되는 일 없이 주가는 장기적으로 계속 상승할 것이다. 경기나 환율은 일반인들이 전혀 예측할 수 없으며, 이는 기관 투자자들과 같은 전문가들이 압도적으로 유리한 영역이기도 하다. 변화무쌍한 날씨만 보고 일희일비하지 말고 계속 땅에 집중하는 것이 중요하다.

❺ 경영자

마지막 다섯 번째 포인트로 경영자에 대해 언급하고 싶다. 배의 맛은 배나무를 기르는 재배자의 솜씨에 따라 전혀 달라진다. 마찬가지로 성장하는 기업에는 반드시 뛰어난 경영자가 존재한다.

하지만 내 경험상으로는 경영자의 역량을 가늠하기란 쉽지 않다. 투자신탁인 '히후미 투자신탁'을 운용하는 자산운용사 레오스 캐피털 웍스의 후지노 히데토(藤野英人) 사장은 《슬리퍼의 법칙》이라는 저서에서 창업자의 매력에 속지 말라고 주장하고 있다. 정말 옳은 말이다.

창업자 사장이든 전문 경영인 사장이든 상장 기업의 경영자는 누구나 매력적이다. 그런 사람들 중에서 특히 뛰어난 사람을 구분하기란 굉장히 어렵다. 다만, 경영자를 만나지 않더라도 사업계획이나 사업 그 자체를 면밀하게 살펴보면 자연스럽게 경영자의 생각을 알 수 있다. 즉, 재배자의 얼굴을 바라보는 것이 아니라 방풍림(防風林 : 농경지·과수원·목장·가옥 등을 강풍으로부터 보호하기 위해 조성한 산림)이나 토양을 확인하고 실제로 배를 먹어봄으로써 경영자에 대해 알 수 있는 것이다.

17 결산에 관한 뉴스만 보고 단순히 판단해서는 안 된다

대체로 신문이나 인터넷 기사는 결산 보고서의 수치를 그대로 보도한다. 예를 들어, 'A사의 이번 분기 영업이익은 역대 최고치를 경신했으며 이전 분기 대비 45% 증가했다'라는 식이다. 이를 보고 'A사의 주식은 유망하다. 주가도 상승할 것이다. 그러니 A사의 주식을 사자'고 단순하게 행동하면 발전하기 힘들 것이다.

여기에 대한 포인트를 구체적으로 설명해보겠다. 결산 보고서의 첫 페이지에는 그 분기까지의 누적 수치가 기록되어 있다. 2분기 결산 보고서라면 1분기와 2분기의 누적이, 3분기 결산 보고서라면 1, 2, 3분기의 누적이 기록되어 있다. 하지만 주가는, 예를 들어 3분기 결산 발표 시점에서는 당연히 2분기까지의 실적을 완전히 반영하고 있다. 따라서 투자자들의 관심은 3분기 단독 숫자에 집중된다. 여기서 필요한 것은 누적 수치인 결산 보고서의 숫자에서 해당 분기의 단독 숫자를 추출해 내는 작업이다.

〈도표 12〉에 나와 있는 것처럼 최신 결산 보고서의 수치에서 1분기 전의 누적을 빼기만 하면 된다. 표 계산 소프트웨어에 자세하게 입력하면 매출 총이익이나 판매관리비의 추이도 확인할 수 있어 실적 변동의 이유를 파악하는 데 도움이 되기도 한다. 만약 연간(4분기) 누적이 이전 분기 대비 45% 증가해 역대 최고 수익을 기록했더라도 4분기 단독 영업이익의 추이가 1분기 이후에 하강 국면을 보인다면 결산 발표 직후에 많은 사람이 매도할 것이다.

하지만 업태에 따라서는 하강 국면처럼 보여도 반드시 실적이 악화되었다고는 볼 수 없는 경우도 있으므로 주의가 필요하다(〈도표 13〉). 예를 들어, 지울 수 있는 볼펜으로 대 히트 친 파일럿 코퍼레이션(7846)이 있다. 이 회사가 돈을 버는 시기는 신학기인 4~6월이며, 그 반동으로 7~9월에는 영업이익이 감소한다. 이 현상만 보고 하강 국면에 접어들었다고 판단해서는 안 된다. 맥주업계의 선두 주자인 아사히 그룹 홀딩스(2502)는 여름철이면 맥주와 청량음료 판매가 늘어나기 때문에, 7~9월에 이익이 가장 커진다.

이처럼 특정 계절에 집중적으로 수익을 올리는 기업의 경우는 지난

4분기 결산 수치를 통해 모멘텀을 확인한다

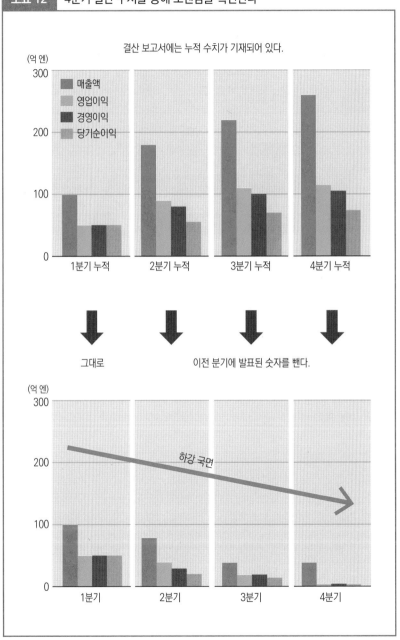

결산 보고서에는 누적 수치가 기재되어 있다.

(억 엔)

- 매출액
- 영업이익
- 경영이익
- 당기순이익

300

200

100

0

1분기 누적　　2분기 누적　　3분기 누적　　4분기 누적

그대로　　　　　이전 분기에 발표된 숫자를 뺀다.

(억 엔)

300

200

하강 국면

100

0

1분기　　　　2분기　　　　3분기　　　　4분기

1년간의 결산 추이를 보는 것만으로는 충분하지 않다. 과거 몇 년간의 분기별 단독 수치를 추출하는 작업을 반복해 분기별 단독 수치의 전년 동기 대비 추이를 확인하는 것이 좋다.

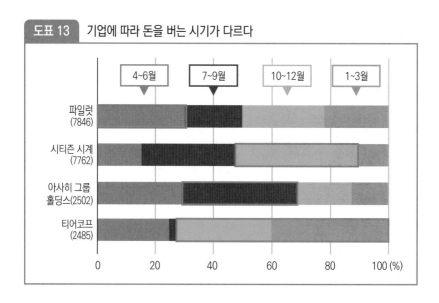

도표 13 기업에 따라 돈을 버는 시기가 다르다

Lesson 5

주가의
움직임

**시세를
읽을 수 있게 되다**

18 주가는 단기적으로는 연동되지만, 장기적으로는 개성이 드러난다

본래 각각의 기업은 서로 다른 얼굴을 갖고 있으며, 다양성으로 가득하다. 그런데 많은 투자자가 이런 개성의 차이를 무시하고 모든 종목을 일괄적으로 사고판다.

〈도표 14〉는 코로나19 사태가 발생한 2020년 1월부터 2020년 6월 말까지 혼다, 시오노기제약(塩野義製薬), 가지마(鹿島), 소니의 6개월 차트다. 만약 회사명을 숨겼다면, 당신은 어느 것이 혼다이고 어느 것이 시오노기제약인지 잘 알아맞힐 수 없을 것이다. 이것이 바로 연동이다.

하지만 5년 또는 10년이라는 긴 기간을 비교해보면 서로 다른 기업의 차트는 동일하지 않다. 〈도표 15〉는 〈도표 14〉와 같은 4가지 종목의 과거 10년간 차트다. 실적이 연동되지 않기 때문에 장기적으로는 개성이 드러나는 것이다. 역시 좋은 회사는 우상향 차트를 그리고, 그렇지 않은 회사는 횡보하거나 하락 차트를 그리게 된다.

19 주가를 움직이게 하는 원리를 이해한다

초보자들은 의외라고 생각할지 모르지만, 주가는 몇 가지 단순한 원리 원칙에 따라 움직이고 있다. 몇 가지가 결합되어 복잡하게 보일 뿐이다.

주가는 보통 가까운 미래의 실적, 리스크, 금리 수준, 이 3가지 요인으로 인해 변동된다.

도표 14 혼다, 시오노기제약(塩野義製薬), 가지마(鹿島), 소니의 6개월 차트

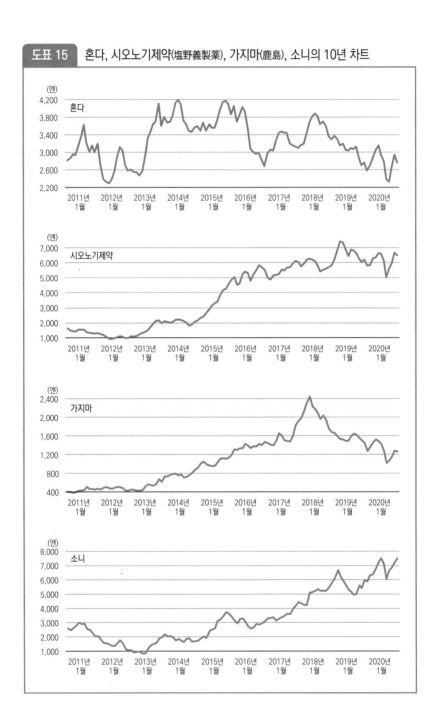

도표 15 혼다, 시오노기제약(塩野義製薬), 가지마(鹿島), 소니의 10년 차트

❶ 주가는 미래를 반영한다

주가는 미래 실적을 반영하면서 변동된다. 어느 회사가 전년도에 얼마나 수익을 올렸는지와 같은 사실은 이미 그 회사의 주가에 반영되어 있다. 그래서 전년도 실적을 근거로 주식을 사더라도 주가 상승이라는 이익은 거의 얻지 못한다. 중요한 것은 미래다.

향후 실적이 호전될 것 같으면 주가는 결국 상승한다. 그 반대라면 하락하게 마련이다. 결산 발표에서 이전 분기의 훌륭한 실적을 발표하자마자 '재료 소진' 등으로 판단되어 주가가 하락할 수도 있다. 반대로 실적 하향 조정을 발표했음에도 다음 날부터 주가가 상승하는 경우도 있다. 이처럼 다소 이상하게 보이는 현상도, 주가는 미래의 실적을 반영하면서 변동된다는 원리원칙을 알고 있다면 이해할 수 있을 것이다.

그렇다면 주가가 반영되는 미래란 어느 정도의 시점을 말하는 것일까? 일반적으로 주식 시장은 몇 개월에서 길어야 3년 정도 앞의 실적을 반영하면서 주가를 형성하고 있다고 한다. 물론 기업마다 반영되는 미래는 다르다. 시기에 따라서도 앞을 내다볼 수도 있지만, 갑자기 전망이 나빠질 수도 있다. 예를 들어, 리먼 브러더스 사태 직후에는 전혀 앞을 읽을 수 없게 되어 지극히 근시안적인 판단을 할 수밖에 없었다. 경마와는 다르게 반드시 정해진 결승점이 있는 것이 아니기 때문에 '대략 몇 개월에서 길어야 3년 정도 앞의 가까운 미래'라고 밖에 말할 수 없다. 주식 투자자는 그 애매함을 받아들일 필요가 있다.

❷ 주가는 리스크를 반영한다

주식 투자를 한다면 '리스크'라는 말을 잊지 말아야 한다. 당신은 주식을 산 순간부터 항상 리스크와 함께하게 된다. 그렇다면 주식 시장은 그 리스크를 어떻게 주가에 반영하는 걸까?

가장 정석적이면서도 설득력 있는 방법은 다음과 같다. 만일 당신이 투자하려고 생각하고 있는 회사가 전략적인 신제품을 출시했다고 가정해보자. 이 신제품이 잘 팔리면 향후 2년간 80%의 이익 성장이 기대된다고 회사는 설명한다. 하지만 그것은 '잘 팔릴 경우'의 이야기다. 투자자들은 항상 그런 일이 일어나지 않을 가능성도 고려해야 한다. 그들의 경쟁자들도 가만히 있지는 않을 것이다. 한층 더 강력한 경쟁 제품을 내놓아 이 회사의 계획을 완전히 무너뜨릴 가능성도 있다.

리스크를 고려하는 방법은 〈도표 16〉과 같다. 몇 가지 시나리오를 준비하고 각각의 시나리오가 실현되었을 경우의 이익 성장률(A)을 예측한다. 다음으로 각각의 시나리오가 실현될 확률(B)을 산출한다. 그리고 A와 B를 곱한 값을 계산한다. 마지막으로 그 세로축을 합산해서 이 경우

도표 16	시나리오를 바탕으로 한 기대 성장률 계산법		
	A	**B**	**A × B**
	가까운 미래의 이익 성장률	**확률**	**기대 성장률**
최고로 잘될 경우	80%	20%	16%
그럭저럭 잘될 경우	15%	40%	6%
잘 안 될 경우	0%	30%	0%
크게 실패할 경우	▲40%	10%	▲4.0%
합계			18.0%

기대 성장률은 리스크를 고려한 성장률을 말한다. (▲는 마이너스)

는 18%라고 하는 숫자(기대 성장률)를 도출해낸다.

이렇게까지 말하면 '그 시나리오나 확률은 어느 자료에 나와 있는지' 묻고 싶어질 것이다. 안타깝게도 주식 시장에서는 수험 공부처럼 딱 정해진 정답은 존재하지 않는다. 어디까지나 자신 스스로가 예측하고 계산해야 할 것이다. 물론 인터넷상에서 전문가의 의견이나 어떤 블로거의 개인적인 의견을 읽거나 혹은 〈닛케이 머니〉와 같은 전문 잡지의 기사를 참고해도 상관없다. 모든 종목의 실적 예측을 포괄적으로 알고 싶다면 〈사계보〉를 참고해도 좋다. 하지만 그것들은 어디까지나 참고 자료에 지나지 않으며, 최종적인 판단은 실제로 자금을 투입하는 당신 자신이 내려야 한다.

❸ 주가는 금리의 영향을 반영한다

주가는 금리의 영향을 받는다. 금리가 상승하면 주가가 하락하는 방향으로 압력이 가해지고, 금리가 하락하면 주가가 상승하는 원리가 존재한다.

이해하기 쉽게 예시를 들어 설명해보자. 어느 날, 부하직원에게서 "집사람에게는 비밀로 하고 미쓰이스미토모 은행에 예금 든 것이 있는데, 그 돈을 주식으로 불리고 싶습니다. 어떤 종목을 사면 좋을까요?"라고 상담을 받은 적이 있었다. 그때 나는 "어떤 주식을 살지는 스스로가 생각해야 할 문제예요. 다만 미쓰이스미토모 은행에 예금해두는 것보다는 미쓰이스미토모 파이낸셜 그룹의 주식을 사는 것이 나을 것 같아요…"라고 말했다.

2018년 9월 28일 시점에서 메가뱅크(일본의 3대 은행을 통칭하는 단어)

중 하나인 미쓰이 스미토모 은행에서 정기 예금을 해도 금리는 불과 0.01%밖에 붙지 않았다. 300만 엔을 예금해도 1년 뒤 얻을 수 있는 이자는 단돈 300엔에 불과하다. 반면에 미쓰이 스미토모 은행의 지주회사인 미쓰이 스미토모 파이낸셜 그룹(8316)의 주식을 사서 얻을 수 있는 배당의 예상 이율(이번 분기 예상 배당액을 주가로 나누어 산출)은 3.7%다. 만일 이 회사의 주식을 300만 엔어치 사면 1년에 11만 1,000엔이라는 배당금을 받게 된다.

그런데 만일 앞으로 정기 예금의 금리가 크게 상승해 1991년에 기록했던 과거 최고 수치인 5.7%가 되었다고 치자(그런 시대도 있었다). 금리가 5.7%라면 300만 엔만 예금해도 매년 약 17만 엔의 이자를 받을 수 있다. 그런 상황에서 3.7%라는 배당 수익률을 기대하며 주식을 사겠는가? 답은 '아니오'일 것이다. 아마도 주식에 투자하는 많은 투자자는 더 높은 수익률을 바라며 기업에 더 많은 배당금이나 성장을 요구하게 될 것이다. 그에 부응하지 못하는 기업의 주식은 매도되고 주가는 하락하게 된다.

이와 같은 이유로 금리가 오르면 주가는 하락하고, 금리가 내리면 주가는 상승 압력을 받게 되는 것이다.

❹ 순자산 가치를 기준으로 주가를 추정해야 할 경우도 있다

이상의 3가지 원리에 추가로 1가지 더 알아두어야 할 원리가 있다. PBR(주가순자산비율)로 주가를 추정하는 것이 더 나은 경우다. PBR은 주가가 한 주당 순자산의 몇 배인지를 나타내는 지표다.

〈도표 17〉의 그래프는 2007년 1월부터 2018년 8월까지의 도쿄증권거래소 주가지수(TOPIX)의 추이와 도쿄증권거래소 1부에 상장한 모

| 도표 17 | TOPIX와 도쿄증권거래소 1부 상장 기업의 PBR 추이 |

(출처 : 일본 거래소 그룹)

든 기업의 PBR 추이를 보여준다. 리먼 브러더스 사태가 발생한 2008년 9월경부터 2013년 4월경까지는 주가와 PBR의 움직임이 일치하며, PBR은 0.8배 전후로 움직이고 있었던 것을 알 수 있다.

이는 '바닥다지기'라고(⇨21번) 불리는 상태로 가까운 미래의 실적이 극단적으로 악화된 경우, 주식 시장은 기업 가치의 기준을 3가지 원리가 아닌 기업이 보유한 순자산의 가치에서 찾고 있었음을 추측해볼 수 있다. 그리고 PBR이 1배를 초과한 2013년 이후에는 다시 3가지 원리를 통해 주가가 움직이는 상태로 되돌아갔음을 알 수 있다. 즉, 극단적으로 기업의 수익이 악화된 경우에는 3가지 원리가 아니라 PBR을 기준으로 주가가 움직인다는 것을 기억해두면 좋다.

20 복합적인 시각으로 생각한다

만약 장기 투자로 재산을 늘리고 싶다면 4가지 원리를 기억해두면 된다. 단기적인 변동을 제외하고 주가 변동의 대부분은 이 4가지 원리로 설명할 수 있기 때문이다.

이렇게 말하면 '어? 그렇다면 환율이나 정치적 안정은 주가에 영향을 미치지 않는 걸까?'라고 의문이 들 수도 있다. 그렇지 않다. 사실 환율이나 정치는 3가지 원리를 통해 주가에 영향을 미친다. 예를 들어, 수출 관련주의 경우 환율이 엔고가 되면 곧 실적이 악화될 것이라고 예측되어 주가가 하락한다. 즉, 주가는 가까운 미래의 실적을 반영하며 변동하는 원리가 작용하는 셈이다.

한편 정치가 안정되면 리스크가 줄어들어 주가 상승으로 이어진다. 여기서 주가는 다양한 리스크를 반영하며 변동하는 원리가 작용한다. 또한 현재의 정권이 강력한 경제정책을 추진할 것으로 기대되면 기업 실적에 긍정적인 영향을 미칠 것이라고 시장이 판단해 그 원리에 따라 주가가 상승할 것이다. 이러한 외부 환경의 변화가 3가지 원리를 통해 어떻게 주가에 영향을 미치는지에 대한 몇 가지 예시를 〈도표 18〉에 정리했으니 참고하기를 바란다.

나도 다른 사람의 투자 블로그를 보거나 독자들이 남긴 댓글을 읽는데, 투자 수준에 따라 그 내용에 명확한 경향성이 보인다. 초보자들은 주가만 보는 경우가 많다. 주가가 오를지 내릴지 그 근거조차도 주가에서 찾고 있다. 당연한 말이지만, 아무리 주가만 바라보고 있어도 앞으로의 전개는 예측할 수 없다.

투자 경험이 다소 있는 사람의 경우는 좀 더 시야가 넓다. 하지만 그 사고방식은 비약적이기도 하고, 너무 단순하기도 하다. '엔화가 강세이니 닛케이 평균 주가는 하락할 것이다. 따라서 보유 주식을 매도해야겠다'라는 식이다. 사실 이 수준의 사람들은 주가만 보는 완전 초보자들보다 더 실패하기 쉽다. 단편적인 정보에 휘둘리기 때문이다. 엔화 강세가 3가지 원리 중 어디에 영향을 주고 자신의 보유 주식에 어떤 영향을 미치는지, 원리에 입각해 주가에 어떠한 영향을 미치는지를 이해하는 습관을 들이는 것이 좋다.

도표 18 외부 환경의 변화가 3가지 원리를 통해 주가를 좌우하는 사례

외부 환경	원리1(실적)	원리2(리스크)	원리3(금리)	종합 판단
급격한 엔화 강세(수출 기업)	환율⬇ 국제 경쟁력 저하⬇	리스크 증대⬇	금리 저하⬆	⬇
정치 안정	경제정책 기대감⬆	정치 리스크 저하⬆	-	⬆
금융 완화	금리 부담 저하⬆	-	금리 저하⬆	⬆
경기 확장	실적 확대⬆⬆	-	금리 상승⬇	⬆
전쟁 발발	기업에 따라 영향은 상이함	리스크 증대⬇	-	⬇

(⬆와 ⬇는 주가의 상승과 하락을 나타냄)

주가는 보통 ❶ 가까운 미래의 실적 ❷ 리스크 ❸ 금리 수준, 이 3가지 요인에 의해 변동된다. 성장주라고 해도 시장의 정체기에는 연동된다. 시장의 하락에 맞서 계속 상승하는 성장주는 매우 드물다. 또한 상승기 때 급등한 만큼 주가의 하락 폭은 커지기 쉽다.

나름대로 성공을 거듭한 사람들은 주가 변동의 원리를 이해하고 실적에 관한 이야기인지, 리스크에 관한 이야기인지를 인식하고 있다.

'투자 능력이 있다'라고 느껴지는 유형의 사람은 더욱 복합적인 시각으로 사물을 생각한다. 주식 시장의 관점을 이해하면서 자신의 분석과 비교해 독자적인 투자 스토리를 그릴 수 있다면, 상위 클래스라고 할 수 있다.

 ## 주가를 움직이는 주체를 의식하고 4가지 장세의 특징을 알아둔다

프로 투자자들의 설명에서 자주 등장하는 '이론 주가'나 '펀더 멘털 (기초 정보)' 등의 개념은 보통 4가지 원리, 즉 실적, 리스크, 금리, 순자산으로 구성되어 있다. 여기에 대해 자세히 알고 싶은 사람은 제목에 '기업가치 산정법'이나 '밸류에이션' 등이 들어 있는 두꺼운 책을 몇 권 읽으면 되는데, 다소 어려울 수도 있다.

일단 먼저 설명한 4가지 원리를 이해하고 자신만의 투자 스토리를 확실히 그릴 수 있도록 하자. 여기서는 주가 변동의 4가지 원리를 실제 투자에 어떻게 활용할 수 있는지에 관해 설명하려고 한다.

장세를 읽을 때는 4가지 요인을 결정짓는 '주체'에 주목하는 습관을 들이면 좋다. 가까운 미래의 실적이나 순자산 가치를 결정짓는 주체는 기업이며, 금리 수준을 결정하는 주체는 일본은행이나 미국 연방준비제도(FRB) 등의 중앙은행이다. 4가지 요인은 각각 의사를 갖고 변동하고 있다. 그 의사를 가진 중심을 여기서는 '주체'라고 부르고 있다.

그렇다면 리스크의 주체는 무엇일까? '리스크는 전 세계의 각종 현상이 주체이므로 전 세계에서 일어나는 모든 현상을 보아야 한다. 하지만 그것은 불가능하다'라고 생각하는 사람들이 많다. 하지만 나는 약간 다른 관점에서 '리스크의 주체는 투자자다'라고 생각한다.

전 세계에서 일어나는 모든 현상은 투자자의 판단을 통해 장세에 영향을 미친다. 똑같은 사건이 일어나도 투자자들의 반응에 따라 주가의 움직임은 달라진다. 투자자들이 당황하면 크게 변동하고, 투자자들이 침착하고 동요하지 않으면 거의 변하지 않는다. 즉, 세상의 모든 리스크는 투자자들의 심리를 통해 주가에 영향을 미치고 있는 셈이다. 항상 기업, 중앙은행, 투자자라고 하는 주체를 인식할 수 있으면 장세의 움직임을 정확하게 파악할 수 있게 된다.

또한 4가지 주가 변동의 요인 중 하나로 주식 시장 전체를 강하게 지배하는 현상이 있다. 각각의 이름이 있으니 기억해두자. 기업의 실적 영향이 큰 장세는 '실적장세', 금융정책, 즉 금리 수준의 영향을 크게 받는 장세는 '금융장세', 리스크가 지배하는 장세는 '역금융장세'라고 한다. 많은 기업이 적자에 빠지고, 시장 전체가 순자산 가치를 근거로 움직이는 상태는 '역실적장세(바닥다지기장세)' 등으로 불리고 있다. 각 장세의 특징에 대해 간단히 설명하고자 한다.

요인	주체	장세 명칭	장세 특징
가까운 미래의 실적	기업	실적장세	종목별로 선별이 진행된다.
금리 수준	중앙은행	금융장세	금융 완화 국면으로 전체가 상승한다.
리스크	투자자	역금융장세	심하게 급등락하면서 하락한다.
순자산 가치	기업	역실적장세 (바닥다지기장세)	악재가 나와도 더 이상 하락하지 않는다.

❶ 개별주가 물색되는 '실적장세'

실적장세에서는 종목별로 선별이 진행되기 쉽다. 실적이 좋은 종목의 주가는 많이 오르고 실적이 나쁜 종목은 크게 하락한다. 나처럼 개별 종목을 신중하게 골라 매수하는 투자자들에게는 가장 진가를 발휘할 수 있는 장세다. 하지만 장세 전체적으로는 다소 활기가 부족해 닛케이 평균 주가는 보합세를 보이는 경우가 많다.

❷ 전체적으로 상승하는 '금융장세'

금융장세의 특징은 폭넓은 업종, 수많은 종목의 주가가 일제히 올라 전체적으로 상승하는 이미지를 갖고 있다. 금융장세는 일본은행이나 연방준비제도(FRB)가 금융 완화를 추진하고 금리 인하나 양적완화의 영향이 사회 전체에 널리 퍼지기 시작하면서 상승한다. 모든 종목에 금융 정책의 영향이 폭넓게 미치기 때문에 종목별 차이는 그다지 중시되지 않는다. 굳이 따진다면, 부채가 많은 기업일수록 금리 부담이 적어지므로 실적에 대한 긍정적인 영향이 기대되어 주가가 상승하기 쉬운 경향이 있다. 부동산주나 철강주 등이 대표적인 예다. 금융장세에서는 경기 확장에 대한 기대도 높아지므로 닛케이 평균 지수도 크게 상승한다.

❸ 갑자기 급락하는 '역금융장세'

역금융장세는 어느 날 갑자기 주가가 바닥을 치며 급락하기 시작하는 장세다. 그동안 주가를 안정시켰던 전제가 무너지고, 큰 리스크가 시장을 지배할 때 투자자들의 심리는 극도로 악화되어 주가는 심한 급등락을 반복하며 하락한다.

주가가 한번 크게 하락하면 신용거래로 레버리지를 걸었던 투자자들의 자금 운용이 어려워져 더 큰 매도가 발생한다. 이로 인해 주가 하락에 가속도가 붙는다. 리스크가 현실화되지 않고 리스크로만 끝나면, 그 후 주가는 급격히 반등한다. 하지만 리스크가 현실화되어 기업의 실적 악화가 현저해지면 추가 하락을 각오해야 한다.

개인 투자자들은 대부분 역금융장세에서 큰 실패를 저지른다. 리스크가 큰 장세임에도 불구하고 이를 인지하지 못하고 평소와 같은 리스크를 저질러 저가 매수를 하는 경우가 많기 때문이다. 운 좋게도 그것이 성공하면 큰 이익을 얻을 수 있다. 하지만 결과가 엎친 데 덮친 격으로 나오면 순식간에 모든 것을 잃을 수도 있다. 안타깝게도 역금융장세의 시작을 예측하는 것은 거의 불가능하다. 장세가 과열될 조짐이 보이면 운용 자산에서 현금 비중을 높이는 등의 조치를 통해 조기에 리스크를 낮추는 것이 중요하다.

❹ 절호의 매수 기회가 되는 '역실적장세(바닥다지기장세)'

실적 악화를 동반하는 역금융장세에서 닛케이 평균 지수는 기가 막힐 정도로 크게 하락한다. 앞서 설명한 것처럼 많은 종목이 순자산 가치를 바탕으로 주가를 산정하게 된다. 닛케이 평균은 점차 바닥다지기라고 불리는 독특한 차트를 그리게 되고, 또 다른 악재가 터져도 주가는 더 이상 크게 하락하지 않는다. 이렇게 되면 나와 같은 밸류(저가) 주식 투자자들에게 있어서는 절호의 매수 기회가 찾아온 것이다.

3~5년 후의 운용 성과는 이 시기에 얼마나 좋은 종목을 매수할 수 있는지에 달렸다고 해도 과언이 아니다. 여전히 경기는 나쁘고 어두운 뉴스가 세상을 뒤덮고 있어도 자신만은 밝은 마음으로 용기를 내어 종목 선택에 힘써야 한다. 그러기 위해서도 중요한 것은 역금융장세에서 다시 일어설 수 있도록 큰 타격을 입지 않는 것이다. 충분한 자금 여력을 남겨두기만 하면 인생 최대의 기회에서 대승을 거둘 수 있다.

Lesson 6

승리하기 위한
투자법

바이앤홀드야말로
승리의 지름길

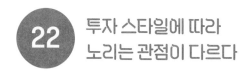

22 투자 스타일에 따라 노리는 관점이 다르다

개별 주식을 거래하는 투자 스타일에는 크게 2가지 파가 존재한다. 수년간 그 기업의 주식을 보유하고 응원하는 장기 투자파와 투자자의 심리 및 수급 요인을 분석해 어떻게 보면 기업의 성장과는 무관하게 단기적인 가격 변동을 추구하는 단기 트레이드파다. 각각의 파는, 투자 대상이나 레버리지를 다루는 방법, 기간의 차이 등에 따라 한층 더 세분화될 수 있다.

성장주 투자 : 실적 확대가 기대되는 기업을 찾는다

그로스 투자(Growth investing)는 성장주 투자로 번역할 수 있다. 한마디로, 기업의 장기적인 실적 확대에 배팅하는 투자법이다. '만약 5년 후에 이익이 5배가 됐다면 주가도 5배가 될 것'이라는 투자법이다.

실제로 기업은 한번 성장이 시작되면 실적이 몇 배에서 몇십 배로 높아지는 경우가 있다. 신중하게 기업의 비즈니스 모델이나 장래성을 검토해 진정한 성장주를 손에 넣을 수 있다면, 그다음에는 눈 뜨고 일어나기만 해도 억만장자가 되어 있을 것이다. 문제는 '수많은 투자 대상 중에서 어떻게 하면 진정한 성장주를 찾아낼 수 있는지'다. 여기에 이 투자법의 최대 난점이 있다. 이를 위해서는 상당히 숙련된 기술이 필요하다.

하지만 이미 비즈니스 모델이나 회계 지식, 전 세계의 다양한 경제 정보를 수집하고 있는 비즈니스맨들에게는 해볼 만한 가치가 있다. 요령을 잘 익히고 계속해서 정진한다면 점차 안정적인 승리를 거머쥘 수 있다.

앞으로도 실적 확대가 기대되는 종목을 끊임없이 찾으면 된다. 장세라는 숲 전체를 보는 것이 아니라 개별 기업이라는 나무 한 그루, 한 그루의 개성을 비교하는 투자법이라고 할 수 있다. 기업은 짧게는 몇 년에서 길게는 몇십 년이라는 세월에 걸쳐 실적을 늘리고 성장한다. 이 장기적인 성장 트렌드를 잘 포착할 수 있다면, 재산을 몇 배에서 몇십 배로 늘릴 수 있다.

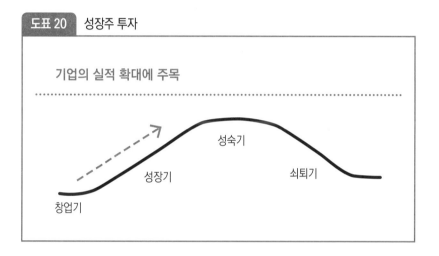

도표 20 성장주 투자

기업의 실적 확대에 주목

성숙기

성장기

쇠퇴기

창업기

가치주 투자 : 주가가 저평가되었을 때 산다

가치주 투자(Value investing)를 한마디로 설명하자면, 기업이 본래 가지고 있는 본질적 가치에 비해 주가가 저평가되었을 때 그 주식을 매수한 다음, 본질적 가치와 비교해 주가가 적정하거나 상회할 때 매도하는 투자법이라고 할 수 있다. 주식으로 돈을 버는 방법은 '저렴하게 사서 비싸게 파는 것', 여기에 달려 있다. 이 '저렴하게 사는' 부분에 중점을 둔 투자법이라고 할 수 있다.

가치주 투자를 마스터할 수 있다면 리스크를 줄이면서 안정적인 수익을 확보할 수 있을 것이다. '본질적 가치에 비해 저렴한 가격에 산다'라는 이상을 실현할 수 있다면, 리스크를 상당히 낮출 수 있다. 이미 충분히 하락한 주식은 더 이상 하락하지 않고 이후에는 상승할 가능성이 크기 때문이다.

다만 여기에는 3가지 과제가 있다. 첫째, '저렴하게 산 것은 좋지만 시간이 지나도 오르지 않는다'라고 하는 가치 함정('저평가주'의 함정)에 빠지는 패턴을 어떻게 피할 것인가? 둘째, '언뜻 비교적 저렴하다고 판단해 매수했는데 자세히 조사해보니 실제로는 큰 문제가 있어서 저렴한 것이 아니라 오히려 매우 비싼 가격에 사버렸다'라고 하는 싼 게 비지떡인 상황을 어떻게 피할 것인가? 또한 이는 성장주 투자에도 해당하는 문제인데, 셋째, 기업의 본질적인 가치를 어떻게 파악할 것인가?

유능한 가치주 투자자는 이 3가지 과제를 잘 해결해 안정적인 수익을 손에 넣는다. 이는 성장주 투자와 마찬가지로 상당히 숙련된 기술이

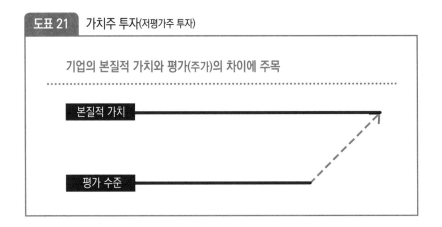

도표 21 가치주 투자(저평가주 투자)

기업의 본질적 가치와 평가(주가)의 차이에 주목

본질적 가치

평가 수준

필요하다. 가치주 투자를 위해서는 회계 기술이 필수다. 결산 내용을 꼼꼼히 살펴 자산이나 장기적인 수익성 면에서 그 기업의 본래 가치를 계산하고, 주가와 비교해 극단적으로 저평가된 종목을 매수하는 스타일이기 때문이다.

이 투자법의 요령을 하나만 예로 들어보자면, 비교적 저렴할 뿐만 아니라 실적이 호전되고 있는 종목을 매수하는 것이다.

경기순환주 투자 : 경기의 흐름을 타고 오르는 주식으로 승부한다

일반적으로 경기의 영향을 받기 쉬운 종목군은 경기순환주(Cyclical Stocks), 또는 경기민감주라고 불린다. 업종으로는 철강, 비철금속, 해운, 부동산, 자동차, 금융 등이 해당한다. 경기순환주 투자는 순환 종목을 선택해 경기의 흐름을 타고 수익을 내는 투자 스타일이다. 〈도표 22〉의 그래프는 경기순환주의 전형적인 사례인 미쓰이 O.S.K. 라인스(9104)의

도표 22 미쓰이 O.S.K. 라인스(9104)의 주가 추이

주가 추이를 보여주는 차트다. 2배 상승과 반값 하락을 빈번하게 반복하다 드물게 대폭등해 10배 상승한 것을 볼 수 있다.

주가의 추이를 보면, 왠지 경기가 저점에 달했을 때 순환주를 저가에 매수하고 다시 경기가 좋아졌을 때 매도하면 크게 이익을 볼 수 있을 것처럼 느껴진다. 하지만 현실은 그렇게 간단하지 않다. 먼저 경기의 저점과 정점을 파악하는 것이 어렵다. 저가가 되면 시장의 비관적인 분위기에 휩쓸려 매수는커녕 오히려 매도하고 싶어질 것이다. 반대로 정점에서는 매수하고 싶어진다.

결국, 경기순환주 투자에서 많은 개인 투자자들은 데이 트레이딩이나 길어도 몇 개월 이내의 단기적인 매매를 반복하며 경기의 흐름을 세세하게 포착해 이익을 확정 짓는 방식을 취하고 있다. 이것은 종일 시장의 변화에 신속하고 유연하게 대응할 수 없는 직장인들에게는 실천하기 어려운 방법이다.

하지만 순환주 관련 업종에서 일하는 사람이라면 그 분야의 전문가로서의 경험이나 직감을 투자에 살려 불리한 점을 보완할 수 있을 것이다. 부동산 시장이나 해운 시장의 동향을 체감할 수 있는 사람이라면 부동산주나 해운주를 노리면 된다.

내 경험에 비추어봤을 때, 순환주 투자에서는 특정 종목에 집중하기보다는 여러 종목을 폭넓게 사는 것이 성공할 확률이 높다. 분산 효과를 누릴 수 있기 때문이다. 경기가 좋아지더라도 자사의 전략이 빗나가서 경기가 좋아진 효과를 누리지 못하는 기업이 존재한다. 어렵게 상승 장세를 정확히 예측했는데, 하필이면 자신이 산 주식만 오르지 않는 상황은 피하고 싶을 것이다.

한편, 경기순환주와 반대로 경기의 영향을 덜 받는 종목군은 경기방어주(Defensive Stocks)라고 불린다. 식품회사나 생활용품 제조업체, 제약회사 등이 이에 해당한다. 이러한 경기순환주나 경기방어주라는 분류는 성장주와는 별개의 축으로 생각해야 한다. 즉, 성장주는 경기의 영향을 받기 쉬운 순환 성장주(Cyclical Growth Stocks)와 경기의 영향을 덜 받는 방어성장주(Defensive Growth Stocks)로 세분화할 수 있다.

다만, 순환주나 방어주라는 구분도 최근에는 명확하지 않다. 예를 들어, 코로나19의 영향으로 2020년 GDP 성장률은 마이너스 4.6%라는 대불황을 기록했다. 그런데도 순환주의 대표격인 주택주나 자동차주는 오히려 매출이 증가했고, 방어주의 대표인 제약주는 코로나 불황 속에서 부진한 움직임을 보이는 경우가 많았다.

코로나19와 같이 주식 시장에 큰 영향을 미치는 사건은 앞으로도 발생할 것이다. 이상 기후나 거대한 지진과 같은 천재지변, AI나 유전자 기술과 같은 신기술의 보급에 따른 기존 산업의 쇠퇴, 격차 사회나 이념 차이로 인한 분단 구조의 확대, 내분, 전쟁 등. 무엇이 계기가 될지는 모르겠지만 순환주나 방어주라는 구분만으로는 설명하기 어려운 상황은 계속해서 일어날 것이다. 세상이 불경기일지라도 특정 업종만 호황을 누릴 가능성은 충분히 존재한다.

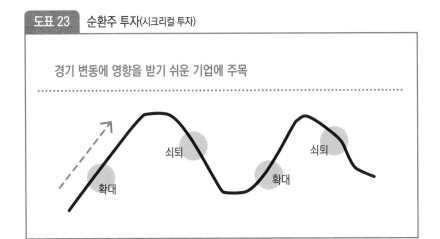

도표 23 순환주 투자(시크리컬 투자)

경기 변동에 영향을 받기 쉬운 기업에 주목

쇠퇴

쇠퇴

확대

확대

모멘텀 투자 : 주식의 가격 변동을 분석하고 신속하게 매매한다

모멘텀 투자는 특정 종목의 가격 변동이나 모멘텀(추세)을 분석해 매수가 우세하고 주가가 상승하고 있다면, 그 흐름에 편승해 매수하고, 매수세가 약해지면 신속하게 매도함으로써 이익을 축적해가는 투자 스타일이다. 컴퓨터 화면에서 눈을 떼지 않고 가격 변동과 거래량의 변화에 신속하게 반응하며 승부를 거는 단기 트레이더의 대부분이 이 모멘텀 투자자라고 할 수 있다. 이 투자 스타일의(아니, 투기 스타일이라고 하는 편이 적절하겠지만) 이론은 매우 단순하다. 따라서 초보 투자자의 대부분은 초반에 무심코 모멘텀 투자를 목표로 하게 된다.

화면으로 가격 변동을 보면서 오를 것 같으면 사고, 내릴 것 같으면 파는 것을 반복하는 것이다. 이기기도 하고 지기도 해서 지루하지 않다. 신용거래로 증권회사에서 돈을 빌려 거래 규모를 키우면(레버리지를 사용하면), 이겼을 때의 수익도 커지므로 당신의 뇌는 도파민과 아드레날린으로 가득 차게 될 것이다. 뛰어난 트레이더는 풍부한 경험으로 '이런 패턴이 겹치면 오른다', '이런 패턴일 때는 내린다'라는 경험적 법칙을 축적하고 있으며 그 다양한 노하우를 활용해 승리를 쌓아간다.

물론 초보자인 당신은 그런 경험 철칙이나 노하우를 가지고 있지 않기 때문에 대부분은 단순하게 시간을 허비하고 돈을 낭비하게 될 것이다. 이 투자법은 마작이나 카드 게임 등과 마찬가지로, 실력이 있는 자가 승리하고 실력이 없는 자는 그들의 먹잇감이 된다.

일반적으로 이러한 종류의 도박에서는 80대 20의 법칙이 적용된다. 상위 20%가 하위 80%를 먹잇감으로 삼으며 살아남는 것이다. 이 상위 20% 중에는 전 세계 프로들의 노하우와 심리학을 이해한 AI도 포함된다. 만일 부단한 노력으로 상위 20%에 들어갈 수 있었다고 해도 그 위치를 유지하는 것은 점점 더 어려워질 것이다. 정보 수집 능력이나 거래 속도 면에서 AI가 더욱 강력해질 것이 분명하기 때문이다.

다만 운도 포함해서 승리한 일부 억만장자 트레이더들의 모습은 엄청나다. 당신도 암호화폐나 인기 주식으로 큰돈을 번 사람들의 이야기

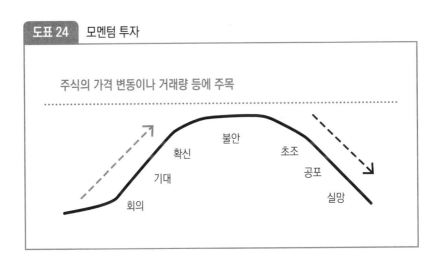

도표 24 모멘텀 투자

주식의 가격 변동이나 거래량 등에 주목

확신
불안
기대
초조
공포
회의
실망

를 들어본 적이 있을 것이다. 그러나 '주변을 둘러봐서 먹잇감이 보이지 않는다면, 누가 먹잇감인지 명백하다(그것은 자신이다)'라는 도박의 격언을 떠올려보자.

나도 이전에는 이 투자법으로 나름대로 승리를 거머쥐었지만, 십수 년 전에 그만두었다. 한계를 느꼈기 때문이다.

23 장기 투자는 비즈니스맨이라는 약점을 극복할 수 있다

나는 모멘텀 투자를 그만둔 이후, 성장주 투자와 가치주 투자의 조합으로 재산을 축적해왔다. 성장주를 저렴한 가격에 구매해 주가 조정과 기업 성장에 따른 주가 상승을 노리는 투자 스타일을 주로 하고 있다.

Lesson 1에서도 지적했듯이, 비즈니스맨으로서 직업을 가지고 있다는 것은 단기 트레이드 세계에서는 압도적으로 약점이다. 직장인 투자자와 전문 데이 트레이더 또는 프로 증권 트레이더 사이의 정보 격차는 매우 크다. 설령 그 정보 격차를 메울 수 있더라도 일하는 동안에는 당당하게 주식을 매매할 수 없기 때문에 투자 타이밍이 모든 것을 결정하는 단기 트레이드로는 맞설 수 없다.

반면, 장기적인 기업 성장에 베팅한다면 일일 주가 변동은 거의 잡음에 불과하다. 단기 트레이드에서 압도적인 불리함을 안겨줬던 '일하는 동안 주가를 볼 수 없다'라는 약점을 '일하는 동안 주가를 볼 필요가 없다'라는 강점으로 바꿀 수 있다. 이 투자 스타일이라면 투자와 본업을 병행할 수도 있다. 오히려 시너지 효과까지 얻을 수 있다.

24 주식 시장은 바이앤홀드(매수 후 보유)에 유리하게 만들어져 있다

2007년의 일이다. 나는 이전 4년 동안 주식 투자로 재산을 3배 늘릴 수 있었지만, '방법만 잘 썼다면 더 늘릴 수 있지 않았을까'라는 생각이 강하게 들었다. 왜일까?

그때까지 나의 투자 스타일은 데이 트레이딩에서 길어야 한 달 정도의 스윙 트레이딩으로, 지금과 비교하면 상당히 단기적이었다. 당시에는 단기 트레이딩이 대유행이었다. 주식 잡지나 인터넷에서도 단기 트레이딩 방법이 널리 소개되었고, 그 외의 투자법은 시대에 뒤떨어진 것처럼 여겨졌다.

그러던 어느 날, 내가 매매한 종목의 주가를 장기적으로 점검해보았다. 그러자 놀랍게도 실제로는 그 4년 동안 단기 매매를 하지 않고 단지 보유만 하고 있었더라면 처음 샀을 때보다 5배나 10배로 오른 종목이 대부분이었다(《도표 25》).

즉, 아무것도 하지 않았더라면 5배나 10배로 올랐을 주식을 여러 이유를 덧붙여 잘게 잘라 매매한 결과, 재산을 3배로밖에 늘리지 못한 것이었다. '지금까지의 노력은 무엇이었을까!' 나는 내 투자법에 대해 크게 의문을 느끼지 않을 수 없었다.

'나는 기업을 분석해 투자하는 스타일이니 단기 트레이딩보다 장기 투자가 더 맞지 않을까?'

'회사에 다니며 단기 트레이딩을 하는 것은 근본적으로 불리하지 않을까?'

도표 25 2007년 이전에 매매했던 종목 중 대다수가 그냥 보유하기만 했어도 5~10배나 올랐을 것이었다

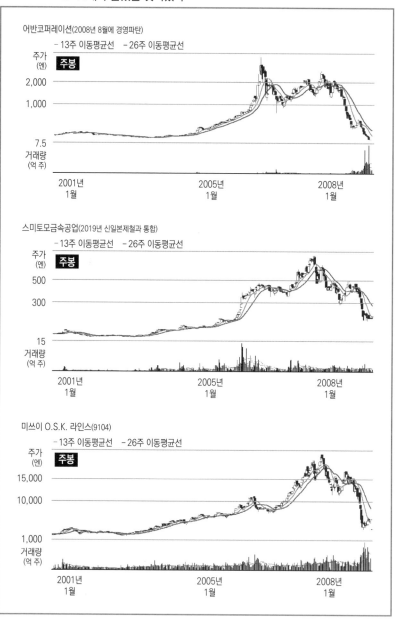

'여러 번 절망과 환희를 맛보며 아슬아슬한 승부를 이어왔지만, 장기적으로 보면 그것들은 사소한 변화에 불과했을까?'

여러 가지 의문들이 떠올랐다. 그때, 이전에 도서관에서 빌려보고 인상 깊었던 책 한 권이 떠올랐다. '프롤로그'에서 소개한 피터 린치의 저서 《전설로 떠나는 월가의 영웅》이다. 나는 곧바로 그 책을 아마존에서 구매해서 다시 읽어보았다. 책을 읽으면서 내가 가졌던 의문이 확신으로 바뀌었고, 다 읽었을 때는 '앞으로는 린치의 투자 스타일대로 가겠다'라고 결심했다.

한번 사면 조금 오르거나 내리더라도 전혀 신경 쓰지 않고 계속해서 보유한다. 전날 뉴욕의 주가 변동도, 갑작스럽게 들어온 주요 인사의 발언도, SNS에서 공유되는 최신 주제도 전혀 신경 쓰지 않는다. 단지 장기 투자할 가치가 있는 종목을 계속 찾고, 그것을 발견하면 모아두고 큰 문제가 일어나지 않는 한 계속 보유하는 것이다. 바이앤홀드(매수 후 보유) 전략이다. 워런 버핏, 피터 린치, 존 템플턴(John Templeton) 등 미국의 위대한 투자자들이 제창한 매우 정통적인 투자 스타일이다. 당연히 인터넷상의 심리전도 피할 수 있고, 단기적인 수급 요인과도 무관하다.

'하지만 그런 구식 무기가 현대의 정보전에서 정말 통할까?'라는 의문도 있을 것이다. 그러나 대다수의 사람들이 장래성을 무시한 심리전이나 수급전을 일삼고 있기 때문에 오히려 장래성에 주목한 장기 투자는 기회가 더욱 넓어질 수밖에 없다.

또한, 오래 보유할수록 안정적인 배당도 들어온다. 만약 배당 수익률이 3%라 치고 5년간 계속 보유한다면 주가가 15% 하락했을지라도 아직 손해 본 것은 아니다.

장기적인 관점에서 보면, 주식 시장은 기본적으로 바이앤홀드 전략에 유리하게 만들어져 있다. 단기적인 관점에서는 미세한 우위일지라도, 시간이 흐르면 그 우위도 쌓이고, 마침내 작은 언덕처럼 되어 적을 내려다볼 수 있게 된다.

 ## 25 장기적으로 성장할 것 같은 이상적인 기업을 계속 찾는다

즉, 장기 투자는 바이(매수)로 모든 것이 결정된다. 좋은 주식만 살 수 있다면 그다음에는 아무것도 하지 않아도 그 기업이 당신을 부자로 만들어줄 것이다.

가치주 투자에 있어서는 '언젠가 반드시 주가가 적정 가격에 도달할 것'이라는 시장의 가격 조정 기능을 믿을 필요가 있다. '지금은 잘못된 가격 형성으로 저렴하게 살 수 있지만, 언젠가는 반드시 기업 가치에 따라 적절한 가격이 될 것이므로 그때까지 이 주식을 보유하자'라는 발상이 대전제다.

하지만 안타깝게도 주식 시장은 다소 까다로운 편이기 때문에 모든 종목이 언젠가는 적정 가격이 될 것이라는 생각은 하지 않는 편이 좋다. 몇 가지 조건을 충족하는, 시장이 좋아할 만한 종목에 대해서만 '언젠가는 반드시 적정 가격이 될 것'이라고 생각하는 것이 투자 전략상 잘 맞을 것이다. 그렇다면 시장에서 선호하는 것은 어떤 종목일까?

한마디로 말하면, '앞으로 장기적으로 성장할 것 같은 기업'이다. 즉, 성장주 투자 대상이 될 수 있는 기업이다. 일단 그 외는 '제외'한다. 아무리 획기적인 기술을 개발했다고 해도, 아무리 SNS에서 화제가 될 것 같은 상품을 내놓았다고 해도, 그것만으로는 장기적인 상승을 기대할 수 없다. 그 기술이나 SNS에서 화제가 될 상품이 실적을 장기적으로 끌어올릴 수 있다는 것이 확인되어야 비로소 주가가 움직이기 시작한다.

혹은 아무리 환경에 좋은 일을 하고 있어도, 아무리 직원들에게 친절한 화이트 기업이라도 그것만으로 주가가 상승하지는 않는다. 물론 그런 올바른 기업이 그렇지 않은 기업에 비해 장기적으로 성장하기 쉽다는 경향은 존재하지만, 그런 이유로 주가가 오르는 것은 아니다. 어디까지나 성장이 전제다.

'그렇다면 장기란 어느 정도일까?' 그런 의문이 드는 것도 당연하다. 결론부터 말하자면 '3~5년'이다. '1년간은 성장할 것 같지만 그 이후는 장담하기 어렵다'라는 판단을 받게 되는 기업은 거의 확실히 그 이후의 정체가 주가에 반영된다. 따라서 다소 저렴할지라도 주가는 상승하지 않는다. 정체되는 것이 모두의 눈에 명확하게 드러난 후에는 팔 수도 없게 되므로 일찍 많은 투자자들이 매도하려고 움직이게 된다.

그런 점에서 3~5년 동안 성장이 기대되는 기업은 투자자도 안심하고 계속 보유할 수 있다. 설령 그 후에 성장이 어려워지더라도 그만큼의 기간이 있으면 기업도 충분히 다음 단계를 준비할 수 있다.

아마존(AMZN)을 떠올려보자. 처음에 아마존은 인터넷 전문 서점에 불과했다. 그래도 3~5년은 성장이 기대되었고 그동안 책 이외의 것들도 팔기 시작했다. 더 나아가 클라우드와 동영상 서비스도 시작했고, 지금

도표 26 아마존닷컴(AMZN)의 주가 추이

－13주 이동평균선 －26주 이동평균선

주가
(달러) **주봉**

1,500

아마존 주식은 항상 다소 비싸며 실적 기반의 PER은
100배를 뛰어넘고 있다. 하지만 그 시장 지배력을
1,000 배경으로 한 성장성이 높게 평가되면서 주가는
순조롭게 상승을 계속해왔다.

500

거래량
(만주)
10

2008년   2010년   2012년   2014년   2016년   2018년
1월   1월   1월   1월   1월   1월

은 세계 최고 수준의 초거대 기업이 되었다.

많은 젊은 성장 기업은 아마존과 같은 성장 구조를 지니고 있다. 먼저
현재 사업이 순조로워 3년 정도의 미래까지는 충분히 성장이 기대된다.
더 나아가 그다음에 대해서도 이미 뭔가를 준비하고 있으며, 어떻게 될
지는 아직 모르지만, 성장의 씨앗을 여러 개 준비해두고 있다. 그것은
해외 진출일 수도 있고, 품목 강화일 수도 있으며, 전혀 새로운 사업일
수도 있다.

나는 항상 그런 이상적인 기업을 저렴한 가격에 살 수 있는 기회를
계속해서 찾아다니고 있다.

26 대다수의 사람과 반대 방향을 보고, 평균 회귀를 이용한다

피터 린치는 다음과 같이 말한 적이 있다.

"내가 무엇보다 피하고 싶은 것은, 초인기 산업 속 초인기 회사다. (중략) 인기 산업을 계속해서 좇아 투자하면, 곧 수급자 신세가 될 것이다."

나도 피터 린치를 본받아 인기 기업이 아닌 비인기 기업에 많이 투자해왔다. 시장에서는 잘 거론되지 않는, 별로 주목받지 못하는 기업을 사두면 시간이 지나고 실적을 쌓아감에 따라 점차 시장에서 정당한 평가를 받게 되기 때문이다. 이렇게 되면 저평가에서 고평가로 변하는 과정에서 주가 상승을 기대할 수 있다.

대다수가 투자하는 인기 기업에는 눈길도 주지 않고, 대다수가 관심을 가지지 않는 집단에만 투자하는 행위는 당연히 시장 평균에서 벗어난 결과를 가져온다. 이론적으로는 극단적으로 실패하거나, 극단적으로 성공하거나, 둘 중 하나의 가능성이 커진다.

하지만 이미 외면받고 있는 인기 없는 기업이 더 인기 없을 가능성은 작다. 또한 실력이 있고 실적이 향상되고 있는 상황에서는 시장 평균 이상으로 수익을 낼 가능성이 더 커진다. 반대로 오랜 기간 실적이 확대되었고 인기가 인기를 부르며, 이미 매우 높은 평가를 받는 기업에 투자하는 것은 위험하다. 인기나 실적 중 어느 하나, 혹은 그 둘 다가 갑자기 무너질 위험이 크다. 나는 그런 주식에 대한 투자를 피해왔고, 만약 보유 주식이 그런 상황이 되면 서둘러 매도하고 있다.

이 전략이 성공하는 근거는 통계학에서 말하는 '평균으로의 회귀'에 있다. 평균으로의 회귀는 다음과 같은 경향을 가리킨다.

어떤 특징적인 집단, 예를 들어 작년에 최고의 상태였던 야구 선수나 최고의 상태였던 기업, 혹은 반대로 지난 시험 성적이 평소와 비교해 극단적으로 나빴던 부진한 학생들만을 모아 그 후의 성적이나 실적을 조사해보면, 최고였던 야구 선수나 기업은 다음 해 이후 이전만큼의 결과를 내지 못하는 경우가 많다. 반면, 지난번에 결과가 좋지 않았던 학생은 다음 시험에서 성적을 회복하는 경우가 많다. 이렇게 긍정적이든 부정적이든 '일시적으로 극단적인 결과를 낸 집단은 그 후의 성과가 평균치에 가까워지는 현상'을 '평균으로의 회귀' 혹은 '평균 회귀'라고 한다. 즉, 인기가 없는 쪽이나 불운한 쪽에 평균치에서 크게 벗어난 종목만을 대상으로 투자함으로써 시장 평균 이상의 성과를 노릴 수 있는 것이다.

27 경기에 상관없이 무조건 보유한다는 전제로 매수한다

주식 투자를 시작하면 당신은 싫어도 경기의 영향을 받게 된다. 리먼 브러더스 사태나 코로나19 사태와 같은 심각한 침체 국면을 겪을 때도 있지만, 아베노믹스나 트럼프노믹스와 같은 매우 강한 경기 확장을 경험할 수도 있다.

초보자라면 '경기 침체 국면에 주식을 사고 경기 회복 후에 그것을 팔면 돈을 벌 수 있다'라고 생각할 것이다. 하지만 성장주는 그런 경기의 좋고 나쁨과는 다른 요인, 즉 새로운 수요의 개척이나 그 기업의 내부 과제 해결로 이익을 확대하기 때문에 장기적인 관점에서 보면 경기에 그렇게 큰 영향을 받지 않는다.

따라서 성장주 투자에서는 경기에 상관없이 무조건 보유한다는 것이 전제되어야 한다. 정말 좋은 주식이라면 괜히 경기 동향에 휘둘리지 않고 계속 보유하는 것이 결과적으로 가장 높은 성과로 이어질 것이다. 장기적으로는 기업의 실적과 주가는 연동되며, 기업의 성장이라는 큰 흐름이 주가의 큰 상승을 가져오는 주된 요인이 된다.

하지만 1~2년 정도의 범위 내에서는 다른 흐름의 영향을 강하게 받기 때문에 급상승기와 침체기를 반복한다. 이로 인해 성장주 투자는 때때로 강한 인내력이 있어야 한다. 5년이나 10년 주기로 보면 텐 배거가 되는 큰 상승주도 때로는 마이너스 20~30%와 같은 주가 폭락에 시달릴 수 있다. 그렇게 되면 '이 기업은 성장한다'라고 확신했음에도 불구하고 많은 개인 투자자들은 견디지 못하고 팔아버린다. '빨리 팔지 않으면 더 떨어질 것 같다'라는 불안감 때문이다. 급락 직후 바로 상승하면 그나마 참을 수 있지만, 그 후 1년 동안이나 침체기가 계속되면 대부분의 개인 투자자들은 항복을 외치고 만다.

아이러니하게도 그들의 행동이 주가 급락이나 침체의 원인이기 때문에 사람들이 항복한 직후부터 주가는 상승하기 시작한다. 피터 린치는 이런 현상을 '매도 후 번영'이라고 부른다. 성장주라 해도 시장의 침체기에는 연동된다. 시장 하락과 반대로 역상승을 계속하는 성장주는 매우 드물다. 또한 상승기에 급등한 만큼 주가 하락 폭도 커지기 쉽다. 많은 개인 투자자들은 여기서 보유 주식을 매도하겠다는 판단에 이른다. 그 경우, '다음 상승기가 시작되기 전에 다시 사면 된다. 그때까지 다른 주식으로 한몫 잡겠다'라는 생각이 작용할 수도 있다.

하지만 시장의 침체기에는 다른 주식도 같이 떨어지므로 갈아타더라도 주가 하락에 따른 손실을 피하기는 어렵다. 또한 다음 상승기가 언제 올지는 아무도 모른다. 결국 다시 사지 못하고 '그때 그 주식을 계속 보유하고 있었다면 큰돈을 벌었을 텐데…'라고 후회하게 된다. 린치는 이러한 행위를 '꽃을 뽑아내고 잡초에 물을 주는 것'이라고 표현하며, 훌륭한 성장주를 발견하면 쉽게 손에서 놓아서는 안 된다고 가르치고 있다.

Lesson 7

초저가에
성장주 매수하기

가치공학
투자법

28 가치(밸류) 발생에는 패턴이 있다

린치에 의한 투자법의 핵심은 '초보라도 성장이 기대되는 기업을 부지런히 찾아 저평가된 가격에 주식을 매수하기만 하면 그 후에는 가만히 있기만 해도 크게 성공할 수 있다'라는 점이다.

그렇다면 어떻게 하면 성장이 기대되면서도 저평가된 주식을 찾을 수 있을까?

나는 생산공학의 '가치공학'이라는 기본 개념을 응용해 주가가 저평가되는 패턴을 설명하는 방법을 생각해냈다. 그리고 '가치공학 투자'라고 명명했다. 생산공학 분야의 가치공학에서는 기능과 비용의 관계를 개선함으로써 가치(Value)를 높일 수 있다고 한다. 고객이 제품을 구매했을 때 느끼는 만족도를 가치라고 하고 단순 명쾌한 식으로 정의 내리고 있다.

$$V(밸류 : 가치) = F(평션 : 기능) \div C(코스트 : 비용)$$

우리는 무언가 물건이 필요한 것이 아니라 그 물건을 통해 만족을 원하는 것이다. 그 만족이란 무엇인가? 가치공학은 그 중심을 '기능'에 두고 있다. 하지만 기능이 아무리 높아도 가격이 너무 비싸면 만족도가 떨어지기 때문에 '비용'과 비교함으로써 고객의 만족, 즉 가치를 높일 수 있다고 결론짓고 있다.

그리고 그 가치를 향상시키는 방법을 다음의 4가지 패턴으로 설명한다.

- 같은 기능을 저렴한 비용으로 제공한다.
- 더 우수한 기능을 더 저렴한 비용으로 제공한다.
- 같은 비용으로 더 우수한 기능을 가진 제품을 제공한다.
- 비용이 다소 증가하더라도 더 우수한 기능을 가진 제품을 제공한다.

그리고 최근에는 또 한 가지 고객 만족을 얻는 효과적인 방법이 있다고 여겨진다. '기능을 최소한으로 줄이면서도 소형화 등으로 사용 편의성을 높이고, 한편으로 가격을 극단적으로 낮춤으로써 고객의 만족도를 높이는 전략'이다. 이른바 이노베이션이다. 미국 하버드대학교 경영대학원 교수였던 클레이튼 크리스텐슨(Clayton M. Christensen)이 저서 《혁신 기업의 딜레마(The Innovator's Dilemma)》에서 제창한 개념이다.

나는 회사 업무를 통해 가치공학의 방정식과 표를 처음 봤을 때 '이 사고방식은 주식 투자에 그대로 사용할 수 있겠다!'라는 영감을 강하게 받았다. 매일 주식에 대해서 생각하고 있었기 때문에 다른 무언가를 봐도 곧바로 주식과 연결 지어 생각하게 되었다. 즉, 기능 부분을 '기업의 본질적 가치'로, 비용 부분을 '주가'로 치환함으로써 주식 투자에서의 가치, 즉 투자 가치를 판단할 수 있다. 그렇게 생각하고 주식 투자에서의 가치 발생 패턴을 정리해보았다. 그것은 다음과 같다.

❶ 본질적 가치는 변하지 않았지만, 주가가 하락했다.
❷ 본질적 가치는 확대되었지만, 주가가 하락했다.
❸ 본질적 가치는 확대되었지만, 주가가 오르지 않는다.
❹ 본질적 가치는 크게 확대되었지만, 주가 상승이 따라잡지 못했다.
❺ 본질적 가치도 하락했지만, 주가가 그 이상으로 하락했다.

이러한 현상들로 인해 본질적 가치에 비해 주가가 현저하게 저평가된 경우, 그 주식을 매수해 꾸준히 보유하면 큰 수익을 얻을 수 있다. 이것이 바로 가치공학 투자(이하, VE 투자)의 사고방식이다.

도표 27 VE 투자 일람표

	❶	❷	❸	❹	❺
I (본질적 가치)	→	↑	↑	↑↑	↓
P (주가)	↓	↓	→	↑	↓↓

❶ 본질적 가치는 변하지 않았지만, 주가가 하락했다.
❷ 본질적 가치는 확대되었지만, 주가가 하락했다.
❸ 본질적 가치는 확대되었지만, 주가가 오르지 않는다.
❹ 본질적 가치는 크게 확대되었지만, 주가 상승이 따라잡지 못했다.
❺ 본질적 가치도 하락했지만, 주가가 그 이상으로 하락했다.

29 초저가에 매수할 수 있는 기회는 자주 찾아온다

앞서 언급한 가치 발생의 패턴과 관련해서 '효율적 시장 가설'이라고 불리는 이론을 지지하는 사람들은 고개를 갸우뚱할지도 모른다. 효율적 시장 가설에서는 주가에 영향을 미치는 정보가 발표되면, 시장은 재빨리 반응해 주가를 변동시킨다. 따라서 현재의 주가에는 이용 가능한 모든 정보가 반영되어 있다. 아무도 다른 투자자를 앞지르는 정보를 가질 수 없고, 시장 전체의 평균적인 운영 성과를 장기적으로 능가할 수 없다. 즉, 본질적 가치와 주가의 관계는 다음과 같다.

- 본질적 가치가 확대되면 주가도 상승한다.
- 본질적 가치는 변하지 않고 주가도 변하지 않는다.
- 본질적 가치가 축소되면 주가는 하락한다.

주가가 계속해서 본질적 가치를 반영한다는 생각은 매우 타당하다. 확실히 효율적 시장 가설은 대체로 들어맞는다. 시장 평균을 장기적으로 초과하기란 매우 어렵다.

하지만 내가 30년 동안 주식 시장과 함께해온 경험으로 말할 수 있는 것이 한 가지 있다. 그것은 충분히 지식을 가진 사람이 개별 기업을 주의 깊게 조사하면 효율적 시장 가설과는 맞지 않는, 기업의 실력에 비해 주가가 현저히 저렴한 상황을 만날 기회가 자주 있다는 것이다. 〈도표 27〉의 VE 투자 일람표에 나타난 괴리 현상을 발견했을 때는 다음의 유형 패턴 중에서 그 원인을 추정해보면 좋을 것이다.

❶ 주가는 연동되지만, 실적은 연동되지 않는다

개별 주식의 차이를 무시하고 전체를 패키지 상품처럼 다루는 투자자가 너무 많아졌다. 그 결과, 좋은 것도 나쁜 것도 함께 오르고, 좋은 것도 나쁜 것도 함께 내리는 현상이 자주 나타난다. 특히 큰 하락 국면에서는 손해를 보고 싶지 않은 사람들이 패닉 매도를 함과 동시에 자금 조달이 악화된 펀드나 신용거래를 하는 개인 투자자 등에서 자금을 확보하기 위한 매도가 연일 계속해서 나온다. 더 나아가 그러한 어려운 상황을 노리고 시세 조종을 위해 일부러 하락을 부추기는 공매도의 움직임도 더해져서 날카롭고 깊은 골짜기가 형성된다. '손해를 보고 싶지 않다'거나 '자금 확보를 위해', 또는 '시세 조종' 같은 매도 동기는 투자 대상 기업의 실적과는 무관하고 모두 투자자 측의 사정에 기인한다.

리먼 브러더스 사태든 동일본 대지진이든 코로나19 사태든 그런 것들의 영향이 거의 없거나 받더라도 제한적이며 오히려 기회가 많아지는 기업도 존재함에도 불구하고 모두 함께 투매되어버리는 것이다. 여기에 큰 기회가 생겨난다.

❷ 본질적 가치와 인기는 일치하지 않는다

가치주 투자의 아버지인 벤저민 그레이엄(Benjamin Graham)은 이렇게 말한다.

"시장은 단기적으로는 인기 투표의 결과를 보여주지만, 장기적으로는 가치를 평가하는 시스템이다."

주식 시장을 패키지 상품처럼 취급하는 투자자 외에도, 시장을 왜곡하는 큰 원인이 존재한다. 그것은 단기 트레이더를 비롯한 근시안적인 투기꾼이 너무 많이 증가한 것이다.

내가 주식 투자를 시작한 30여 년 전은 지금과 비교하면 여유가 있었다. 최근 주식을 시작한 단기 트레이더가 그 시절로 타임슬립 한다면 너무 느려서 시간이 멈춘 것처럼 보일 것이다.

당시에는 아직 증권거래소에 '시장대리인'이 남아 있었고, 고객으로부터 전화로 주문을 받은 증권사는 독특한 손 신호와 칠판을 사용해 사람 대 사람으로 매매를 성사시켰다. 수수료도 높았고 그런 시스템에서는 단기 트레이드를 하고 싶어도 개인 투자자에게는 환경이 마련되지 않았다. 당시 나에게 단기 매매란 완전히 보이지 않는 검은 상자와 같았으며, 아침에 주문한 것이 어떻게 되었는지는 저녁에 증권사에 전화해 확인해보는 수밖에 없었다.

이것이 변화하기 시작한 것은 인터넷 증권이 보급되기 시작한 2000년 대에 들어서면서였다. 시장대리인이라는 시스템은 1999년 4월에 종료되었고, 매매 주문 상황을 보여주는 판 정보는 전자화되어 인터넷상에 공개되기 시작했다. 그런 주식 시장의 변화를 선취한 개인 투자자들에게는 많은 기회가 존재했다. 자금력이 있는 대형 투자자의 움직임은 지금과 비교하면 놀라울 정도로 이해하기 쉬웠고, 그들이 매수하기 시작하면 따라 매수하고, 매수를 멈추면 선제적으로 매도하는 전술이 일반적으로 통용되었다.

뛰어난 단기 트레이더들이 계속해서 탄생했고, 사람들은 경쟁적으로 그들의 방법을 흉내 냈다. 그 결과, 단기 트레이딩은 점점 고도화되고 복잡해졌다. 기회는 줄어들고 더 실력이 있는 자만 살아남는 게임으로 변하기 시작했다. 리먼 브러더스 사태가 발생한 2008년 전후에는 알고리즘을 사용한 초고속 매매가 증가하기 시작했고, 최근에는 AI가 순간적으로 판단해 차익을 취하고 있다.

그렇다면 여기서 생각해봐야 할 것은 '기업의 실적이 그렇게 극단적으로 단기적인 요인에 의해 좌우될 수 있는 것인가?' 하는 점이다. 주요인사의 발언이나 각종 통계 데이터, 기업에서 발표한 IR 정보 등을 기반으로 한 순간적인 판단이 기업의 본질적 가치를 정확하게 파악하고 있다고는 도저히 생각할 수 없다. 결국 그들이 목표로 삼는 것은 불안이나 공포, 또는 탐욕이나 자만 같은 사람들의 심리 상태와 다른 사람들의 매매 동향이다.

'다른 사람들이 어떻게 생각할까?' 또는 '다른 사람들은 어떻게 움직일까?'를 골똘히 생각해보면 벤저민 그레이엄이 말하는 인기 투표에 도달하게 된다. 개인이 자신의 의견을 무시하고 다른 사람의 정보에만 신경을 쓰면 무언가의 변화로 갑자기 일방적인 움직임이 일어난다. 이것을 '인포메이션 캐스케이드(Information Cascade, 지나치게 많은 정보 때문에 오히려 원하는 정보를 얻기가 점차 어려워짐에 따라 개인들이 타인의 결정을 참고해 의사를 결정하는 현상)'라고 한다. 단기 트레이더들이 나이아가라 폭포수라고 부르는 급격한 폭락을 말하는 것이다.

한편 이러한 인기 투표의 이면에서는 그 반대의 움직임도 존재한다. 즉, 너무 인기가 없는 종목의 주가가 크게 침체되는 것이다. 이것도 VE 투자에서는 노릴 만한 대상이라고 할 수 있다. 만약 어떤 이유로 지나치게 하락한 단기 변동이 있다면 거기서 본질적 가치와 주가의 괴리를 발견할 수 있다.

❸ 시장은 변화를 과대평가하거나 무시한다

주식 시장은 가까운 미래를 반영한다. 결코 과거가 아니다. 그러나 미래는 사람들의 상상 속에만 존재한다. 사람들의 상상에는 편견이 있으며 모든 것을 정확하게 반영할 수 없다. 특히 지금까지 본 적 없는 전혀 새로운 변화가 일어났을 때, 시장은 극단적인 반응을 보인다. 세계적인 베스트셀러인 《팩트풀니스(FACTFULNESS)》에 따르면, 순간적으로 사물을 판단하는 본능 외에도 드라마틱한 이야기를 추구하는 본능이 '너무 드라마틱한 세계관'을 만들어낸다고 한다(⇨64번).

'너무 드라마틱한 세계관'만큼이나 시장의 반응을 적절하게 표현하는 말은 없다. 어제까지 인기가 없던 눈에 띄지 않는 주식이 우연히 신기술이든 신조류든 어쨌든 사람들의 주목을 받는 새로운 변화의 대상이 되었을 때 시장은 너무 드라마틱한 시나리오를 준비하고 주가도 연속으로 상한가를 치는 등 너무 드라마틱한 반응을 보인다. 하지만 당연히 기업의 실적은 그렇게 극단적으로 호전되는 것도 아니고 불확실성도 많기 때문에 화제성이 사라지면 동시에 주가도 하락할 운명에 처하게 된다.

한편, 변화 중에는 시장이 전혀 화제로 삼지 않지만 착실하게 기업 실적에 플러스 영향을 주는 경우도 있다. 리먼 브러더스 사태 당시 고속도로와 그곳으로 이어지는 우회도로의 정비는 착실하게 전국적으로 확산되고 있었다. 이로 인해 지방을 중심으로 사람들의 움직임이 크게 변하고 있었지만, 주식 시장은 이에 대해 굉장히 무관심했다. 외식업체나 소매점의 세력도는 바뀌었고, 차례차례 유망한 신흥기업주가 등장했음에도 불구하고 그 주가는 침체된 상태였다. 나는 그 변화를 타깃으로 삼아 소매 및 외식 관련 주식에서 차례차례 대승을 거두었다.

주식 시장은 도로 정비처럼 기업 수익에 큰 영향을 주지만 흔하고 시간이 걸리는 변화에 대해서는 별다른 반응을 보이지 않는다. 드라마틱한 것을 추구하는 사람들에게는 너무 지루하기 때문이다. 그러나 지루하고 착실한 변화야말로 VE 투자가 추구하는 중요한 변화다.

❹ 시장은 일시적인 실적 악화를 과대평가한다
성장 기업의 대부분은 잠재 수요에 비해 공급이 따라가지 못한다. 따라서 판매망이나 생산 설비의 정비를 서두른다. 이로 인해 광고 홍보비나 인력 확보 등 다양한 제반 비용이 필요하게 된다. 그 결과, 매출은 순조로운데도 불구하고 제반 비용이 늘어나 이익은 오히려 악화될 수 있다.

하지만 그렇다고 해서 본질적인 가치가 성장하지 않았다고 판단해서는 안 된다. 오히려 그 반대다. 다음 해부터 이러한 제반 비용이 줄어들고 반대로 매출이 더욱 증가하면 이익도 대폭 증가해 당신을 기쁘게 해줄 것이다. 만약 그런 주식을 이미 보유하고 있다면 크게 하락한 타이밍에 포기해 팔아버리는 실수를 저질러서는 안 된다. 반대로 아직 그 주식을 사지 않았다면 좋은 기회다.

즉, 한마디로 말해 실적 악화에도 좋은 실적 악화와 나쁜 실적 악화가 있다. 이러한 숨겨진 성장주를 찾아내려면, 바텀업(⇨50번)으로 신중하게 탐색할 수밖에 없다. 그 요령은 순이익 기준의 EPS(⇨Lesson 8)와 주가를 비교할 뿐만 아니라 매출 변화와 주가의 비교도 더불어 실시할 필요가 있다. 재무회계나 비즈니스 모델에도 정통할 필요가 있지만, 장세가 성숙해지고 좋은 종목을 찾기 어려워졌을 때는 이 접근 방식을 떠올려야 한다.

❺ 시장 조작적인 왜곡이 발생한다

실적은 최고조에 달했고 미래도 밝은데 주가가 침체되어 있을 때, 공매도나 매집의 그림자가 어른거릴 경우가 있다. 공매도를 걸어놓은 후 강제로 주가를 하락시키고, 이에 놀란 투자자들이 매도하면 다시 되사들인다. 이러한 일련의 움직임을 AI나 알고리즘에 의해 초고속으로 실행하는 경우를 생각해보자. 또한 장래성이 있는 종목이 침체되어 있을 때, 자금력이 있는 투자자가 유사한 수법으로 주가를 억제하면서 매집할 가능성도 있을 것이다. 참고로 말하자면, 시장 조작은 불법이다. 하지만 시장 조작과 통상적인 매매의 경계선은 상당히 모호하다. 의도적으로 시장을 조작하고 있는 것인지, 단순히 매매를 하고 있는 것인지를 구별하는 것은 시장거래를 감시하는 증권거래감시위원회(한국은 증권선물위원회)에게도 상당히 어려울 것이다.

특히 AI나 알고리즘을 사용해 초고속으로 매매가 반복되면 무엇이 어떻게 돌아가는지 알 수 없게 된다. 천천히 하면 잡히고 빠르게 하면 잡히지 않는다면 법질서가 붕괴할 우려가 있지만, 지금 바로 그러한 무질서가 발생하고 있을 가능성이 있다. 머지않아 이러한 것들을 분석하는 도구가 나와 감시가 강화될 수도 있겠지만, 현시점에서는 방치되어 있는 것처럼 보인다.

더욱이 그러한 수상한 움직임이 오래 지속되면 실적과 주가 간의 괴리는 점차 분명해질 것이다. 그때를 노리는 것이다. 단기 트레이더에게는 자금력을 앞세워 초고속 매매로 주가를 의도적으로 억제하는 움직임이 성가실 수밖에 없지만, 장기 투자자에게는 이렇게 고마운 일이 없다. 그들의 노력을 이용해 천천히 매집하면 되는 것이다. 어떤 고집스러운 시장 조작도 3년이나 5년 동안 계속되지는 않을 것이다.

❻ 주가 트렌드는 도를 넘어선다

또 한 가지, 실적을 무시한 생각을 확인해보자. 모멘텀 투자에서의 핵심적인 생각은 '한번 트렌드가 발생하면 그것은 오래 지속된다'라는 관점이다. 대부분의 모멘텀 투자자들은 기술적 도구나 차트를 이용해 심리적인 과매수와 과매도를 지적하며 상승 트렌드나 하락 트렌드를 따른다. 확실히 기업의 성장이나 침체는 꽤 장기적인 트렌드를 만들어내기 때문에 주가가 그것을 따른다는 그들의 생각은 일리가 있다.

하지만 대부분의 경우 주가의 상승 트렌드나 하락 트렌드는 실적 변화보다 훨씬 급격하다. 따라서 그들이 묵묵히 트렌드를 추종한 결과로, 고평가든 저평가든 엄청난 수준까지 괴리감을 발생시킬 수 있다. 이미 실적이 회복을 향해 나아가고 있어도 '이 주식은 하락 트렌드니까'라는 이유만으로 계속해서 하락하는 경우도 있다. 마찬가지로 횡보 트렌드도 오래 지속된다. 실적은 최고조인데도 '이 종목은 횡보 트렌드니까'라는 이유만으로 오르려는 주식을 억누르듯 매매를 반복한다. 이러한 상황은 VE 투자에 있어 아주 큰 기회다.

❼ 유동성 리스크가 주가를 낮춘다

주식 투자에는 다양한 리스크가 존재한다. 일반적으로는 크게, 가격 변동 리스크(주가가 하락해 손실을 보는 것)와 신용 리스크(투자처가 파산하는 리스크)로 나뉜다. 그러나 또 하나, 유동성 리스크라 불리는, 팔고 싶을 때 팔 수 없는 리스크가 존재하며, 많은 투자자들이 평가를 낮춘다. 앞선 두 리스크와 후자의 차이는 '투자처의 경영에 기인한 리스크'인지, '투자처의 경영과 무관한 리스크'인지다. 아무리 경영이 순조롭더라도 거래량이 적으며 팔고 싶을 때 팔 수 없는 주식은 리스크가 크다. 따라서 그만큼 저평가되어야 한다는 생각이다.

이 리스크는 일본을 대표하는 대형주에서는 문제가 되지 않지만, 그렇지 않은 소형주에서 현저하게 드러난다. 그런데 이미 성장한 대부분의 대형주들은 성장성이 부족하며, 아직 앞날이 기대되는 소형주 중에는 대형주에서는 생각할 수 없는 성장성이 감춰진 것들이 있다. 즉, 성장성을 중시하는 VE 투자에서는 목표로 하는 소형주를 저렴하게 살 수 있게 해주는 고마운 질서다.

당신의 자금력이 작을 때는 큰 문제가 되지 않을 것이다. 신경 쓰지 말고 소형주를 노려보자. 점점 수익이 나서 자금력이 늘어나면 일부로 유동성 리스크를 감수한 채 승부해보자. 매매에는 다소 기술이 필요하지만 어떻게든 될 것이다. 내 경험이지만, 투자 금액이 1억 엔을 넘을 때까지는 5~10종목으로 분산 투자하면 아마 어떻게든 될 것이다.

자금력이 그 이상이 되면 5~10종목으로 분산 투자해도 1종목당 투자 금액이 수천만 엔 이상이 되기 마련이다. 이렇게 되면 시가총액 30억 엔 같은 소형주를 투자하기에는 무리가 있다. 당신은 〈사계보〉에 이름이 실리는 대주주가 될지 모르지만 오르든 내리든 회사와 운명을 같이할 수밖에 없을 것이다. 물론 그런 걱정은 부자가 되고 나서 하면 된다.

도표 28	가치(밸류) 발생의 요인과 VE 투자 기회

❶ 주가는 연동되지만, 실적은 연동되지 않는다.
→ 개별 주식의 차이를 무시하는 투자자의 매도로 인해 발생하는 '날카롭고 깊은 골짜기'는 기회다.

❷ 본질적 가치와 인기는 일치하지 않는다.
→ 단기 트레이더로 인해 발생하는 과도한 하향 단기 변동이 있다면 거기에서 본질적 가치와 주가의 괴리를 발견할 수 있다.

❸ 시장은 변화를 과대평가하거나 무시한다.
→ 시장은 드라마틱한 시나리오를 준비하지만 지루하고 착실한 변화야말로 VE 투자가 요구하는 중요한 변화다.

❹ 시장은 일시적인 실적 악화를 과대평가한다.
→ 실적 악화에도 좋은 실적 악화와 나쁜 실적 악화가 있다.

❺ 시장 조작적인 왜곡이 발생한다.
→ 끈질긴 시장 조작도 3년이나 5년 동안 계속되지는 않는다.

❻ 주가 트렌드는 도를 넘어선다.
→ '하락', '횡보' 등의 트렌드가 엄청난 수준까지 괴리를 일으킬 수 있으며, 이는 VE 투자의 기회가 된다.

❼ 유동성 리스크가 주가를 낮춘다.
→ 유동성 리스크를 감수한다.

30 '시장은 틀릴 수 있다'라는 관점에서 접근한다

앞서 7가지 패턴을 설명했지만, 투자 경험이 쌓이면 이 외에도 여러 가지 흥미로운 현상을 발견할 수 있다. VE 투자법에서는 '시장은 옳다'라는 관점이 아니라 '시장은 틀릴 수 있다'라는 관점에서 접근한다.

예를 들어, 앞서 29번에서 언급한 **'❶ 주가는 연동되지만, 실적은 연동되지 않는다'**에 주목한다면, 폭락 직후 매수에 승부를 거는 것은 효과적일 수 있다. 리먼 브러더스 사태나 코로나 사태처럼 주가가 대폭락하고 사람들이 주식을 팔아치우는 상황에서 나는 오히려 눈을 크게 뜨고 유망한 주식을 찾는 데 전념했다. 폭락 시기에는 사람들의 이성적인 판단이 사라지고, 경우에 따라서는 패닉을 일으켜 시장의 적정 가격 형성 기능이 일시적으로 상실된다. 따라서 평소에는 있을 수 없는 대할인 행사 가격이 여기저기서 나타난다. 프로가 운용하는 투자 펀드의 실적이 떨어지는 것도 대개 이런 시기다.

결코 프로들의 능력이 낮다고 말하고 싶은 것은 아니다. 그들의 눈에도 당연히 '매수'로 보이는 상황일 것이다. 그러나 불안감 때문에 고객인 펀드 구매자들의 해약이 잇따르고, 특히나 그 펀드가 레버리지를 사용하고 있다면, 자금 확보라는 관점에서 보유 주식을 매도할 수밖에 없다. 따라서 실제로는 '매수'라고 판단하면서도 매도할 수밖에 없는 상황에 부닥치게 된다.

패닉이든 레버리지 해소든, 대다수가 매도하는 상황에서 매수하는 행위가 효과가 있다는 것은 '평균 회귀 현상'으로 설명할 수 있다. 그러한 극단적인 상황 이후에는 평소와 같은 미래가 올 가능성이 더 크기 때문이다.

피터 린치도 이러한 생각을 주장하고 있지만 나는 존 템플턴의 영향을 강하게 받았다. 저서 《존 템플턴의 가치 투자 전략(Investing the templeton way)》에서도 나온 주식 명언으로 알려진 그의 유명한 말을 항상 떠올리며 공포를 극복하며 매수해왔다.

"강세장은 비관 속에서 태어나 회의 속에서 자라며 낙관 속에서 성숙해 행복 속에서 죽는다. 기억하라. 최고로 비관적일 때가 가장 좋은 매수 시점이고 최고로 낙관적일 때가 가장 좋은 매도 시점이다."

앞서 언급한 29번의 '❹ 시장은 일시적인 실적 악화를 과대평가한다' 처럼, 어떤 이유에서 일시적으로 실적이 악화된 경우에도 평균 회귀 관점에서 기회가 존재한다. 일시적으로 불운을 겪은 주식은 이후에도 불운이 계속될 가능성보다는 이전보다 나아질 가능성이 더 크다고 생각한다. 이런 생각도 존 템플턴에게서 배웠다.

"투자자들은 항상 내게 전망이 좋은 주식이 무엇이냐고 묻는다. 이것은 잘못된 질문이다. 바람직한 질문은 '가장 전망이 좋지 않은 주식이 무엇이냐?'고 묻는 것이다."

인기 주식만을 쫓아다니며 단기 트레이드를 반복하는 사람이 보면 '무슨 소리를 하는 거냐'며 고개를 갸웃할 것이다. '전망이 좋은 주식이 아니라 전망이 나쁜 주식이 오른다니….' 이 역설적인 발상은 인간의 직감에 반한다. 따라서 수많은 개인 투자자들은 실력 있는 인기 기업이 더욱 실적을 올리고 인기를 유지하며 실적이 계속해서 확대될 것이라는 쪽에 베팅한다.

물론, 아마존이나 애플처럼 오랫동안 인기에 실력으로 응답하는 기업도 있지만, 대부분의 경우는 그 반대다. 어느 날 갑자기 나쁜 뉴스가 퍼지고 인기는 사라지며 주가는 폭락한다. 다수와 같은 움직임을 좇으면 이러한 반복이 계속되어 성과는 평균을 밑돌게 될 것이다.

Lesson 8

가치 분석의
포인트

EPS와
PER을 평가하다

31 본질적 가치를 결정하는 2가지 요인을 도출한다

주가가 현저히 저평가된 성장주를 매수하려고 한다. 어떻게 하면 그것을 찾아낼 수 있을까? 여기서 주목해야 할 것은 EPS(주당순이익)와 PER(주가수익비율)이다.

EPS는 당기순이익을 그 기업의 주식 수(발행주식수)로 나눈 금액이다. 예를 들어, 주식 수가 2억 주, 당기순이익이 100억 엔이라고 하면 EPS는 50엔인 것이다.

EPS는 기업의 노력에 따라 변하며 실적이 확대됨에 따라 증가하고, 실적이 악화됨에 따라 감소한다. 작년 EPS가 100엔이었던 것이 올해 120엔으로 증가하고 내년에는 150엔으로 원래의 100엔과 비교했을 때 50% 증가한다 치자. 만약 PER이 12배 전후로 유지될 경우 주가도 50% 정도 상승할 것으로 기대할 수 있다.

PER은 주가를 EPS로 나눈 값이며, 주가의 적정성, 즉 저평가 또는 고평가 여부를 측정하는 척도다. PER은 '주식 시가총액이 당기순이익의 몇 배에 해당하는가'를 나타내는 지표이기도 하다.

PER은 미래 성장에 대한 기대나 시장에서의 평가와 같은 사람들의 기대 크기를 나타낸다. 일반적으로 이 숫자가 30배 또는 40배와 같은 큰 수치라면 그만큼 사람들의 기대가 크며, 8배 또는 5배와 같은 작은 수치라면 그만큼 사람들의 기대가 작다고 판단한다.

주가는 'EPS × PER'이라는 단순한 공식으로 나타낼 수 있다. 예를 들어 주가가 1,200엔이라면, EPS 100엔×PER 12배, 또는 EPS 60엔×

주가 = EPS × PER

EPS(Earnings Per Share, 주당순이익)
= 당기순이익 ÷ 주식 수

PER(Price Earnings Ratio, 주가수익비율)
= 주가 ÷ EPS

주가는 EPS × PER이라는 공식으로 표현할 수 있다. 예를 들어, 주가가 1,200엔이라면, EPS 100엔 × PER 12배, 또는 EPS 60엔 × PER 20배와 같이 주가를 EPS와 PER 2가지로 인수분해할 수 있다.

EPS는 당기순이익을 그 기업의 주식 수(발행주식 수)로 나눈 금액이다. 예를 들어, 주식 수가 2억 주, 당기순이익이 100억 엔이라면, EPS는 50엔이다.

PER은 주가를 EPS로 나눈 값이라고 할 수 있는데, '주식 시가총액이 당기순이익의 몇 배에 해당하는가'를 나타내는 지표라고도 할 수 있다. 이는 미래 성장에 대한 기대나 시장에서의 평가와 같은 사람들의 기대 크기를 나타낸다.

PER 20배와 같이 주가를 EPS와 PER 2가지로 인수분해할 수 있다. 따라서 본질적 가치도 이 2가지 요인으로 결정되며, 주가가 본질적 가치에서 이탈해 저평가되는 요인도 2가지로 나눌 수 있다.

실력 기반의 EPS

한 가지는 EPS가 흔들릴 가능성이다. 이익의 실적치나 회사의 예측치가 반드시 그 기업의 실제 실력을 반영하는 것은 아니다. 일시적인 요인이나 편향 등으로 단기적인 이익 수준과 실력이 일치하지 않을 가능성이 있다. 이러한 요소를 제거한 '실력을 기반으로 한 추정 EPS'는 회사의 추정 EPS나 전문가의 추정 EPS보다 높을 수 있는데, 여기에 주가 상승의 가능성이 잠재되어 있다.

본래 EPS가 확대되면 주가도 상승하고, EPS가 하락하면 주가도 하락한다. 이 2가지는 장기적으로 같은 방향으로 움직이는 관계다. 하지만 단기적으로는 여러 가지 이유로 인해 그렇지 않을 수 있다. 주가와 EPS의 연동이 깨지고 그곳에 괴리가 발생했을 때, 그 후로는 평균 회귀에 따른 주가 상승을 기대할 수 있다. 인기가 떨어졌거나 대폭락에 휘말렸더라도 실적이 확대되고 있다면, 주가 하락이나 정체는 가치 발생을 의미하며, 매수 기회가 된다는 생각을 머릿속에 새겨야 한다. 주가만 쫓기 급급하니 하락하면 슬퍼하고 상승하면 기뻐하게 되는 것이다. 그런 수준에서 졸업해야 한다.

적정 PER

또 한 가지는 PER의 변동이다. 투자자의 기대감 등에 의해 오르고 내리는 PER은 개별 기업의 실력이 반영되어야 하지만, 여러 가지 이유로 낮은 수준에 머물러 있을 수 있다. 하지만 어떤 시점에서 많은 투자자들이 과소평가되었다는 사실을 깨달았을 때 추정 PER이 크게 상승할 수 있으며, 여기에 주가 상승 가능성이 존재한다. 즉, 그 기업의 '적정 PER'에 맞춰 주가는 재평가된다.

2가지의 곱하기로 상승할 가능성

즉, '실력치를 기반으로 한 추정 EPS'와 '적정 PER'이 높다면 주가는 그 둘의 곱하기에 의해 크게 상승할 가능성이 있다. 예를 들어, 레슨3에서 소개한 아크랜드 서비스 홀딩스(3085)는 7년간 EPS를 4배 이상 확대했고, 더욱이 저평가 해소가 주가를 밀어 올려 바닥에서 20배라는 큰 상승을 이뤄냈다.

따라서 우리가 해야 할 일은 당신이 생각하는 정확한 실력치를 기반으로 한 추정 EPS를 산출하는 것이다. 그리고 앞으로 매출이나 비용이 어떻게 변할 것인지 나름대로 미래를 예측하고 그에 맞는 적절한 PER 을 계산해야 한다.

〈도표 31〉은 이전의 VE 투자 목록을 수정해 '본질적 가치'를 'EPS의 변화'로 대체한 것이다. 또한 '추정 PER'을 기입하는 칸을 마련했다. 가 치 발생 가능성은 이 표를 바탕으로 고려하면 된다.

먼저, EPS와 주가의 변동을 동시에 비교할 수 있으면 적어도 가치가 확대되고 있는 것인지, 축소되고 있는 것인지 알 수 있다.

EPS가 확대되고 있음에도 불구하고 주가가 하락하는 현상이 발생했 을 경우, 적어도 이전이나 현재 어느 시점에서(혹은 둘 다) 본질적 가치와 주가에 괴리가 발생했을 가능성이 크다. 이전의 주가가 올바른 수준이

도표 30   본질적 가치를 결정하는 2가지 요인

실력치를 기반으로 한 추정 EPS

매각한 토지의 수익이나 지진에 의한 손실 등 일시적인 손익 요인, 매년 이 기업이 제시하는 추정 EPS가 신중한 편인지 낙관적인 편인지와 같은 편향 등 장기적인 실력과는 무관한 노이즈를 제거 하고 당신이 생각하는 한 가장 정확한 실력치를 기반으로 한 추정 EPS를 산출한다.

적정 PER

만약 방대한 사람들의 적절한 평가를 받으면 타당하다고 판단될 미래성을 고려한 평가 수준. 비 즈니스 구조나 판매 상품의 특성, 시장의 크기나 경영자가 목표로 하는 방향성 등을 바탕으로 매 출이나 비용이 앞으로 어떻게 변할 것인지 당신 나름대로 미래성을 예측하고 그에 맞는 적절한 PER을 산출한다.

주가 = PER × EPS이므로 이 2가지 요인의 곱하기로 주가가 상승할 가능성이 있다.

	❶	❷	❸	❹	❺
EPS의 변화	→	↑	↑	↑ ↑	↓
주가의 변화	↓	↓	→	↑	↓ ↓
추정 PER					

❶ EPS는 변하지 않았는데 주가가 하락했다.
❷ EPS가 확대되고 있는데도 주가가 하락했다.
❸ EPS가 확대되고 있는데도 주가가 오르지 않는다.
❹ EPS가 크게 확대되고 있는데도 주가의 상승이 따라오지 못한다.
❺ EPS도 하락했지만, 주가가 그 이상으로 하락했다.

었다면 가치는 확대되고 있다고 볼 수 있고, 현재의 주가 수준이 올바르다면 이전의 주가가 너무 높았다고 할 수 있다.

이 경우, 전자라면 투자 대상으로 고려할 수 있지만, 후자라면 대상에서 제외해야 한다. 따라서 현시점에서의 추정 PER을 확인하는 작업이 필요하다.

만약 현시점에서 추정 PER이 10배로 전체 평균인 15배를 크게 밑돌고 있다면, 절댓값으로도 저평가되었을 가능성이 있고, 과거와 비교해서도 가치가 상승했다고 추측할 수 있다. 반대로 주가가 크게 하락했음에도 불구하고 PER이 30배라면 과거에 지나치게 과대평가를 받았을 뿐만 아니라 현재도 과대평가되고 있을 가능성이 남아 있다. 여기서 '추측'이나 '가능성'이라는 표현을 사용하는 이유는 앞서 설명한 대로 PER에는 개별 주식의 미래 예측이 반영되기 때문에 과거의 정보만으로 판단할 수 없기 때문이다. 더욱 깊은 조사가 필요하다.

32 매출과 비용에 영향을 주는 정보만 수집하고 노이즈를 제거한다

주가에 절대적으로 영향을 미치는 이익은 '이익 = 매출 - 비용'이라는 아주 단순한 식으로 표현할 수 있다. 따라서 EPS를 평가하는 데 유효한 정보는 궁극적으로 '매출에 어떻게 영향을 미치는가?'와 '비용에 어떻게 영향을 미치는가?', 이 2가지로 충분하다. 그 외의 정보는 유효한 정보라고 할 수 없다. 따라서 매출과 비용에 영향을 주는 정보만을 효율적으로 조사해야 한다.

우리가 해야 할 일은 매출과 비용에 관한 정보를 모으고 우연히 이번 분기에 매각한 토지의 수익이나 우연히 발생한 지진에 의한 손실 혹은 매년 이 기업이 발표하는 추정 EPS가 신중한지, 낙관적인지와 같은 편향 등 이 기업이 본래 가지고 있는 장기적인 실력과 무관한 노이즈를 제거해 미래의 EPS를 예측하는 것이다.

예를 들어, '8월에 발표된 1분기 결산이 매우 좋은데도 주가가 오르지 않는다. 이는 VE 투자 일람표의 'EPS↑ 주가→' 패턴이 틀림없다. 곧바로 주식을 매수하자'와 같이 단발적인 실적 변화만을 보고 판단해서는 안 된다. 우연히 대형 수주가 있었다거나 부동산을 매각했다거나 일시적인 요인으로 인해 이익이 확대되었을 뿐 장기적인 실력은 전혀 변하지 않은 경우도 있기 때문이다. 그 경우, 주가가 오르지 않는 것이 당연하며, 만약 올랐다 하더라도 금세 원래 수준으로 되돌아간다.

반대로 EPS와 주가는 연동되어 있지만, 기업 본래의 실력과 주가가 일치하지 않는 경우도 있다. 일시적으로 어려움을 겪었다고 해서 그 기업의 실력까지 잃어버린 것은 아니다. 더 높은 성장을 목표로 불필요한 자산이나 저조한 비즈니스를 정리한 결과, 일시적으로 EPS가 악화되는 경우는 오히려 장기적인 수익 개선으로 이어진다. 그럼에도 불구하고 EPS와 연동해 하락한 주식을 잘 찾아낸다면 큰 주가 상승을 기대할 수 있을 것이다.

기업의 실력과 무관한 일시적인 실적 변화를 판단하기 위해서는 결산서의 수치를 여러 기간 동안 나란히 늘어놓고 장기적인 성장 경향을 파악하는 것이 중요하다. 장기 성장 경향과 주가가 일치하지 않는 점을 찾아내는 것이다. 최근에는 '주식 탐색' 등의 유료 사이트를 통해 쉽게 장기적인 손익 변화를 확인할 수 있으므로 그것으로 대략적인 방향을 잡고, 최종적으로는 해당 기업의 결산 설명 자료나 유가증권 보고서 등에서 그 원인을 확인해보는 것이 좋다. 나의 경우에는 손이 많이 가지만, 여러 기간 동안의 결산 보고서를 조사하고 결산 데이터를 엑셀에 입력하면서 최종적으로 체크하고 결정을 내린다.

정보는 '고유 정보'와 '일반 정보'라는 2가지 관점에서 정리한다

매출과 비용 예측에 필요한 정보는 고유 정보와 일반 정보라는 2가지 관점에서 정리하는 것이 효과적이다. 요약하면 〈도표 32〉와 같다. 고유 정보는 그 기업이나 제품, 서비스에 대해 고유한 의미를 가지는 정보다. 일반 정보는 많은 기업이나 제품, 서비스에 활용될 수 있는 정보다. 오해의 소지가 있어 혹시 몰라 덧붙이는데, 신문이나 TV 등 매스컴 정보가 일반 정보이고, 당신이 길거리에서 발견한 정보는 고유 정보라고 말하는 것이 아니다. 신문 정보 중에도 개별 기업에만 영향을 미치는 고유 정보가 포함될 수 있다. 정보의 출처가 아닌 활용의 관점에서 분류하는 것이다.

앞서 소개한 효율적 시장 가설(⇨29번)은 전 세계의 모든 정보가 투자 기회를 찾기 위해 혈안이 된 방대한 투자자의 판단에 의해 순간적으로 주가에 반영된다는 생각이다. 하지만 이 가설은 큰 문제점을 안고 있다. 고유 정보와 일반 정보를 혼동하고 있다는 점이다. 물론 경제 전반에 영향을 미치는 일반 정보 중 대부분의 것은 순식간에 전 세계에 퍼져 주가에 반영된다.

도표 32   고유 정보와 일반 정보

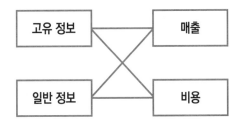

주요 고유 정보와 수집처
• 업계 정보 – 〈닛케이 산업 신문〉, 〈닛케이 MJ〉, 업계 전문 잡지 및 전문 사이트, 백서
• 사업 내용 – 〈회사 사계보〉, 기업 홈페이지, 취업 사이트, 투자 이벤트
• 결산 정보 – 결산 보고서, 유가증권 보고서, 증권사 홈페이지, 투자 전문 사이트
• 제품 정보 – 아마존, 매장, 기업 사이트, 전문 잡지 및 전문 사이트, 매니아 친구, 가족
• 경영자 정보 – 기업 홈페이지, 취업 사이트, 취재 기사, 투자 이벤트, 주주총회

주요 일반 정보와 수집처
• 경기 동향 – 신문, 투자 전문 사이트, 증권사 홈페이지, 거래처 투덜거림, 택시 기사
• 환율, 금리 – 증권사 홈페이지, 투자 전문 사이트, 신문, 뉴스
• 원유, 부동산, 인건비 – 각종 전문 잡지 및 사이트, 정부 발표, 신문, 뉴스

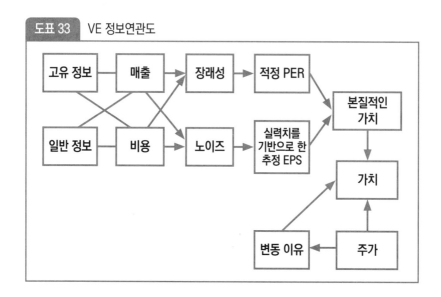

도표 33 VE 정보연관도

하지만 고유 정보는 서서히 확산되며, 그것이 어떤 의미를 가지는지 올바르게 판단하는 데에도 시간이 필요하다. 따라서 고유 정보가 가져오는 본질적 가치의 변화를 반영하는 데 시장은 어느 정도 시간을 제공해준다. 너무 천천히 움직이면 기회를 놓칠 수 있지만, 그렇다고 해서 컴퓨터 화면에 종일 붙어 있지 않으면 투자 기회를 놓칠 것 같은 종류의 것은 아니다.

34 EPS는 '3~5년 후' 정도로 범위를 설정해 예측한다

EPS를 예측하는 데는 요령이 있다. 3~5년 후 정도로 범위를 설정하고 '아마도 이 정도의 실적을 달성할 것이다'라고 꽤 넓은 범위로 예측하는 것이 더 유리하다. 시장 참여자들은 몇 개월에서 길어도 3년 정도

후의 '가까운 미래'의 실적을 예측하면서 기업 가치를 판단한다(⇨19번). 하지만 대부분의 투자자들은 1년 이내에 초점을 맞추기 때문에 3~5년 후에 대해서는 거의 예측하지 않는다. 만약 당신만이 3~5년 후를 예측할 수 있다면, 그 차이를 자본 이득이라는 형태로 얻을 수 있을 것이다.

'어떻게 하면 그렇게 할 수 있을까?'라고 생각하는 사람도 많을 것이다. 실천 방법은 예부터 내려온 매우 전통적인 방식이다. 기업의 결산서를 읽고 중기 경영 계획이나 결산 설명회의 프레젠테이션을 확인하며, 그 기업의 제품이나 서비스를 실제로 구매해 사용해본다. 주주총회나 기업 설명회에서 경영자를 만나보고 인터넷이나 잡지에서 업계 정보와 전문 정보를 조사한다.

중요한 것은 누구보다도 투자 대상 기업을 깊이 이해하려는 노력이다. 많은 투자자들은 기업이 아니라 내일의 환율 전망이나 큰손들의 움직임, 유행하는 신기술에 의해 급등하는 인기주의 주가에 시선을 빼앗기기 쉽다. 그런 와중에 자신만은 특화된 분야를 중심으로 드러나지 않은 실력 있는 기업을 차분히 발견해내고 깊게 분석해나간다. 그러면 시장에서 전혀 주목받지 못하지만, 자신에게는 최고의 보물 같은 종목을 만날 수 있게 될 것이다. 그 후에는 그 주식을 사서 가만히 기다리기만 하면 된다. 언젠가 시대가 당신을 따라잡고, 그 기업의 실력이 높은 평가를 받을 때 당신의 재산은 몇 배로 늘어날 것이다.

예를 들어, 매우 경쟁력이 있는 기업이 1년 반 후에 대형 공장을 가동하고 3년 후에는 매출이 2배가 될 계획을 세우고 있다. 하지만 지금 당장은 큰 성장을 기대할 수 없고 대형 공장 가동에 비용이 많이 들면서 기대 이하의 실적이 예상되는 경우다. 이 경우, 시장이 당장의 실적 저하를 이유로 저평가를 내리더라도 3~5년 후에는 매출이 배로 증가할 것이라고 80% 정도의 확신을 가질 수도 있을 것이다.

물론 이를 위해서는 생산이 2배로 늘어도 그만큼의 수요가 존재하는지 등 다양한 예측이 필요하다. 하지만 다행히도 대부분의 주식 시장 참여자들은 그 정도 예측을 하려고 하지 않는다. 그렇게 번거로운 일을 해서 먼 미래에 돈을 벌 방법을 생각하느니 더 간단하고 단기간에 돈을 벌 방법을 생각하기 때문이다.

참고로 3~5년이라고 범위를 설정하는 것은, 예를 들어 앞서 언급한 사례로 보자면 공장 가동에는 성공했으나 갑작스러운 공급 확대에 판매 체제가 따라가지 못하거나, 반대로 판매 체제는 완벽하지만, 초기 공장 문제로 생산이 원활하지 못한 등의 문제가 흔하게 발생할 수 있기 때문이다.

미래는 불확실성으로 가득하다. '분명 이렇게 될 것'이라고 예측하더라도 경기나 금리, 돌발적인 자연재해나 전쟁의 영향을 받거나, 또는 주력 상품의 가격 변동이나 갑작스럽게 강력한 경쟁자의 등장 등 미래 예측의 전제 조건은 매일 계속해서 변하고 있다. 그 기업의 사업계획에서는 3년 후 매출 배로 증가를 예상한다고 하더라도 조금은 여유를 두는 편이 좋다. 그렇게 함으로써 오히려 성공 확률을 높일 수도 있다.
3년 후 예측이 틀렸더라도 그로부터 2년 후에 여러 문제를 극복하고 매출이 배로 늘고 주가도 배로 늘어난다면, 그것은 그것대로 괜찮다. 그런 여유와 마음가짐이 필요하다.

35 PER은 '평균'뿐만 아니라 '개별 사정'을 고려해야 한다

일반적인 가치 투자에서는 PER을 잘 활용하는 것이 중요한 포인트가 되지만, 그것을 더욱 심화시키는 것이 VE 투자의 비법이라고 할 수 있다. 개별 주식의 주가를 그대로 비교해도 아무것도 보이지 않지만, PER을 사용하면 모든 개별 주식을 동일한 척도로 비교할 수 있다.

예를 들어, 도요타자동차(7203)의 2018년 3월 EPS는 168엔(그 후 액면 분할된 가격을 반영해 수정해서 표기함), 2019년 1월 4일 종가는 1,269엔(동일)이었다. PER = 1,269엔 ÷ 168엔 = 7.5배가 된다. 이에 반해 2019년 1월 4일, 도쿄증권거래소 1부에 상장된 모든 기업의 PER 평균(단순 평균)은 15.4배였다. 이는 그 시점에서 도요타자동차의 PER이 도쿄증권거래소 1부 평균 PER을 훨씬 밑돌고 있음을 의미한다.

왜 도요타 주식과 상장 기업 전체 주식의 PER 사이에 큰 차이가 발생했을까? 이는 도요타 주식의 개별 사정이 반영된 것이다. 일반적으로 PER에 차이가 나는 이유는 미래에 대한 장기적인 견해, 즉 미래성이 반

도표 34	PER(Price Earnings Ratio, 주가수익비율)

매 주가가 1주당 당기순이익(EPS)의 몇 배에 해당하는지를 나타내는 지표

PER = 주가 ÷ 1주당 당기순이익(EPS)

이 숫자가 30배 혹은 100배로 크면 클수록 고평가된 것이고, 8배 혹은 5배로 적으면 적을수록 저평가되었다고 할 수 있다.

영되기 때문이다. 지금은 자동차가 잘 팔리지만 경기 후퇴 국면이 오면 판매가 감소할 것이다. 따라서 그 부분을 할인해서 평가해야 한다. 또한 자율주행이나 전기차(EV)의 보급이 진행되면 지금까지의 도요타의 강점을 살리지 못할 수도 있다. 기존처럼 세계 시장에서 계속해서 승리하기란 어려울 수도 있다. 이러한 장기적이고 비관적인 견해가 PER을 낮추는 것이다.

하지만 도요타 주식은 그 후 상승해 2023년 8월 말 종가는 2,515엔이 되었다. 2023년 3월 당기 EPS 179엔을 기준으로 한 PER은 14배가 되었다. 2019년 1월에 비해 PER이 거의 2배 가까이 상승한 것이다. 사람들의 도요타에 대한 견해가 바뀌고 미래에 대한 기대감이 높아진 것일 것이다. PER은 이처럼 변화한다.

도표 35 도쿄증권거래소 주식들의 평균 PER(구 1부 시장)

도쿄증권거래소 상장 기업의 평균 PER 추이를 보면, 2011년 이후로는 최저 15배 정도의 수준을 유지하고 있다《도표 35》. 이 15배라는 숫자는 일본 주식 전체의 기준치라고 생각해도 좋을 것이다. 〈도표 36〉은 2023년 8월 시점의 업종별 실적 PER이다. 이것을 보면 공업이나 석유·석탄, 철강, 은행 등의 PER이 10배를 밑돌고 있다. 일본 내 인구 감소나 업계의 대변동, 혹은 환경 의식의 고양 등을 배경으로 성장을 기대할 수 없거나 리스크가 높다고 판단된 것이다. 반면, 수요가 안정된 식품이나 의약품, 소매업 등은 리스크가 낮다고 판단되어 PER이 높다. 또한 전기기기나 정보·통신에 대해서는 아마도 리스크가 낮다기보다는 성장성이 강하게 반영된 것이다. 이것들의 PER은 20배 전후로 높은 평가를 받고 있다.

하지만 PER의 정답은 아무도 모른다. 투자자의 기대는 높아지기도 하고 줄어들기도 한다. 〈도표 36〉처럼 과거의 실적을 통해 '이 업종의 PER은 이 정도'라고 계산하는 것은 가능하지만, 실제로는 개별 기업에 따라 성장 기대 등에 차이가 있으므로 이러한 업종 평균이 정답은 아니다.

때때로 업종 내에서 PER만 비교하고 '내 투자처는 정보통신업인데 PER이 10배로 저평가되었다', 또는 '건설업인데 PER이 20배로 고평가되었다' 등 단순하게 비교하는 사람을 볼 수 있는데, 정보통신업이라도 경영이나 비즈니스 모델이 나쁘고 고전할 것으로 예상되는 경우도 있고, 건설업이라 해도 최신 기술이나 사람들의 행동 변화를 빠르게 사업에 반영해 급성장을 이루는 경우도 있다.

중요한 것은 개별 기업의 리스크나 성장 등의 미래성이다. 하지만 업계 특유의 공통 리스크가 존재하는 것도 사실이다. 코로나바이러스의

총합	16.0
수산 · 농림업	12.4
광업	4.2
건설업	14.7
식료품	27.4
섬유 제품	19.7
펄프 · 종이	28.8
화학	15.2
의약품	23.2
석유 및 석탄 제품	6.4
고무 제품	12.8
유리 · 토석 제품	18.5
철강	7.8
비철금속	12.2
금속 제품	15.4
기계	16.7
전기기기	19.8
수송용 장비	17.0
정밀기기	11.7
기타 제품	15.5
전기 · 가스업	34.6
육상운송업	15.9
해운업	2.2
항공운송업	23.9
창고 · 운수 관련업	10.0
정보 · 통신업	25.4
도매업	11.1
소매업	23.8
은행업	8.3
증권, 상품선물거래업	12.7
보험업	22.6
기타금융업	11.8
부동산업	11.6
서비스업	19.7

확산으로 인해 여행업계나 항공운송업계는 경영 스타일의 차이와 상관없이 직격탄을 맞았다. 업계 특유의 요인을 고려하면서도 더욱 개별 기업의 실력을 가늠하는 능력이 필요하다.

 여러 가지 요인을 고려해 스스로 예측해본다

여러분이 투자 정보로서 접하게 되는 PER은 크게 2가지로 나눌 수 있다. 하나는 주가를 직전 결산기에 벌어들인 주당순이익의 실적치(실적 EPS)로 나누어 구하는 것이다. 이를 실적 PER이라고 한다. 또 하나는 그 회사가 현재 진행 중인 결산기(이번 분기)에 벌어들일 것으로 예상되는 주당순이익(추정EPS)으로 나누어 구하는 것이다. 이를 추정 PER이라고 한다. 주식 투자자는 항상 과거보다는 미래를 보며 적정한 주가를 산정하려고 한다. 따라서 주가가 저평가되었는지를 판단하는 데 자주 사용되는 것은 추정 PER이다.

그리고 추정 PER은 예측하는 사람에 따라 크게 3가지로 분류할 수 있다. 요약하면 〈도표 37〉과 같다.

① 회사 추정 PER, 이것은 대부분의 상장 기업들이 결산 발표 시기나 그 전후에 올해의 매출이나 이익 등의 예상치를 공시하므로 그 회사의 추정 EPS를 근거로 산출하는 PER이다. '회사 추정 EPS의 적중률은 높은가?'라고 묻는다면 솔직히 그렇다고 할 수는 없다. 이유는 최소 2가지가 있다. 하나는 그 회사의 경영진이 주주 등 이해 관계자를 의식해 신중하거나 혹은 낙관적인 숫자를 제시하는 경향이 있기 때문이다. 또

도표 37	PER의 분류

실적 PER :

직전 분기의 실적 EPS를 근거로 산출

추정 PER :

앞으로의 결산기의 추정 EPS를 근거로 산출. 예측하는 사람에 의해 아래와 같이 분류할 수 있다.

① 회사 추정 PER : 그 회사의 이번 분기 추정 EPS를 근거로 산출
② 전문가 추정 PER : 전문가가 예측한 EPS를 근거로 산출
③ 당신의 추정 PER : 당신이 예측한 EPS를 근거로 산출

하나는 경영진조차도 자사의 1년 후 실적을 예측하는 것이 매우 어렵기 때문이다.

② 전문가 추정 PER, 이는 증권회사나 자산운용회사 등의 애널리스트가 해당 기업의 편향을 수정하고, 일일이 변동하는 환율이나 경기 등을 실시간으로 반영해서 보다 현실에 맞게 예측한 PER이다.

하지만 전문가도 전문가 나름의 편향이 있다. 일단 애널리스트라 불리는 전문가의 대부분은 은행이나 증권회사 등 금융그룹에 속해 있다. 따라서 그룹 회사의 의도를 고려하지 않을 수 없다. 증권회사인 모회사가 주식 시장을 활성화시키려고 노력하고 있을 때는 부정적인 보고서를 내기 어렵다. 또한 모회사의 중요한 거래처나 보유 주식에 대해서도 동일한 배려가 필요하다. 그러한 사정이 존재하는 것이다.

또 한 가지 주의할 점은 애널리스트의 진심도나 실력이 숫자에 영향을 미친다는 점이다. 전문가 집단이라 해도 4,000개에 가까운 일본 내

모든 상장 기업을 전력을 다해 분석하기에는 비용이 너무 많이 든다. 투자신탁 중에는 시가총액이 너무 작은 기업의 주식은 사지 않는다는 방침을 내세우는 경우도 많다. 그런 기업의 주식을 굳이 조사해서 보고서를 발표할 동기는 적다. 결국 전문가의 예측이라고 해서 그 숫자를 곧이곧대로 받아들일 수는 없으며, 애초에 전문가에게 제대로 평가받지 못하는 기업도 존재한다.

그다음으로는 ③ 당신의 추정 PER이다. 전문가가 상대하지 않는 소형주나 인기 없는 주식 중에서 건실하고 성장성이 높은 기업을 찾아내어 당신만의 예측을 바탕으로 올해뿐만 아니라 내년, 내후년까지의 실적을 다시 예측하고 그 EPS를 근거로 PER을 산출하는 것이다. 그리고 그 숫자가 평균에 비해 현저히 저평가되어 있을 때 투자를 실행에 옮긴다. 이것이 본래의 가치 투자다. 하지만 '주식 투자에 문외한인 내가 그런 일을 할 수 있을까?' 걱정하는 사람도 있을 것이다. 여기에 대해 나의 솔직한 감상을 말하자면 '난이도는 중급이지만, 수익은 상상 이상으로 클 것'이다.

당신 스스로 PER을 예측할 때 PER에 영향을 미치는 요인을 반드시 염두에 두어야 한다. 반복되는 내용이 있을 수도 있지만, 추정 PER에 어떤 요인이 반영되는지 그 포인트를 정리해보자.

❶ 리스크

첫 번째 요인은 리스크다. 리스크의 크기는 경영 스타일, 업종, 비즈니스 모델 등 기업별로 다르며, 그것이 추정 PER의 차이로 나타난다. 그 결과, '리스크가 높다'라고 판단되는 기업의 추정 PER은 낮아지고, '리스크가 낮다'라고 판단되는 기업의 추정 PER은 높아진다.

'리스크가 높다'라고 판단되는 기업은 환율이나 시장 상황의 변동, 정책 변화 등의 영향을 받기 쉬운 회사나 과거에 여러 번 불상사를 일으켜 사회적 신뢰를 잃은 회사다. 예를 들어보자면, 환율의 영향을 받기 쉬운 업종으로는 해운, 석유, 자동차 등이 있다. 반면 '리스크가 낮다'라고 여겨지는 기업의 대표적인 예는 환율이나 시장 상황의 변동에 영향을 받기 어려운 내수 중심의 회사다. 경기 동향과 관계없이 상품의 수요가 안정적인 식품회사나 생활용품 제조업체, 제약회사 등이 여기에 해당한다. 경기 변동의 영향이 적기 때문에 이러한 업종의 주식은 '경기 방어(디펜시브) 종목'이라고 불리기도 한다.

이처럼 외부 환경의 영향도나 기업 고유의 리스크 특성에 따라 추정 PER의 적정 수준이 달라진다. 따라서 적정한 주가 수준을 추정하기 위해서는 동종 업종 타사와 비교하거나 비즈니스 모델 분석이 필요하다.

❷ 성장률

다음으로 알아두어야 할 두 번째 요인은 성장률이다. 높은 이익 성장이 기대되는 기업의 추정 PER은 높아지고 쇠퇴가 예상되는 기업의 추정 PER은 낮아진다. 여기서 주의해야 할 점은 고성장 기업의 추정 PER을 보는 방법이다. 상장 기업이 공표하는 실적 예측은 이번 분기의 결산분만 해당되지만, 성장주의 경우 2~3년 정도의 성장이 현재 주가에 이미 반영된 경우가 많다. 따라서 실적 PER이나 이번 분기의 추정 EPS로 산출한 추정 PER로 보면 고평가된 것처럼 보이는 주가도 2~3년 후의 추정 EPS로 구한 추정 PER로 보면 고평가가 아닌 경우가 많다.

〈도표 38〉은 현재 주가가 1,000엔인 성장주의 이익 성장이 향후

실적 PER로는 고평가된 것처럼 보여도 성장률과 실적 PER이 같은 수준이라면 고평가되었다고 단정할 수는 없다

현재 주가 (엔)	성장률 (%)	실적 PER (배)	EPS				현재 주가를 3년 후의 EPS로 나누어서 구한 추정 PER(배)
			최근 (엔)	1년 후 (엔)	2년 후 (엔)	3년 후 (엔)	
1,000	10	10	100	110	121	133	7.5
1,000	20	20	50	60	72	86	11.6
1,000	30	30	33	43	56	73	13.7
1,000	40	40	25	35	49	69	14.6
1,000	50	50	20	30	45	68	14.8
1,000	60	60	17	27	43	68	14.6
1,000	70	70	14	24	41	70	14.2
1,000	80	80	13	23	41	73	13.7
1,000	90	90	11	21	40	76	13.1
1,000	100	100	10	20	40	80	12.5

3년간 일정하게 유지된다는 전제하에, 연간 이익 성장률이 10%에서 100%까지, 경우별 향후 3년 동안의 EPS 추이와 현재 주가를 3년 후의 추정 EPS로 나누어 산출한 추정 PER을 나열한 것이다. 성장률 100%의 경우 실적 PER이 100배로 초고평가된 것처럼 보이지만, 향후 3년간 100%의 이익 성장을 지속할 수 있다면, 현재 주가를 3년 후의 추정 EPS로 나누어 구한 추정 PER은 12.5배다. 결코 고평가된 것이 아니다.

❸ 수익성

세 번째 요인은 기업의 수익성이다. 레슨 5에서 기업의 수익이 극도로 악화된 경우, 주식 시장은 주가의 근거를 기업이 보유한 순자산의 가

치에서 찾는 원리를 소개했다. 이 경우에 사용하는 주가 지표는 현재 주가를 1주당 순자산으로 나누어 구하는 PBR(주가순자산비율)이다.

수익이 극도로 악화되면서 추정 EPS가 현저히 감소하고, 가령 추정 PER이 50배로 뛰어올라도 PBR이 0.5배로 매우 낮다면, 현재의 주가는 저평가되었다고 판단할 수 있다. 주가 수준을 추정 PER과 PBR 중 어느 것으로 판단해야 할지를 고려할 때는 예상 ROE(자기자본이익률)를 사용하는 것이 좋다.

〈도표 39〉의 그래프는 닛세이 기초연구소가 조사한 2005년 1월부터 2017년 7월까지 각 달의 닛케이 평균 주가의 PBR과 예상 ROE의 관계를 나타낸 것이다. 예상 ROE가 8% 이하일 때는 PBR이 1배 전후로 움직이고, 예상 ROE가 8%를 넘으면 PBR이 상승하는 것을 볼 수 있다.

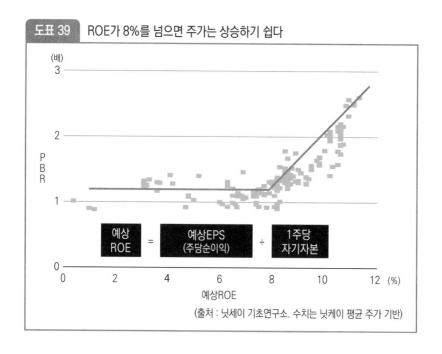

도표 39　ROE가 8%를 넘으면 주가는 상승하기 쉽다

(출처 : 닛세이 기초연구소. 수치는 닛케이 평균 주가 기반)

결국, 예상 ROE가 8% 이하일 때는 수익성이 극도로 낮기 때문에 PBR로 주가 수준을 판단하는 것이 좋다는 것을 알 수 있다.

참고로 PBR과 ROE에는 PBR = ROE×PER이라는 관계식이 성립한다. ROE가 8% 이하에서 PBR이 일정하다는 것은 ROE가 낮을수록 PER은 필연적으로 높아진다는 것을 의미한다. 이 점도 반드시 기억해두자.

❹ 예측 경향

네 번째 요인은 상장 기업이 공표하는 실적 예측에는 약간의 편향성이 있다는 점이다. 예를 들어, 경영이 어려운 기업 중에는 주가를 조금이라도 높게 유지하기 위해 매우 높은 예측치를 공시해 투자자의 기대를 높이려는 경우가 있다. 실제로 달성될 가능성은 작고 그 예측을 근거로 투자해도 이익을 보기란 어렵다. 반대로 보수적인 기업 중에는 실적 예측을 낮게 발표하는 경우도 있다. 이러한 기업은 연도의 후반에 실적을 상향 수정하는 일이 잦고 주가가 상승하는 경우가 많다.

여유가 있다면 과거의 실적 예측과 실제 실적을 비교해 보수적인 실적 예측과 도전적인 실적 예측 중 어느 쪽을 발표하는 경향이 강한지 확인하는 습관을 들이는 것이 좋다.

❺ 일시적인 요인

마지막 다섯 번째 요인으로, 이번 분기에 한한 일시적인 수익 변화에 주의해야 한다. 예를 들어, 미실현 이익이 있는 유휴자산 매각 계획이 있어 이번 분기에만 큰 폭으로 순이익 증가가 예상되는 경우다. 이 경우에는 일시적으로 추정 PER이 낮아진다. 반대로 과거의 부정적 자산을 상각함으로써 이번 분기에만 특별한 손실이 발생하는 경우에는 일시적으로 추정 PER이 높아진다. 이 경우, 장기적으로 봤을 때 기업 가치에 미치는 영향은 적다. 주식 시장이 이러한 일시적인 요인을 근시안적인 실적 악화로 받아들여 주가가 하락한다면 이는 투자 기회로 볼 수 있을 것이다.

추정 PER을 볼 때의 5가지 포인트를 〈도표 40〉에 정리했으니 참고 하기를 바란다. 추정 PER의 높고 낮음뿐만 아니라 그 요인까지 분석한 다음 그래도 주가가 저평가되었다고 판단되는 경우에만 투자를 실행하기를 바란다.

도표 40	추정 PER을 볼 때의 5가지 포인트
기업 고유의 리스크 요인	● 리스크 대 = 저(低)PER ● 리스크 소 = 고(高)PER
2~3년분의 이익 성장	● 성장 대 = 고PER ● 성장 소 = 저PER
순자산 가치와 비교	수익성이 소(小)인 경우 고PER이 되는 경우가 있다.
경영자의 경향성 검토	● 도전적 예측 = 저PER ● 수적 예측 = 고PER
일시적인 손익을 제한다	● 일시적인 이익 = 저PER ● 일시적인 손실 = 고PER

Lesson 9

수익 향상

가치주 투자의
5가지 원칙

37 2배 이상의 상승을 노릴 수 있는 주식만 산다

VE 투자법에서는 주가 상승 요인을 '이익 성장'과 '저평가 해소'의 2가지로 한정하는데, 이 2가지 측면에서 합리적으로 계산해보아 2배 이상의 상승을 노릴 수 있는 주식만을 사도록 한다.

'2배 상승이라니! 그렇게 많이 벌면 당연히 너무 기쁘겠지만, 그런 대박 주식을 내가 찾을 수 있을까?', 이런 걱정은 할 필요 없다. 야후 파이낸스 등에서 다양한 기업의 과거 10년간 주가 차트를 조사해보면 된다. 주가가 오르기 시작하면 3~5년 이내에 2배 상승한 주식은 얼마든지 찾을 수 있다. 엄청나게 오른 주식 중에서는 10배나 상승한 것도 쉽게 찾을 수 있다. 주식이라는 것은 그 정도의 변동 폭으로 움직인다는 사실을 확실히 인식해야 한다.

〈도표 41〉을 보자. 이 그래프는 1980~2020년까지 40년 동안 그 해 최저가로 주식을 샀다면, 그로부터 10년 이내에 5배 상승(파이브 배거)한 종목이나 10배 상승(텐 배거)한 종목이 전체 중 어느 정도 비율에 달했는지를 나타낸 것이다.

이것을 보면 예를 들어, 2008~2012년까지 5년 동안 그해의 최저가로 주식을 샀다면 40~50%의 비율로 그로부터 10년 이내에 5배 상승을 달성한 것을 알 수 있다. 더 나아가 전체의 15~20%는 10년 이내에 10배 상승을 달성한 것을 알 수 있다.

물론 그해의 최저가로 주식을 산다는 것은 매우 어려운 일이다. 최고

도표 41 　파이브 배거·텐 배거 종목의 수

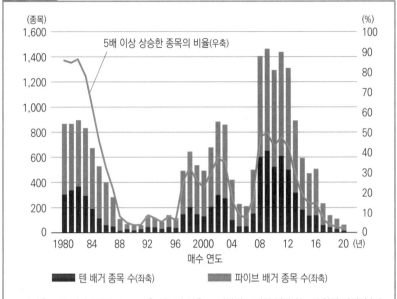

* 대상은 모든 상장 종목으로, 그다음 해부터 이후 10년간의 고점이 해당 연도의 연간 저점의 '10 배 이상', '5~10배'가 된 종목 수를 그래프로 나타냈다. 매수 연도가 2011년인 경우, 다음 해부 터 2021년 1월 14일까지의 고점에 대한 배수로 계산했다. 권리락 조정 후의 연간 고점·저점은 QUICK.

(출처 : 마에다 마사타카(前田昌孝) 《주식 시장의 진실한 이야기》)

가로 파는 것도 마찬가지다. 하지만 5배 상승을 달성했다는 것은 최저 가보다 25% 높은 가격에 사고, 최고가보다 25% 낮은 가격에 팔았어 도 3배 이상의 상승을 얻을 수 있었다는 것을 의미한다. 같은 조건에서 10배 상승한 주식을 선택할 수 있었다면 자산을 6배 이상 늘릴 수 있었 던 것이다. 유명한 투자 명언 중에 '머리와 꼬리는 남에게 줘라'는 말이 있는데, 바로 지금과 같은 상황에 해당한다.

부디 당신도 그해의 저점에서 25% 높은 가격에 사도 아직 충분히 저렴하게 산 것이라는 감각을 가지길 바란다. 최저점이나 최고점 같은 절묘한 타이밍에 매매하는 천재가 될 필요는 전혀 없다. 적당히 싸게 사고 충분히 시간을 두면 매우 많은 기업이 당신의 기대에 부응할 것이다.

38 3~5년 동안 장기 보유한다

　VE 투자에서 시간 축을 3~5년으로 설정하는 것을 잊어서는 안 된다. 기업의 성장은 시간이 걸리는 것이다. 또한 사람들의 저평가가 변하는 데도 시간이 걸린다. 처음부터 '어차피 당분간은 오르지 않을 것'이라는 마음가짐으로 느긋하게 보유할 각오가 중요하다. 만약 실적은 좋은데 1년이 지나도 2년이 지나도 전혀 오르지 않는다면 VE 투자 목록의 'EPS↑ 주가→' 상태가 지속되는 것이고 가치는 더 상승하게 된다. 당신은 더 큰 이득을 가진 주식을 보유하게 되는 것이다. 즉, 실적이 순조롭다면 주가가 잘 오르지 않는다는 이유만으로 매도하는 행동은 절대 피했으면 한다.

　하지만 너무 먼 미래까지 시간 축을 늘리게 되면, 현실과 동떨어진 공상이나 망상의 세계에 빠지게 된다. 〈도표 41〉의 데이터는 10년 이내라는 시간 축이 설정되어 있지만, 목표 설정 단계에서 10년이라는 시간 축은 너무 길다. 시간 축은 '3~5년', 목표 상승률은 '2배 이상'. 이 정도 목표라면 투자 대상이 상당히 많다. 또한 성공했을 경우 수익도 충분할 것이다.

　단, 반드시 3~5년을 보유해야 한다는 의미는 아니다. 운 좋게 반년 만에 목표 주가에 도달했다면 빨리 팔아도 된다. 이미 저평가가 해소되고 몇 년 치의 성장도 반영되었다면, 그 이후는 기세를 중시하는 모멘텀 투자자나 모든 것을 사들이는 인덱스 투자자 정도만 매수할 것이기 때문이다. 아마 다른 곳을 찾으면 더 좋은 주식을 발견할 수 있을 것이다.

일단 '3~5년 동안 2~3배 상승'을 목표로 설정하고 실제로 주식을 보유해보자. 그런 다음 예상보다 크게 실적이 확대되는 경우, 그 이상의 기간, 예를 들어 7년이나 10년 동안 계속해서 장기 보유해 5배나 10배로 큰 상승을 노려보는 것도 좋다. 그런 자세라면 힘들이지 않고 자연스럽게 싸울 수 있을 것이다.

즉, 3~5년 이내에 반드시 팔아야 한다는 이야기도 아니다. 투자한 기업이 경쟁력을 갖추었고 전망도 점점 밝아진다면 몇 년을 보유해도 상관없다.

주식을 보유하면 '오늘은 얼마나 올랐을까?', 혹은 '환율이 크게 변동했다' 등 일일 변동이나 단기적인 외부 환경에만 신경을 쓰게 된다. 하지만 장기적으로 봤을 때 이것들은 그저 잡음일 뿐이다. 그런 것들에 신경을 쓰다 보면 오히려 봐야 할 것을 보지 못하게 된다. 당신의 초조함이나 짜증을 뛰어난 단기 트레이더나 작전 세력들이 노리고 있다. 당신은 쉽게 그들의 먹잇감이 될 수 있다. 먼 산을 본다는 감각으로 발밑의 작은 내리막길이나 우회로에 신경을 쓰지 말아야 한다. 시간 축을 3~5년으로 설정한다는 것은 그런 의미다.

39 밝은 미래를 가진 기업에만 투자한다

워런 버핏은 "사업이 잘되면 결국 주가는 따라온다"라고 말했다. 많은 사람들이 버핏을 가치주 투자자라고 생각한다. 하지만 그를 자세히 조사해보면, 그가 성장주 투자자이기도 하다는 것을 알 수 있다. 버핏은 성장주 투자도 가치주 투자도 동일한 것으로 여기며 성장하는 기업을 적절하게 매수하는 것이 중요하다고 생각하고 있다.

결국 주가가 따라올지의 여부는 사업이 잘될지에 달려 있다. 나도 가치 투자를 꽤 연구하고 실천해왔지만, 이 생각은 해가 갈수록 강해지고 있다. 시장은 성장을 높이 평가하고 정체를 싫어한다. 이는 자본주의의 법칙과도 같은 것이다. 자본주의 사회에서는 성장이 절대적인 선이며, '주식 시장은 세계의 성장을 촉진하는 장치'라고 많은 사람이 믿어 의심치 않는다. 이 질서가 무너지지 않는 한 가치주 투자라 해도 성장주 투자의 요소를 무시해서는 안 된다. 충분한 저평가와 충분한 성장 요소, 이 2가지가 겹쳐져야만 시장에서 평가를 받을 수 있다.

40 최고의 5가지 종목에 집중 투자한다

워런 버핏이나 피터 린치 같은 저명한 투자자들은 5~10가지 종목에 집중 투자하는 것의 중요성을 강조하고 있다. 1가지 종목이나 2가지 종목만으로는 리스크가 너무 크다. 반면에 50가지나 100가지 종목이 되면 그렇게 많은 종목을 관리하기 어렵고 대박 종목이 나와도 다른 종목들이 발목을 잡아 자산이 크게 늘지 않는다. 집중하면서도 분산하는 것이 요령이다.

나는 이것을 계속 실천해왔다. 5~7가지 종목 정도를 엄선하는 투자 스타일로 지금까지 어찌어찌 자산을 늘릴 수 있었다. 실제로 해보니 집중과 분산의 균형이 좋아서 큰 손해 없이 안정적으로 수익을 낼 수 있었다.

먼저 예산이 100만 엔이라면 대략 1종목에 20만 엔씩 할당한다는 생각으로 유망주 5가지를 찾아보자. 유망주의 주가가 4,000엔일 수도 있다. 100주 단위라면 최소 40만 엔이 필요할 것이다. 그래도 상관없다. 다소 균형이 맞지 않아도 괜찮으니 자신이 유망하다고 생각하는 주식 5가지를 사자. 아무리 열심히 찾아도 좋은 주식을 3개밖에 찾지 못할 수도 있다. 그래도 괜찮다. 3가지 종목에 대략 30만 엔씩 예산을 배분하고 나머지 10만 엔은 인덱스 펀드(ETF) 같은 것으로 운용하면 된다. 나중에 좋은 주식을 발견하면 인덱스 펀드나 보유 주식의 일부를 팔아 4번째 주식을 사면 된다. 만약 확신이 있다면 그 3가지 종목에 모든 예산을 써도 된다. 무조건 5가지 종목을 사겠다는 발상은 버리는 편이 좋다. 어쨌든 자신이 납득할 수 있는 최고의 종목으로 구성하는 것이 중요하다.

반대로 8가지 종목을 발견했다면 최대한 5가지로 좁혀보자. 최고의 5가지 종목으로 압축하는 작업을 통해 당신의 투자 능력은 점점 높아질 것이다. 하지만 도저히 8가지 종목의 우열을 가리기 어렵다면 8가지 종목이어도 괜찮다. 무조건 5가지 종목을 골라야 한다는 규칙은 아니다. 하지만 50가지 종목이나 100가지 종목을 보유하는 것은 이 투자법에서는 추천하지 않는다. 종목 선택이 소홀해질 뿐만 아니라 성공했을 때의 수익도 적어진다.

자금이 적을 때는 분산을 포기하고 집중에 우선하자. 분산 투자는 방어 전략이다. 이미 성공을 거둔 부자들에게는 매우 중요한 개념이다. 그러나 아직 자금력이 부족한 도전 단계에서는 집중 투자를 해도 어쩔 수 없다. 충분히 싸울 수 없는 수준에 전력이 부족할 때 역사 속 영웅들은 모두 방어가 아닌 공격을 우선시했다. 오케하자마 전투(桶狹間の戰い)에서 오다 노부나가(織田信長)가 소수의 정예병을 데리고 적의 본진에 돌진한 것처럼, 당신이 선택한 당신의 자신 있는 주식으로 집중 투자를 하자.

지금 당신에게 30만 엔은 큰돈일지 모르지만, 그것이 여유 자금이라면 인생이라는 측면에서 보면 있어도 그만 없어도 그만인 수준이다. 만약 실패하더라도 해외여행을 갔다가 폭풍우를 만나 고생한 정도로 생각하면 된다. 여기서는 100만 엔이라는 예산을 전제로 말했지만 '그런 큰돈은 없다'라고 한다면, 예를 들어 최근에는 1주 단위로 주식 거래를 할 수 있는 애플리케이션도 있다. 그런 소액 투자 서비스를 이용해 몇천 엔부터 연습해보는 것도 좋을 것이다.

 ## 41 보너스 포인트가 될 만한 재료를 찾는다

가치주 투자자가 가장 주의해야 할 것은 '가치 함정'이라 불리는, 즉 시간이 지나도 주가가 오르지 않는 현상이다. 이를 피하기 위한 첫 번째 방법은 '2배 이상 오를 수 있는 충분히 저평가된 주식만 노리는 것'이다. 다음으로는 '미래가 밝은 기업에만 투자하는 방법'이 있다. 하지만 추가적인 확신이 있으면 좋다.

예를 들어, '최근 시작한 새로운 사업이 점차 주목을 받고 있다'라거나 '해외 진출을 시작한 지 3년이 지나 드디어 수익에 공헌할 것 같다'라는 등의 플러스알파 재료가 필요하다. 그런 요소들이 좋은 방향으로 작용하지 않더라도 2배 이상을 노릴 수 있지만 잘 맞아떨어진다면 3배, 5배 상승도 꿈이 아닌 종목을 찾아내고 싶다. 나는 이러한 성장의 싹을 보너스 포인트처럼 여겨 평가를 한 단계 올리고 있다. 선정 결과, 우열을 가리기 어려운 두 종목이 남았다고 가정하자. 물론 둘 다 사도 좋지만, 자금력이 부족하다면 이 보너스 포인트의 차이로 최종 결정을 내리면 좋다.

주의할 점은 여기서 말하는 재료는 단기 트레이더들이 떠들어대는 시류에 맞춘 테마성을 말하는 것이 아니라는 것이다. 그런 테마성만으로 일시적으로 매수한 주식이 이후 실제로 성장한 경우를 거의 본 적이 없다. 바이오 벤처의 세계를 바꿀 것 같은 약, 드론이나 3D 프린터 같은 놀라운 해외 기술 등은 잘 살펴보면 대단한 이야기가 아니었지만, 큰 소란을 일으키며 흥분했다가 그 후에는 아무 일도 없었던 것처럼 세상에서 잊혔다. 여기서 말하는 재료란 어디까지나 사업성이 동반된 성장의 싹을 의미한다.

Lesson 10

매매의
실제

해야 할 것과
하지 말아야 할 것

42 기계적인 손절매(Stop loss)를 해서는 안 된다

바이앤홀드 전략을 결정하고 3~5년 동안 장기 보유라는 시간 설정을한 시점에서 기계적인 손절매(Stop loss)는 '해서는 안 되는 일'로 구분할필요가 있다. 손절매는 단기 트레이더들 사이에서 가장 중요한 기술로추천되며, 당신도 수많은 투자 서적이나 투자 사이트에서 '무엇보다도손절매만은 철저히 하라'는 가르침을 받았을 것이다. 하지만 바이앤홀드에서 손절매는 절대 해서는 안 되는 악수(惡手)가 된다.

손절매란, 신용거래 등에서 크게 레버리지를 걸고 승부를 보는 경우에 예상치 못한 큰 손실을 피하기 위해, 예를 들어 매입가에서 10% 하락했을 경우나 고점에서 10% 하락했을 경우에 무조건 기계적으로 매도하도록 설정하는 것이다. 대부분의 증권사에서 그러한 매도 주문을설정할 수 있다. 하지만 단기적인 가격 변동을 무시한다는 전제로 장기투자를 하는 바이앤홀드에서 손절매는 단점밖에 얻을 수 없다.

생각해보라. 일단 손절매를 설정한 시점에서 그 주식의 장기 보유는절망적이다. 3~5년이라는 오랜 기간 하방향의 가격 변동이 계속해서10% 이내에 머무르는 주식은 존재하지 않는다. 또한 그 손절매를 노리고 시세 조작적으로 주가를 하락시키는 '스톱 헌팅(Stop Hunting)'은 이제 단기 트레이더들의 기본 기술이라고 할 수 있다. 자신을 보호하기 위해 설정한 손절매 기준이야말로 타깃이 되어 강제로 손절매당하게 되는 것이다. 즉, 당신은 유망한 주식을 일부러 저가에 팔아야 하는 상황이 된다. 바이앤홀드와 손절매의 관계는 전혀 일관성이 없는 전략과 수

도표 42 손절매를 노리는 스톱헌팅

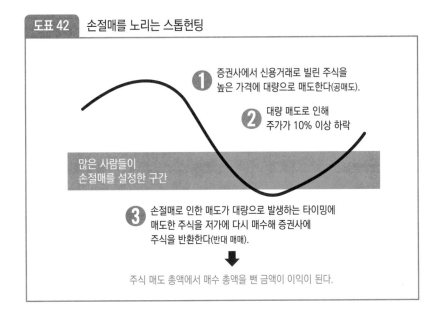

① 증권사에서 신용거래로 빌린 주식을
높은 가격에 대량으로 매도한다(공매도).

② 대량 매도로 인해
주가가 10% 이상 하락

많은 사람들이
손절매를 설정한 구간

③ 손절매로 인한 매도가 대량으로 발생하는 타이밍에
매도한 주식을 저가에 다시 매수해 증권사에
주식을 반환한다(반대 매매).

주식 매도 총액에서 매수 총액을 뺀 금액이 이익이 된다.

단의 관계라고 할 수밖에 없다.

　손절매 설정이 불가피할 정도의 레버리지는 바이앤홀드와 상성이 나
쁘다. 많은 개인 투자자들이 하루빨리 큰돈을 벌고자 신용거래에 손을
대지만 그것은 사람을 단기적으로 사고하게 만들어 결국 수렁의 입구
로 들어가게 한다. 빚을 내지 않더라도 2배 또는 3배라는 단위로 자산
을 눈덩이처럼 불릴 수 있다면 당신은 충분히 부자가 될 수 있다. 서두
르지 않는 것이 바이앤홀드에서 성공하는 비결이다.

43 노트에 투자 스토리를 작성해둔다

바이앤홀드를 마음에 두고 있어도 옥석이 섞인 다양한 투자 정보가 눈에 들어올 때마다 감정이 요동친다. 그 결과, '이 회사는 매우 유망하니까 연 매출이 1,000억 엔에 도달할 때까지 절대로 손에서 놓지 않겠어!'라고 맹세했어도 '그만 실수로 팔아버렸다'라는 가장 해서는 안 되는 행동을 취할 수 있다. 이러한 실패를 방지하려면 어떤 식으로든 대책이 필요하다.

익숙하지 않을 때는 메모 정도로도 좋으니 종목 선정에 관한 내용을 〈도표 43〉과 같은 시트에 정리해두는 편이 좋다.

두려움과 불안에 사로잡힌 불쌍한 미래의 자신을 위해 이 메모를 남겨두는 것이다. 보유를 계속할지, 팔아야 할지 중대한 결정을 내려야 하는 당신은 이것을 보고 틀림없이 중요한 사실을 기억해낼 것이다. 만약 그 걱정이 상황의 심각한 변화로 인해 발생한 것이며 향후 매출이나 비용에 중대한 영향을 미칠 것 같다면, 투자 스토리는 붕괴된다. 그때는 팔아야 한다. 포기하고 다른 곳으로 옮겨가야 한다.

만약 시장이 동요하고 있을 뿐 투자 스토리에는 아무런 문제가 없고 그저 자신도 함께 동요하고 있을 뿐이라면 홀드(보유 지속)한다. 오히려 매수를 검토해도 좋다. 바로 그 순간이 VE 투자 일람표에서 'EPS↑ 주가↓' 상태이기 때문이다. 물론 자신이 세운 투자 스토리가 크게 틀렸을 수도 있다. 즉, 당신의 실력도 이 시트가 알려준다. 꾸준히 작성해나가면 점차 승률 향상을 도모할 수 있을 것이다.

투자 스토리 메모(MCJ 주식의 사례, 사례 편 2에 기재)

기업명	MCJ	증권코드	6670
1차 선정일(2020. 1. 10)		2차 선정일(2020. 3. 25)	
EPS 경향	↑	장래성	매우 밝음
사계보(四季報) 추정 EPS	82.6엔	실력치 기반 추정 EPS	100엔 이상
주가 경향 (장기)	→	주가 경향 (단기)	↑
주가	820엔	주가	600엔
추정 PER	9.9배	당신의 추정 PER	6배
PBR	1.9배	적정 PER	18.0배
투자 아이디어		투자 스토리	

투자 아이디어

- 최근 광고에서도 자주 보이는 마우스 컴퓨터가 주력. 비용 경쟁력이 있음.
- 컴퓨터 제조 및 판매를 생각하면 미국 델 컴퓨터의 성장기를 떠올리게 된다.
- 실적 확장에 비해 주가 상승이 따라오지 않아 가치는 확장 경향
- 2021년 3월 분기는 지난해의 윈도우7 지원 종료의 반동이 나타날 우려가 있다.

투자 스토리

태풍 피해 등 일시적인 요인을 제외하고 원격 근무 확대라는 긍정적 영향을 감안하면 실력 기반 추정 EPS는 100엔 이상이다. 하지만 이 회사는 수익이 커지면 광고비를 늘려 그만큼 이익이 줄어드는 경향이 있으므로 주의가 필요하다. 장기적으로는 컴퓨터는 내구성이 높고, 경기 변동의 영향을 받기 쉽다. 환율의 영향도 있어 그 부분은 감안해야 할 필요가 있다. 적정 PER은 18배 정도
목표 주가 = 실력치 기반 추정 EPS 100엔 × 적정 PER 18배 = 1,800엔. 600엔에 매수하면 3배 상승을 노릴 수 있다.

44 더 좋은 종목을 발견하면
갈아탄다

바이앤홀드에서 매도 규칙은 다음의 3가지다.

① 앞날이 어두워졌을 경우(성장이 멈췄을 때)

② 충분히 고평가되었을 경우(본질적인 가치에 비해 주가가 너무 높아졌을 때)

③ 더 좋은 종목을 발견했을 경우

하지만 실제로는 ①과 ②는 다소 애매한 기준이 될 수 있다. '어둡게 보이기도 하고 일시적인 현상이라 금방 회복될 것처럼 보이기도 한다. 상황이 완전히 분명해질 때까지 기다리다 보면 늦어버릴 것 같다', '이미 고평가 수준에 도달한 것처럼 보이기도 하고 최근의 실적 호조를 고려하면 아직도 저평가된 것처럼 보이기도 한다. 상황이 완전히 분명해 때까지 기다리다 보면 늦어버릴 거 같다.' 이런 식으로 망설임의 늪에 빠져버리게 된다.

그럴 때는 ③이 있으면 판단에 도움이 된다. '여기까지 오른다면 설령 앞으로도 실적 호조가 계속되더라도 ○○주식이 더 리스크가 적다. 일단 매도하고 갈아타야겠다'라는 식이다. '다음 3~5년 동안 어느 종목으로 2배 이상의 상승을 노리는 것이 좋은가?'라는 관점에서 비교해보면 된다.

다른 종목으로 갈아탈 때는 이익이 난 주식을 팔고 오를 것 같은 다른 주식을 사는 것은 가능하지만 하락으로 인해 손실이 발생한 주식을 팔고 오를 것 같은 다른 주식으로 갈아타는 것은 심리적으로 어렵다고 느끼는 사람도 많을 것이다.

하지만 당신이 그 주식을 얼마에 샀는지는 VE 투자에서 판단 기준이 되지 않는다. 기업의 본질적인 가치에 비해 주가가 저평가되어 있는지, 그리고 전망이 밝고 본질적인 가치가 확대될 가능성이 있는지, 이 2가지 점만을 판단 기준으로 삼아야 한다. "손실을 본 것과 동일한 방법으로 손실을 만회할 필요는 없다"라고 워런 버핏은 말한다.

나는 내가 보유한 것 중 하락한 주식과 하락한 다른 유망 주식을 비교해서 더 효율적이라고 판단될 경우, 주저하지 않고 갈아탔다. 매도와 동시에 매수를 반복하면서 시장 전체의 하락이나 상승 관련 영향은 감수하더라도 나에게 더욱 만족스러운 포트폴리오 만들기에 전념했다. 단, 남의 떡이 더 커 보이기 쉬우므로 ③에 대해서는 허들을 높게 설정할 필요가 있다. 적어도 보유 종목과 동등하거나 '조금 더 나은' 정도라면 갈아타지 않는다.

도표 44	VE 투자법에서의 매도 규칙

① 앞날이 어두워졌을 경우
② 충분히 고평가되었을 경우
③ 더 좋은 종목을 발견했을 경우

중장기적인 성장 스토리가 의심스러워졌을 때는 즉시 다른 종목으로 갈아타야 한다. 이 경우, 중요한 것은 주전 선수의 상태가 나빠졌을 때를 대비해 항상 교체 선수를 준비해두는 것이다.

45 초보자가 찾기 쉬운 것은 시가총액 500억 엔 이하의 중소형주

VE 투자법에서 초보자가 찾기 쉬운 것은 아마도 시가총액이 500억 엔 이하의 중소형주일 것이다. 그 이유는 다음과 같다.

첫째, 사업 구조가 단순해 경영자가 무엇을 하려고 하는지 알기 쉽다.

둘째, 회사가 아직 작기 때문에 잘되기 시작하면 성장할 여지가 크다. 1조 엔 기업이 10조 엔 기업이 되는 것보다 30억 엔 기업이 300억 엔 기업이 될 가능성이 훨씬 크다.

셋째, 개인 투자자 수준에서도 경영자 클래스와 소통할 기회가 많다. 가끔 증권사나 신문사 주최 주식 포럼에 참가해보자. 만약 관심 있는 기업이 출전해 있다면 경영자나 임원과 직접 대화할 수도 있다. 주주총회도 소규모로 진행되며 당신이 말하지 않으면 아무도 말하지 않을 가능성마저 있다. 여러 가지 질문을 해서 의문을 줄일 수 있다면 그만큼 자신감이 생겨 장기 보유 시에도 견딜 수 있다.

또한 소형 성장주는 인터넷 정보가 매우 적다. 구글 뉴스 란에 기업명을 검색해도 3개월 전에 지역 사회 공헌 활동을 했다는 작은 지방 신문 기사나 3년 전에 상장이 결정되었을 때의 사장 인터뷰 기사만 나올 수 있다. 주식 관련 사이트나 야후 파이낸스에는 무슨 어려운 기술적 지표가 매수 존에 들어갔다거나 PER이나 배당 수익률 관점에서 저평가 종목 순위에 올랐다는 등의 정보가 올라오는데, 장기 투자 관점에서는 알아도 몰라도 거의 상관이 없거나 이미 알고 있는 정보가 업로드될 뿐이다.

따라서, 당신은 그 기업의 구체적인 제품명으로 검색해 사용자 평판을 조사하거나 그 기업이 속한 업계 정보를 수집하려고 할 것이다. 그것이 좋다. 애초에 당신이 알아보려고 하지도 않는데 일방적으로 눈에 들어오는 정보에는 큰 가치가 없다. 그렇지 않고 당신이 능동적으로 움직여서 겨우 찾아낼 수 있는 정보를 많이 수집하는 것이 중요하다. 물론 인터넷 검색에 그치지 않고 실제로 매장에 가서 제품이나 서비스를 확인하고 그것을 실제로 구매해보는 경험도 필요하다. 앞으로 많이 팔릴 것 같은지, 경쟁사에 지지는 않을 것 같은지, 소비자이자 주주인 당신은 사용자 당사자로서 뛰어난 분석을 할 수 있을 것이다.

46 소형주에는 유동성 리스크가 있지만 꿈도 있다

시가총액이 300억 엔을 밑도는 소형주 중에는 거래량이 극도로 적은 주식도 많다. 하루 거래량이 매우 적은 소형주는 팔고 싶을 때 팔 수 없는 유동성 리스크가 존재한다.

많은 투자자들은 이처럼 작은 주식에 투자하는 것을 꺼린다. 거대한 자금을 다루는 기관 투자자에게는 상대가 되지 않고, 언제든지 매매할 수 있는 것이 대전제인 단기 트레이더도 접근하지 않는다. 결국 많은 소형주가 저가에 방치되어 있는데, 그것이 바로 노림수다. 소액으로 투자를 즐기는 개인 투자자에게 이것은 큰 리스크가 아니다.

당신의 투자 예산이 1,000만 엔 이하라고 가정해보자. 가령 5~10종목에 투자한다고 할 때, 한 종목당 금액은 100~200만 엔 정도가 될 것이다. 그 정도라면 거래량이 조금 적어도 큰 문제가 되지 않는다. 물론 시초에 전부 시장가로 매도하면 당신의 매도만으로 주가가 하락할 수 있지만, 여러 번에 나누어 적절하게 매도하면 시장에 큰 영향을 주지 않고 매매를 성사시킬 수 있다.

한편 소형주에는 꿈이 있다. 시가총액 1조 엔 기업이 더 성장해 10조 엔이 되는 일은 매우 드물지만, 시가총액 50억 엔 기업이 500억 엔 규모로 성장하는 것은 비교적 자주 일어난다. 대박을 노린다면 소형주다. 기관 투자자나 단기 트레이더가 상대하지 않는다면, 우리 같은 개인 투자자야말로 소형주를 보는 눈을 키워 주요 후원자가 되었으면 한다.

참고로 충분한 자신이 있을 때 나는 바로는 팔 수 없는 수준까지 주식을 매수한다. 하루 거래량이 수천 주인 소형주를 수만 주 매수하는 것이다. 이렇게 하면 '이 회사가 대성공할 때까지 절대 팔지 않겠다'라고 마음을 다잡게 된다. 충분히 주가가 오르고 거래량이 늘기 시작하면, 마침내 기관 투자자나 단기 트레이더가 매수하러 들어온다. 그들에게 팔면 된다. 그때는 거래량을 신경 쓰지 않고 매도할 수 있게 될 것이다.

 새의 눈, 벌레의 눈, 물고기의 눈을 활용한다

경영의 세계에서는 새의 눈, 벌레의 눈, 물고기의 눈이 중요하다고 일컬어진다. '새의 눈'은 '사물을 조망해 전체를 크게 포착하는 능력'이다. 반대로 '벌레의 눈'은 '하나의 사물을 확대해 세부적으로 분석하는 힘'이다. '물고기의 눈'은 '조류의 흐름을 보는 눈'으로, 즉 '시대나 시장의 흐름을 읽는 힘'이라고 할 수 있다. 주식 투자를 할 때도 이 3가지는 중요한 관점이다.

VE 투자 일람표는 변화와 절대치를 동시에 보는 도구다. 새의 눈과 물고기의 눈을 동시에 사용해 실적과 주가의 변화를 읽어내는 도구라고 할 수 있다. 그렇기에 지나치게 단기적인 관점으로 사용하는 것이 아니다. 먼저 5~10년과 같은 장기 차트와 장기 실적을 비교해보자.

한편 벌레의 눈을 무시해서는 안 된다. 최근의 작은 변화가 큰 흐름의 징조가 될 수 있다. 최근 분기의 결산 변화와 1년 이내 정도의 차트를 비교해보는 것도 중요하다. '최근 일어나기 시작한 저 변화가 주가에 반영되지 않았다. 실적과 관련해서는 아직 영향이 미미하지만, 앞으로는 수익에 크게 기여할 것이다'라는 깨달음이다. 즉 5~10년 단위의 실적과 차트의 변화에 추가로, 1년 이내 정도의 실적과 차트의 비교라는 2가지 관점이 유효하다고 할 수 있다. '왜, 실적이 순조로울까?'에 덧붙여 '왜 주가는 실적과 연동되지 않았을까?'의 원인을 찾아보는 것이다.

그다음으로는 가장 중요한 것인데, 진정한 의미에서의 벌레의 눈, 즉 결산서를 상세히 확인하고 인터넷이나 책에서 그 회사에 관한 정보를 수집하며 경영자의 인품을 알고 상품이나 서비스를 체험하고, 취업 사이트에서 직원들의 업무 태도와 평판을 확인하는 작업이 꼭 필요하다.

 48 ## 혼란한 시기에는 VE 투자 일람표를 다시 점검해본다

약간의 탐색 팁인데, 주식 시장이 혼란스러워서 폭락하거나 크게 조정될 때는 〈도표 31〉 VE 투자 일람표의 ❷, ❸, ❹에서 솔직하게 저렴한 성장주를 찾아보는 것이 좋다. 평소에는 비싸서 손을 델 수 없는 실력주도 과잉 반응으로 가격이 하락하기 때문에 놀라울 정도로 저렴하게 살

수 있는 기회다. 반면 주식 시장이 안정되면 성장 기업의 주가는 상승해 저렴하게 살 기회는 점점 줄어든다. 그렇게 되면 이번에는 ❶~❺를 차별하지 않고 꼼꼼히 조사하는 작업이 필요하다.

혼란기에 집중적으로 ❷, ❸, ❹로 찾아낸 엄선된 주식은 그 후 주가가 상승해 가격적인 메리트가 줄어들었더라도 경제가 안정되면 이익 성장이 기대 이상으로 진행되는 경우가 있다. 이 경우에는 잘 모르는 주식에 손을 대기보다 오랫동안 보유해온 기업의 주식이 좋다. 그 회사에 대한 당신의 지식 수준이 깊어져 다양한 리스크에 대응할 가능성이 크기 때문이다. 그래서 완전히 익숙한 좋아하는 주식을 가능한 한 오래 보유하면서도 만약 더 유망한 비인기 성장주나 실적 회복주를 찾을 수 있다면 일부를 매도하고 그쪽으로 갈아타는 전략이 효과적이다.

도표 45 | 시장 혼란기에 따른 탐색 범위

	❶	❷	❸	❹	❺
EPS의 변화	→	↑	↑	↑↑	↓
주가의 변화	↓	↓	→	↑	↓↓
추정 PER					

주식 시장이 혼란스러울 때는 VE 투자 일람표의 ❷, ❸, ❹를 통해 솔직하게 저평가 성장주를 찾는 것이 좋다. 보통은 비싸서 살 수 없었던 실력주를 깜짝 놀랄 정도로 저렴하게 매수할 수 있는 기회이기 때문이다. 한편으로 주식 시장이 안정되면 성장주를 저렴하게 살 수 있는 기회는 줄어든다. 그렇게 되면 이번에는 ❶~❺를 차별하지 않고 공들여 조사하는 편이 좋다.

49 폭락할 때 주목해야 할 것은 질서의 '붕괴'가 아니라 '변화'다

폭락 국면에서는 기존의 전제가 크게 무너지기 때문에 (그래서 폭락하는 것이지만) 단순한 트렌드 분석만으로는 대처할 수 없다. 기존의 성장 기업이 더 이상은 성장 기업이 아니게 될 위험이 존재하기 때문이다. 따라서 미래를 예측하는 능력이 시험된다. 사실 미래를 예측하기 위해서는 먼저 다음과 같은 4가지 패턴으로 사물을 분류할 필요가 있다.

(a) 예측 가능한 영역 (예 : 고령화 사회)

(b) 시나리오 분석으로 대응해야 할 영역 (예 : 포스트 코로나, AI가 보급된 미래)

(c) 트렌드 분석으로 대응해야 할 영역 (예 : 성장 기업의 가까운 미래의 실적, 브랜드의 인지도 경향)

(d) 예측 불가능한 영역 (예 : 화산 폭발, 대규모 테러)

미래학자들에 따르면, 화산 폭발과 대규모 테러도 시나리오 분석 범위에 속한다고 한다. 발생할 가능성은 충분히 예측할 수 있지만, 그것이 언제, 어디서, 어느 정도의 규모로 발생할지는 알 수 없다. 그런 것은 사전에 시나리오 분석을 통해 대처 방법을 검토해둔다고 한다. 그러나 주식 투자자에게 이는 너무나 빈도가 낮기 때문에 (d) 예측 불가능한 영역으로 분류해도 좋을 것이다. 주식 시장에서는 발생 빈도는 극히 낮지만, 발생했을 때는 임팩트가 엄청난 현상을 '블랙 스완'이라고 부른다. 전 금융 트레이더 나심 니콜라스 탈레브(Nassim Nicholas Taleb)의 저서에서 유래한 단어다.

그런데 수많은 주식 투자자들은 (a) 예측 가능한 영역과 (c) 트렌드 분석으로 미래를 예측한다. 데이터가 갖추어져 있고 객관성이 높기 때문이다. 하지만 누구나 객관적으로 확인할 수 있는 그런 영역에서만 승부하면 얻을 수 있는 이익은 작다. 대부분의 경우 주가는 이미 그러한 트렌드나 사실을 반영하고 있기 때문이다. 당신이 그런 정보만으로 시장보다 뛰어난 판단을 할 가능성은 지극히 낮다. 수많은 사람에게 평가를 받는 대형 주식은 더더욱 그렇다. 따라서 돈을 벌고 싶다면, (b) 시나리오 분석과 (d) 예측 불가능한 영역의 조합을 더 중시해야 한다.

신종 코로나바이러스와 같은 예측할 수 없었던 사태가 발생했을 때, 신속하게 시나리오 분석을 진행해, 사람들이 패닉에 빠지고 질서가 붕괴되는 바로 그 타이밍에 매수하는 것이다. 대폭락 시 주목해야 할 것은 '질서의 붕괴'가 아니라 '변화'다. 대폭락은 변화의 징조이며, 변화를 위한 기회로 받아들여야 한다.

앞으로 무엇이 어떻게 변할까? 그런 경우, 어느 종목이 가장 먼저 회복할까? 혹은 애초에 피해조차 받지 않는 종목은 없을까? 그곳에 신경을 집중시키는 것이다. 사실 대폭락 시기가 아니더라도 주식 시장은 여러 크고 작은 변화들로 가득하다. 그것은 기술의 변화일 수도 있고, 사회 제도의 변화일 수도 있으며 사람들의 행동 변화일 수도 있다. 그 변화의 징조를 감성과 논리적 사고를 총동원해 분석하고, 용기를 내어 거머쥔다. 바로 그런 행동력이 시험 되는 것이다.

깨닫기만 해서는 안 된다. 대부분의 사람들은 사실 거의 모든 것을 알고 있다. 결국, 중요한 것은 주식을 산다는 행동으로 이어지는 것이다. 그것이 수반되지 않으면 당신은 아무것도 변하지 않을 것이다.

사례 편 1

가치주 투자의
성공 사례

성공 사례 01

디브이엑스(DVx)
너무 작은 주식, 크나큰 가치

2008년 9월 리먼 브러더스 사태가 발생하면서 주식 시장은 말 그대로 붕괴 상태에 빠졌다. 특히 소형주는 처참한 상황이었고, 훌륭한 성장주도 PER 10배를 크게 밑돌며 깜짝 놀랄 정도로 할인된 가격에 팔리고 있었다. 심장 박동기 등의 의료 기기를 판매하고 있던 디브이엑스(DVx, 3079)도 그런 세일 주식 중 하나였다. 나는 이 DVx 주식으로 10배 상승이라는 성공을 거둘 수 있었다.

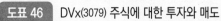

도표 46 DVx(3079) 주식에 대한 투자와 매도

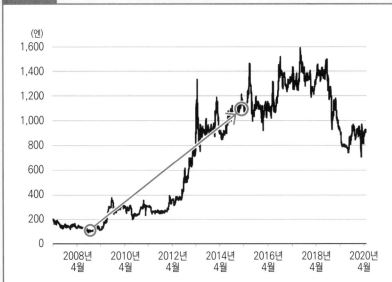

나는 자스닥에 막 상장된 시가총액 12억 엔 정도의 초소형주 DVx를 사 모았다. 견고하고 성실한 경영에 실적은 계속해서 우상향했고, 2014년 9월에 도쿄증권거래소 1부에 상장하는 것을 지켜보고 이 주식을 매도했다. 10배 상승! 흔히 말하는 텐 배거주다.

당시 DVx의 회사 추정 PER은 5배를 밑돌고 있었다. 하지만 실적은 순조로웠다. 창업 이래 20년 이상 거의 일관되게 매출과 이익이 증가하고 있었다. 이처럼 훌륭한 성장 기업의 주식이 이렇게 저렴한 것이 너무나 이상했다. VE 투자 기준으로 설명하면, 〈도표 48〉과 같은 느낌이다.

리먼 브러더스 사태로 세계적으로 대불황이 확산되는 가운데 그 영향을 직접적으로 받는 경기민감주는 사기 어려웠다. 그래서 대량으로 저

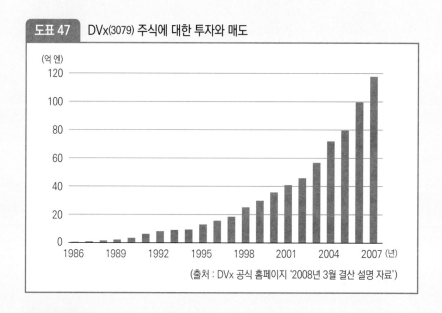

도표 47 DVx(3079) 주식에 대한 투자와 매도

(억 엔)

(출처 : DVx 공식 홈페이지 '2008년 3월 결산 설명 자료')

도표 48 DVx(3079) VE 투자 일람표

	❶	❷	❸	❹	❺
EPS의 변화	→	↑	↑	↑ ↑	↓
주가의 변화	↓	↓	→	↑	↓ ↓
추정 PER		4.8			

가에 방치된 저평가 소형주 중에서 특히 수요가 안정적인 의료 관련주에 주목해 하나하나 조사를 반복한 결과, 이 종목을 발견하게 된 것이다.

▌성장의 구조를 조사하다

DVx 창업자인 와카바야시 마코토(若林誠) 씨는 아무런 지원 없이 이 회사를 설립하고 의료용 기기 및 관련 상품의 판매를 위해 끊임없이 노력해온 영업맨이다. 사실 나도 젊었을 때 새로운 사업 분야에서 개척 영업을 오랫동안 담당했던 경험이 있다. 새로운 아이디어를 제안하면서 신상품을 판매하는 개척 영업은 매우 힘들지만, 일단 판매에 성공하면 한동안은 우선해서 판매할 수 있게 된다.

그래서 업종은 다를지라도 나는 이 회사가 행하고 있는 의료용 기기의 개척 판매 비즈니스를 쉽게 상상할 수 있었다. 아직 작은 이 회사는 판매 거점을 전국으로 확장해 매출을 늘리는 전략을 취하고 있었다. 맥도날드도, 세븐일레븐도, 유니클로도, 니토리도 판매 거점을 전국으로 확장하는 과정에서 급성장해 주가를 급등시켰다.

성장주를 분석할 때 가장 중요한 것은 그 성장 구조를 아는 것이다. 그리고 판매 거점의 확장만큼 믿을 수 있는 성장 구조는 없다. 세계의 균일화·동질화는 이렇게 진행되는 것이다. 나는 100엔 전후(그 후 주식 분할이 있었기 때문에 2020년 5월 말 현재 주가를 기준으로 수정)로 이 주식을 사서 계속 보유했다. 주주에게는 매년 영업 사원의 경험담을 모은 책 1권이 배달되었다. 책을 읽으면 이 회사의 사업 구조를 더 이해할 수 있게 되어 안심하고 보유할 수 있었다.

■ 10배 이상 상승 후 매도

결국, 신흥시장인 자스닥에 상장되어 있던 이 회사는 2014년 9월, 드디어 도쿄증권거래소 1부 상장 기업이 되어 일류의 반열에 올랐다. EPS는 2009년 3월 분기에 25.4엔이었던 것이 6년 후인 2015년 3월 분기에는 81.6엔으로 3.2배 증가했고, PER도 믿을 수 없을 정도로 평가가 낮았던 5배 전후에서 평균 수준인 16배 전후로 수정되어 주가는 10배 이상 대폭 상승했다. 마침내 적절한 수준까지 주가가 상승했다고 판단한 나는 이 주식을 매도했다.

월그룹
경기 확대 시기에 경기민감주로 승부

DVx를 매도해 상당한 자금을 마련한 나는, 〈사계보〉를 독파하며 다음 구매 후보를 물색하고 있었다. 당시 2015년은 2013년에 시작된 아베노믹스가 이미 큰 성과를 내기 시작해 일본 국내 경기가 순조롭게 회복되고 있었다. 이렇게 되면 DVx와 같은 경기방어주보다 경기의 영향을 더 받기 쉬운 순환주 중에서 유망주가 나올 수 있다. 탐색 축을 그쪽으로 옮기자 한 신흥 인재 파견 회사에 눈길이 갔다. 바로 월그룹(6089)이다.

먼저, 〈도표 49〉의 차트를 살펴보자. 주가는 2013년 12월 19일 상장 직후의 종가 332엔(그 후 주식 분할이 있었기 때문에 2020년 5월 말 현재 주가를 기준으로 수정)에서 하락해 200엔을 밑돈 지점을 바닥으로 찍은 후 반등하고 있다. 나는 2015년 2월경부터 이 주식을 사기 시작했는데 평균 매입가는 320엔 전후였다.

▮ 상장 직후 하락했다가 대박 터지는 주식

나는 이처럼 상장 직후에 하락했다가 그 후 반등, 상승해 대박이 나는 주식을 여러 번 보아왔다. 기업이 새로 상장할 때는 많은 매체에서 뉴페이스로 소개해 일시적으로 시장의 주목을 받지만, 그 후 점점 잊히게 된다.

한편 일정 기간이 지나면 보호예수 중이던 기존 주주의 매도가 풀리기 때문에 인기가 없는 종목에 대량 매도가 나오기 시작해 주가는 하락할 수밖에 없다. 경영자가 아무리 노력해도 평가는 일정하지 않으며, 점차 인터넷에서는 '이런 주식을 사지 말았어야 했다', '경영자가 무능하다', '주가 대책을 마련하라'라는 등의 불만이 넘쳐나고 계속 하락하는 주가에 싫증이 난 개인 투자자들이 추가적으로 매도해 하락이 가속화된다. 그때는 나와 같은 가치 투자자들이 출전한다. 그러면 점차 바닥이 다져지고 주가가 반등해 상승이 시작된다.

내가 매수하려고 생각했던 2015년 2월경 윌그룹은 도쿄증권거래소 2부에서 1부로 승격이 완료되어 한때는 상승했지만, 재료가 모두 소진된 것 같은 느낌에 주가는 정체되고 있었다. 당시 추정 EPS는 30엔 전후, 추정 PER은 10배 전후였다. 한편 시장에서는 인력 부족이 심각해지기 시작했고 인력 파견 사업은 매우 좋은 수익 환경이 계속될 것으로 예상되었다.

▮ 일단 조금만 매수한 후, 주주총회에서 질문

하지만 상장 후 2년 정도밖에 지나지 않아 아직 정보가 너무 적었다. 그래서 계속해서 더 많은 정보 수집과 분석이 필요했다. 과거의 수익 트렌드는 급격히 확대되고 있었고, 앞으로도 인력 부족은 계속될 것이다. 내 주변 사람들도 '평생 이 회사에 헌신하겠다'라고 하는 신입사원이 계속 줄어들고 있음을 느끼고 있었다. 여기저기서 우수한 직원이 스카우트되고 반대로 필요한 인재는 경력직으로 채용하는 풍조가 가속화되었다.

도표 49 윌그룹(6089) 주식에 대한 투자와 매도

상장 직후 폭락했다가 그 후 크게 상승한 신생주가 많다. 나는 이런 현상을 'J커브 상승'이라고 부르고 있다. 윌그룹도 상장 후 폭락했다가 그 후 반등 상승의 조짐이 보였다. 나는 300엔 전후에서 이 주식을 구입했고, 1,000엔 전후에서 전량 매도했다. 3배 수익을 얻은 것이다.

도표 50 윌그룹(6089)의 VE 투자 일람표

	❶	❷	❸	❹	❺
EPS의 변화	→	↑	↑	↑↑	↓
주가의 변화	↓	↓	→	↑	↓↓
추정 PER			10		

나의 감은 '이 주식은 사야 한다'라고 말하고 있었다. 하지만 좀처럼 확신이 서지 않았다. 그래서 일단 주식을 조금만 매수한 다음 주주총회에 한번 참석해보기로 했다. 당일, 오전 휴가를 내고 회장에 들어간 나는 이 회사의 젊은 직원들의 활기찬 인사에 감탄했고 곧 운동부 같은 이 회사의 분위기를 좋아하게 되었다. 역시 인력 파견 회사다. 사람으로 움직이는 회사라는 것을 실감했다. 단상에서 설명하는 나와 같은 세대의 이케다 료스케(池田良介) 사장(현 회장)은 자신감이 넘쳤고, 그의 설명 속에서 현재 사업 환경이 매우 순조롭다는 것을 느낄 수 있었다.

나는 '어떤 직종의, 어떤 인재 파견이 수요가 많은지' 질문해보았다. 비밀 유지 관계로 자세한 설명은 할 수 없는 것 같았지만 대략적인 이미지는 잡을 수 있었다. '그렇군, 아직도 일이 많이 늘어날 것 같다.' 나는 즉시 그 회장 내에서 매수를 시작했고, 1개월 정도에 걸쳐 바로 팔수 없는 수준까지 보유 주식 수를 늘렸다.

▌3배 상승한 시점에서 조금씩 이익을 확정하고 유동성 리스크를 회피

그 후 실적은 순조로웠다. EPS는 29.0엔(2015년 3월 분기)이었던 것이 다음 해는 36.4엔, 그다음 해는 54.2엔으로 2년 만에 86%나 확대되었다. 이에 더해 이 회사의 평가도 높아져 PER은 10배 전후에서 20배 전후로, 유망한 성장주의 평균적인 수준까지 상승했다. 아직도 시장의 기세가 좋았지만, 나는 매수 가격의 3배를 넘긴 시점부터 조금씩 매도해 이익을 확정을 지었다. 이렇게 많이 올랐어도 아직 시가총액이 200억엔에 못 미치는 중소형 주식이다. 하락하기 시작하면 매도하기 어려워지는 것이 싫었다.

인력 파견 회사는 전형적인 경기민감주다. 경기가 나빠지면 순식간에 실업률이 상승하고, '파견 해고'가 가속화된다. 리먼 브러더스 사태로 그 무서움을 알게 된 나는 경기가 좋을 때 이 주식을 팔기로 했다.

성공 사례 03 소니
대부활을 예측하다

2015년은 '차이나 쇼크'라고 불리는 중국발 세계 동시 주가 폭락이 발생해 많은 주식 투자자들이 큰 손해를 보았다. 또한 '원유 가격도 하락해 오일 머니가 빠져나가고 있다'라는 관측이 나돌았고, 2016년에도 힘든 시장 상황이 계속되었다. 닛케이 평균 주가지수는 2만 엔 전후에서 1만 5,000엔 전후로 25% 이상 하락하며 질서가 무너졌다.

당연히 나는 눈을 크게 뜨고 유망한 주식을 찾고 있었지만, 소형 성장주에서 다소 고평가된 종목이 눈에 띄었을 뿐, 쉽게 좋은 주식을 발견할수 없었다. 마침 그 무렵 한 인터넷 기사에 내 블로그가 소개되었다. '참고가 되는 투자 블로그'라는 제목의 기사로, 영광스럽게도 내 블로그가 높은 평가를 받았다. 하지만 그중에 신경 쓰이는 한 마디가 있었다. '다만 이 블로그는 소형주 전문이다'라는 소개였다.

'뭐? 소형주 전문?' 조금 화가 났다. 물론 지금까지는 대형주에 비해 소형주 쪽이 압도적으로 좋은 종목이 많아서 굳이 대형주를 살 필요가 없었다. 그래서 소형주에 관한 기사만 쓰고 있었을 뿐이다. 하지만 소형주가 오히려 고평가되어 가격 책정 미스가 발생한 지금이라면 나도 당연히 대형주를 노린다.

'이렇게 된 이상 대형주로 멋지게 승리해서 깜짝 놀라게 해주겠다.' 그런 야망에 부풀어 올랐다. 하지만 대형주 중에서 바텀업 접근법(⇨50번)으로 꼼꼼하게 대상을 물색했지만 몇 개월이 지나도 명확한 VE 투자 후보를 찾아내지 못했다.

'역시 어렵군….' 살짝 반쯤 포기하려던 무렵, 가전제품 매장에 들어간 나는 문득 어떤 변화를 감지했다. 대부분의 가전제품 매장에서는 인기 상품을 '추천 상품', 또는 '인기 넘버원' 등의 팝업으로 홍보한다. 그 인기 넘버원 상품에 유독 소니 제품이 많이 들어 있다는 것을 알게 되었다. 텔레비전도, 비디오카메라도, 디지털카메라도, 헤드폰도…. 지난 몇 년간 완전히 잊고 있던 감각이었다. 하나하나 확인해보니 가격은 절대 저렴하지 않지만, 성능이나 사용 편의성이 뛰어났고 다른 곳에서는 찾을 수 없는 매력이 있었다. 대부분이 나도 갖고 싶다는 욕구가 들게 하는 것들이었다.

'혹시, 그 소니가 드디어 변하기 시작한 걸까?' 강렬한 영감을 받아 다른 매장들도 확인해보았다. 그러다 결정적인 제품을 발견했다. 바로, 글래스 사운드 스피커였다. 그것은 음악을 재생하는 스피커가 달린 조명 기구로 당시 매우 참신한 제품이었다. 부드러운 울림 속에서 그 불빛을 바라보며 나는 확신했다. '소니의 미래는 밝다.'

당시 소니(6758)에 대한 시장의 평가는 정말 바닥이었다. 리먼 브러더스 사태 이후 2009년 3월 분기부터 2015년 3월 분기까지 7년 중 무려 6년간 대규모 적자를 기록했고, 언론과 SNS에서는 소니의 쇠퇴를 재미 있게 다루고 있었다.

결산 자료를 보면, 자기자본비율은 15%를 밑돌고 있어 대형가전 제조업체로서는 위험 수준이었다. 연속적인 적자와 낮은 자기자본비율. 대부분의 투자자들은 이 2가지를 확인하면 그 이상 조사하려고 하지 않는다. 극도로 위험한 투자처라고 단정을 지어버리는 것이다. 나도 그랬다.

하지만 하나하나 조사해보니 전혀 다른 소니의 모습이 떠올랐다. 일단 지난 7년간의 결산 자료를 꼼꼼히 읽어보니 확실히 적자는 적자였지만, 그 대부분이 과거의 문제를 해결하기 위한 구조 개혁 비용에 의한 것이었다. 실제로 본업의 이익을 나타내는 영업이익 기준으로 보면, 적자였던 해는 리먼 브러더스 사태가 있었던 2009년 3월 분기와 동일본 대지진 직후인 2012년 3월 분기 단 2번뿐이었다.

자기자본비율도 이 회사 특유의 사정이 있었다. 모두가 소니를 가전 제조업체라고 생각했지만, 이 기업 그룹은 이미 가전 제조업체라고 부를 수 없게 되어버렸다. 소니 손해보험과 소니 생명 등 금융 분야가 대차대조표의 대부분을 차지했기 때문에 자기자본비율은 가전 제조업체와 비교하는 것보다 금융기관과 비교하는 것이 적절했다. 금융기관으로써 이 정도의 자기자본비율은 비관할 수준이 아니었다.

소니는 (나쁜 의미로) 주목받는 대기업이었기 때문에 자료는 얼마든지 찾을 수 있었다. 소니에 관한 책을 사고 결산 자료와 인터넷 정보를 꼼꼼히 읽으며 당시 히라이 가즈오(平井一夫) 사장과 요시다 켄이치로(吉田憲一郎) 부사장의 경영 스타일을 점차 이해할 수 있었다.

조사하면 할수록 그들이 긍정적이고 정직하다는 것을 알게 되었다. 그해의 실적 기준 PER은 20배 전후였지만, 실력치 PER은 10배를 밑도는 것처럼 보였다. 나는 더 이상 저평가라고 부를 수 없는 소형 성장주를 차례차례 매도하고 그 자금을 이 대형주에 투입하기로 했다. 다양한 사업을 꼼꼼히 조사하고 좋은 점도 나쁜 점도 이해한 후에 '이 승부에서 이길 수 있다!'라고 확신했다.

■ 시나리오 분석으로 미래성을 검토

그 직후인 2016년 4월, 구마모토에서 대지진이 발생했다. 소니의 주식은 다시 매도되기 시작했다. 불행하게도 소니가 사활을 걸고 개발 진행 중이던 이미지 센서의 주력 공장이 진앙지 한가운데에 있었기 때문이다. 이미지 센서는 스마트폰 등에 사용되는 소형 카메라의 핵심 기술이다. 이 기술이 진화한 덕분에 콤팩트 디지털카메라를 들고 다니는 사람을 거의 찾아볼 수 없게 되었다. 이것이 바로 파괴적 이노베이션의 전형적인 예시다.

나는 소니 주식을 매수할 때 시나리오 분석(⇨49번)으로 이 기술의 미래성을 검토했다. 앞으로 AI가 보급될 것이 자명하다. AI는 인간의 뇌에 해당한다. 뇌에는 무엇이 필요할까? 정보다. 특히 인간의 눈에 해당하는 이미지 센서는 가장 중요한 정보 수집 장치라고 할 수 있다. 이 기술을 갈고 닦는 소니는 분명히 앞으로 크게 성장할 것이다. 그들의 전략은 틀리지 않았다. 지진으로 공장이 피해를 입었다는 뉴스는 매우 마음이 아팠지만, 소니의 주식을 싸게 살 기회라는 것을 잊지 않았다. 사실 조사하면 할수록 이 회사를 좋아하게 되었고 추가 매수 타이밍을 재고 있었다. 이미 내 포트폴리오의 절반 이상이 소니 주식인 이상한 상황이 되어버렸다. 진심을 다한 큰 승부였다.

평균 매입가는 2,500엔. 지진이라는 특수한 손실을 반영하면 이 회사의 추정 PER은 50배를 넘고 있었다. '드디어 에나훈의 머리가 이상해졌다'라는 식으로 인터넷에서 악플을 다는 사람들도 있었다.

하지만 그 후 소니는 내 기대를 저버리지 않았다. '플레이스테이션 VR 출시', '일본 내 OLED TV 톱 점유율 획득', 'AIBO 부활', '소니 최고 수익 갱신'. 화려한 헤드라인이 인터넷과 신문에 오르내렸고 실적은 급성장해 2019년 3월 분기의 EPS는 723엔을 기록했다. 내가 매입한 2,500엔을 이 숫자로 역산해보면 PER은 약 3.5배가 되었다.

▌평가가 정상화된 시점에 매도

하지만 나는 이 주식을 5,000엔 정도에서 거의 전량 매도했다. 사람들이 이 회사를 제대로 평가하기 시작한 시점에서 내 우위성은 사라진다. 너무 많은 돈을 손에 넣었기 때문에 정신 차리고 싶은 마음도 있었다.

주식 투자 여정은 '짚신 부자(わらしべ長者 - 볏대 한줄기로 물물교환을 시작해 점점 더 고가의 물건을 얻어 마침내는 밭과 집을 얻었다는 이야기)'와 같은 것이다. 처음에는 짚신 같은 소액 자금으로 시작한다. 하지만 번 돈으로 다음 주식을 사고, 거기서 번 돈으로 또 다음 주식을 사는 작업을 반복하다 보면 재산은 눈덩이처럼 불어난다. 10년에 걸쳐 모은 1억 엔이 다음 2년 만에 또 1억 엔이라는 수익을 안겨주는 것이다. 계속해서 승리하면, 새롭게 손에 넣는 수익은 지금까지 본 적도 없는 거액이 된다. 그리고 자신도 놀랄 만큼 억만장자가 되어 있는 것이다.

성공한 많은 사람들은 재산이 급격히 증가해도 생활 수준이 이를 따

소니

닛케이 평균

160

140

120

100

80
2015년
8월

2016년
1월

2016년
10월

라가지 못한다. 나는 소니의 대승리로 얻은 자금의 일부를 아파트 구입
에 사용했다. 그전까지는 임대 주택에 살고 있었다. 함께 구입한 대형
TV는 물론 소니의 OLED 제품이다.

성공 사례 04 트레져팩토리
실적 확대와 정체된 차트

어느 날 아내가 백합을 사 왔다. 그런데 꽃은 아직 피지 않은 상태로
봉오리만 15개 정도 있었다. 일단 꽃병에 꽂아 거실 구석에 두었다. 그
러자 이틀이 지난 시점부터 하나둘씩 큰 꽃을 피우기 시작하더니 오늘
은 절반 이상이 피어 있다.

▌봉오리 상태인 꽃을 산다

주식 투자도 비슷하다. 살 때는 모두 봉오리 상태다. 꽃이 필 거라 믿지만 실제로 꽃이 피기 전까지는 안심할 수 없다. 하지만 충분한 성장성과 가치를 갖추고 있다면, 시간이 지남에 따라 꽃은 차례차례 피기 시작한다. 중요한 것은 봉오리 상태에서 꽃을 사는 것이다.

리먼 브러더스 사태 이후, 나는 DVx, '돈카츠 카츠야'를 전개하는 아크랜드 서비스, 급성장 중인 장례회사 티아, 코인 주차장을 운영하는 파라카, 결혼식장을 운영 회사 에스크리 같은 소형 성장주에 투자했다. 그것들 모두가 큰 꽃을 피웠다. 덕분에 2013년까지 5년 동안 내 재산은 5배로 늘어났다.

그러던 어느 날, 블로그의 댓글 란에서 트레져팩토리(3093)라는 리사이클 샵의 이름을 보고 다시 한번 자세히 조사해보고 싶어졌다. 왜냐하면 리먼 브러더스 사태 직후 나는 이 종목도 구매 후보로 삼아 자세히 조사했지만, 그 당시에는 아직 상장한 지 1년도 채 되지 않아 데이터가 너무 적다는 이유로 구매를 보류했기 때문이다.

조사해보니 상장 이후 주가는 등락을 거듭했으나 200엔(그 후 주식 분할이 있었기 때문에 2020년 5월 말 현재 주가 기준으로 수정) 수준을 중심으로 약 5년간 횡보하는 추세가 계속되고 있었다. 한편 실적은 순조로워서 EPS는 2009년 2월 분기에 12.5엔이었던 것이 2010년 2월 분기에는 18.3엔, 2011년 2월 분기에는 20.9엔, 2012년 2월 분기에는 27.2엔, 2013년 2월 분기에는 33.8엔으로 급성장하고 있었다. 그럼에도 불구하고 PER은 7배 대로 상당히 저평가된 수준이었다. 즉 VE 투자 목록의 'EPS↑ 주가→' 상태였다.

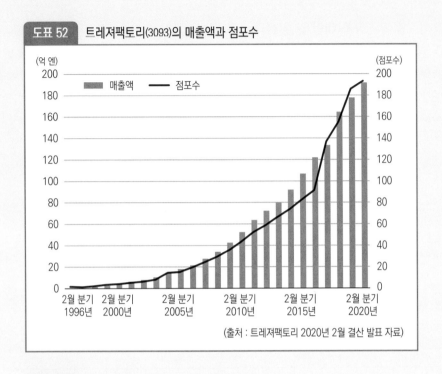

도표 52 　트레져팩토리(3093)의 매출액과 점포수

(출처 : 트레져팩토리 2020년 2월 결산 발표 자료)

도표 53 　트레져팩토리(3093)의 VE 투자 일람표

	❶	❷	❸	❹	❺
EPS의 변화	→	↑	↑	↑ ↑	↓
주가의 변화	↓	↓	→	↑	↓ ↓
추정 PER			7.7		

　주가와 실적의 괴리 현상은 몇 년에 걸쳐 계속될 수 있다. 다소 장기적인 안목으로 보는 것이 중요하다. 그런데 당시 왜 이렇게까지 괴리가 계속되었을까? 리먼 브러더스 사태와 동일본 대지진의 영향을 받은 것은 틀림없다. 하지만 그것은 주가에 관한 이야기일 뿐, 실적은 거의 영향을 받지 않았다.

▌묵묵히 고생하며 성장해온 회사의 사업을 직접 이용해보다

트레져팩토리의 창업자인 노사카 에이고(野坂英吾) 씨는 1995년에 창업 자금 30만 엔과 150평 창고로 리사이클 시장에 진출해 점포 확장과 함께 성장해온 나와 동시대의 경영자다. 나는 이 회사의 역사를 확인하면서 내 인생도 되돌아보았다. 거품 붕괴에서 시작해 아시아 통화 위기, 세계 동시다발 테러, 리먼 브러더스 사태로 이어지는 일본의 잃어버린 20년이다. 많은 중소기업이 경영난으로 고통받은 고난의 시대를 노사카 사장은 어떻게 극복했을까.

나는 최근 갑자기 나타나 유행하는 인기 주식보다 묵묵하게 고난을 겪어온 이 회사 같은 성장주를 선호한다. 리사이클 사업은 매입할 때도 머리를 숙이고, 판매할 때도 머리를 숙이며 그럼에도 불구하고 확실하게 이윤을 남기는 비즈니스다. 고생하지 않았을 리가 없다. 철저한 데이터 관리와 품질 관리 노하우는 진짜배기일 것이다.

나는 결혼한 후, 아내와 함께 절약에 힘써 돈을 모았고(⇨Lesson 2), 그것을 기반으로 한 주식 투자로 자산을 확대했다. 그런 구두쇠 신혼 시절, 리사이클 매장을 자주 이용하곤 했다. 하지만 대부분의 리사이클 매장은 곰팡내가 나는 어두운 점포 안에 사연 있는 상품들이 빽빽하게 가득 찬, 마치 유령의 집 같은 곳이었다.

그런데 트레져팩토리를 몇 군데 돌아보니 세련된 매장에 젊은 고객들이 모여 있었다. 나는 옛날 방식의 중고서점과 북오프(중고책 체인점)의 차이를 떠올리고 있었다. '혹시 북오프처럼 뜰지도 몰라…' 실적에 대한 미래 이미지와 저조한 주가에 대한 기대가 높아졌다.

　트레저팩토리(3093)에 대한 투자와 매도

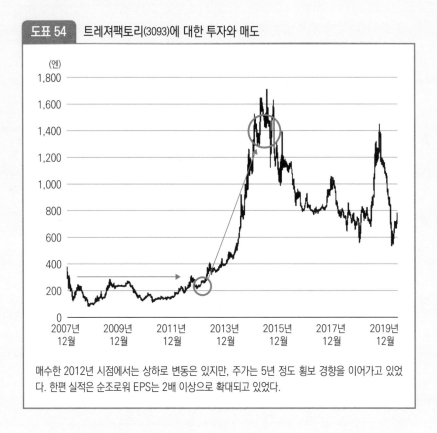

(엔)

매수한 2012년 시점에서는 상하로 변동은 있지만, 주가는 5년 정도 횡보 경향을 이어가고 있었다. 한편 실적은 순조로워 EPS는 2배 이상으로 확대되고 있었다.

나는 주식을 사기 전에 이렇게 그 회사의 제품이나 매장을 확인한다. 역시 현실을 모른 채 상상만으로 매매하면 머니 게임이 될 뿐이다. '흠. 2차 심사도 합격!' 매장 안에서 얼른 스마트폰을 꺼내 들어 처음으로 매수 주문을 넣었고 몇 달에 걸쳐 돌이킬 수 없는 수준까지 이 주식을 사들였다.

■ '저점에서 2배 상승'한 지점도 중간 지점일 가능성

〈도표 54〉의 차트를 잘 보면 내가 이 주식을 구매한 시점은 120엔 부근으로 저점을 찍고 반등하는 과정에서 뛰어든 것이라고도 할 수 있

다. 오히려 VE 투자 일람표의 'EPS↑↑ 주가↑'인 상태다. 나는 블로그에 '트레져팩토리는 실적 확대와 비정상적으로 낮은 평가에도 불구하고 주가는 아직 저점에서 2배밖에 상승하지 않았다'라는 취지의 글을 썼다. 그러자 독자에게서 이런 댓글을 받았다.

"'아직 2배 상승'이라 평가하는 감각에 놀랐어요."

확실히 2배 상승했다고 하면 보통은 무서워서 사지 못하는 수치다. 하지만 나는 과거에 2배 상승, 또는 3배 상승했다는 이유로 사지 않아서 그 후로도 몇 배 더 상승한 주식을 잡지 못해 실패한 경험을 여러 번 반복했다. 성장주에게 2배 상승은 중간 지점에 불과하다는 것을 지긋지긋할 정도로 체험했다.

결국, 이 주식은 대성공을 거두었다. 3년 정도 만에 EPS는 2배 이상 상승했다. 더불어 PER도 20배 정도로 평가조정 움직임이 가속화되었기 때문에 나는 2년 반 만에 5배 상승을 달성할 수 있었다. 또 한 번의 대승리였다.

Lesson 11

탐색과 분석의 효율화

조사하면 알 수 있는 것에는
최선을 다하다

50 2가지 접근 방식을 활용한다

바텀업 접근 방식(Bottom-up Approach) :
저평가된 주식을 스크리닝(조건 검색)한다

개인 투자자가 모든 상장 기업에 대한 정보를 모으고 주가에 대한 반영 정도를 측정하는 등의 방대한 작업을 할 수 있을까? 말할 필요도 없다. 불가능하다. 전문가도 불가능하다.

그래서 옛날부터 가치 투자자들은 바텀업 접근 방식을 사용해왔다. 먼저 저평가된 관점에서 모든 종목을 대상으로 폭넓게 스크리닝(⇨51번)해 가치가 발생할 가능성이 있는 종목만 대략 선별한다(1차 선별). 다음으로 선별된 종목에 대해 정보를 모아 본질적인 가치를 추정한다(2차 선별). 마지막으로 그중 가장 유망한 종목을 압축하고, 보유 주식과 비교해 동등하거나 그 이상의 가치가 존재한다고 판단될 때 구매를 결정한다(투자 결정).

VE 투자의 경우 1차 선별에서는 VE 투자 일람표를 사용해 EPS의 변화, 주가 변화, 추정 PER, 이 3가지를 기준 삼아 대략 스크리닝한다.

도표 55 바텀업 접근 방식

① 저평가라는 관점에서 모든 종목을 대상으로 폭넓게 스크리닝해 가치가 발생할 가능성이 있는 종목만 대략 선별한다. (1차 선별)

② 그다음으로 선별된 종목에 대해 고유 정보와 일반 정보를 모아 본질적인 가치를 추정한다. (2차 선별)

③ 마지막으로 그중에서 가장 유망한 종목을 압축하고 보유 주식과 비교해 동등하거나 그 이상의 가치가 존재한다고 판단되었을 때 구매를 결정한다. (투자 결정)

2차 선별에서는 VE 정보연관도(⇨33번)에 따라 정보 분석을 진행하는 것이 좋다.

톱다운 접근 방식(Top-Down Approach) : 테마를 설정해 종목을 찾는다

유망한 종목을 탐색하기 위한 또 하나의 접근 방식이 있다. 바로 톱다운 접근 방식이다. 큰 변화가 발생했을 때, 그 변화의 영향을 크게 받는 테마를 설정하고 차츰 키워드를 세분화한다. 그리고 그 키워드와 관련된 종목군을 선별하고(1차 선별), 그다음으로 그 주식들의 가치를 추정한다(2차 선별). 마지막으로 그중에서 가장 유망한 종목을 추출해 구매한다(투자 결정).

나의 경우, 바텀업 접근 방식에서 톱다운 접근 방식을 사용하는 경우가 많다. 즉, 저평가된 종목을 탐색해 좋은 종목을 발견했을 때, 대부분의 경우 그 주변에도 다른 유망한 종목이 숨겨져 있다. 그래서 같은 테마로 톱다운 접근 방식을 시도해 두 번째 기회를 찾는 것이다.

도표 56	톱다운 접근 방식

① 큰 변화가 발생했을 때(예 : '신종 코로나'), 그 변화의 영향을 크게 받는 테마를 설정하고(예 '집콕'), 키워드를 세분화한다(예 : '원격 근무' '원격 학습').

② 그 키워드와 관련된 종목군을 선별한다. (1차 선별)

③ 다음으로 그 주식들의 가치를 추정한다. (2차 선별)

④ 마지막으로 그중에서 가장 유망한 종목을 추출해 구매한다. (투자 결정)

51 스크리닝을 읽는 방법에는 요령이 있다

블로그나 트위터에서 자주 스크리닝에 관한 질문을 받는다. 스크리닝(screening)이란, 성장성이나 저평가 여부, 혹은 부채가 적다거나 이익률이 높다는 등의 건전성이나 수익성 데이터를 조합해서 앞으로 오를 가능성이 큰 주식을 데이터적으로 찾는 행위를 말한다. 성장성 측면에서는 과거 3~5년 정도의 매출이나 영업이익의 연평균 성장률(CAGR)을, 저평가 측면에서는 시가총액과 순이익의 비율을 나타내는 PER이나 시가총액과 매출을 비교하는 PSR 등을 사용한다. 그 외에도 자기자본비율이나 영업이익률, ROE나 ROA를 스크리닝에 사용하는 사람도 많다.

일반적으로 공표된 숫자 데이터를 조합하는 것만으로 답이 나오기 때문에 이토록 이해하기 쉬운 것은 없다. 많은 주식 관련 서적이나 주식 잡지에서 이 이해하기 쉬운 설명이 반복되지만, 내가 아는 한 언제든지 사용할 수 있는 편리한 공식이란 존재하지 않는다.

예를 들어 '추정 PER가 8배 이하이고 연이율 20% 이상의 성장을 지속하는, 자기자본비율 50% 이상의 종목'이라는 조건을 제시해도 보통은 그런 저평가 주식을 찾을 수 없다. 설령 찾을 수 있다고 해도 무언가 중요한 과제를 안고 있어 지금까지는 20% 성장을 계속해왔지만, 앞으로는 어떻게 될지 알 수 없는 미래가 불투명한 종목들만 스크리닝에 걸리게 된다.

그런데 사실 나는 몇 번이나 이 조건을 충족하는 주식을 사서 큰돈을 벌었다. 리먼 브러더스 사태나 신종 코로나 사태 등의 대폭락 직후나 일시적인 손실 때문에 겉으로 보기에는 PER이 수십 배인 것처럼 보이지만 잘 조사해보면 실제로는 8배 이하인 주식을 찾아서 사는 것이다. 또한, 앞서 말한 조건보다 살짝 부족한 'PER 9배, 연 성장률 18%, 자기자본비율 45%인 주식은 살 수 없을까?'라고 하면 물론 그런 주식도 충분히 살 가치가 있다.

더 말하자면, 스크리닝을 통해 데이터상 최상위 성장주나 저평가 주식을 노리는 것보다 약간 순위를 낮춘 그 아래 클래스에 의외로 대박주가 숨어 있다. 경제지나 주식 잡지 등에서 '앞으로 오를 저평가 성장주 랭킹' 등으로 스크리닝 결과가 기사로 나오는 경우가 있다. 이런 것을 읽어보면 대개 내가 좋아하는 비인기 성장주는 톱 10에는 들어 있지 않고, 20~300위 정도의 범위에 숨겨져 있다.

반대로 톱 10은 주의해야 한다. 'PER 6+과거 3년의 성장률 100%'와 같은 조합은 붐이나 무언가로 인해 실적이 급격히 확대되었지만, 앞으로 그 붐이 사라질 가능성이 크거나 하는 등, 대개는 중요한 불안 요소가 존재한다. 다시 말해, 과거의 성장률 데이터만으로는 미래의 성장률을 예측하기에 충분하지 않다는 것이다.

52 '적정 PER' 기준표를 만들어 실전에 도움을 받는다

PER 분석에 관해서 나는 실천적인 관점에서 적정 PER의 기준이 되는 표를 준비했다(《도표 57》). 표의 세로축은 성장성 즉 미래 전망이라는 관점

| 도표 57 | 적정 PER 기준표 | | | | |

미래 전망 ＼ 자신감	상당히 자신 있음	자신 있음	보통	불안, 자신 없음
급성장이 기대됨 (EPS 성장률 : 대체로 20% 이상)	PEG Ratio(주가수익성장비율)에 의해 결정			소액을 투자하면서 상황을 살펴본다.
상당히 밝음 (EPS 성장률 : 대체로 10~20%)	20배	17.5배	16배	
밝음 (EPS 성장률 : 대체로 0~10%)	15배	14배	13배	
보통 (EPS 성장률 : 0% 전후 이하)	VE 투자 대상 외			

본질적 가치 = 적정 PER × 실력치 기반의 추정EPS

적정 PER ← 성장 요인, 리스크 요인

에서, 가로축은 리스크 즉 자신감이나 불안과 같은 관점에서, PER의 기준치를 나열한 것이다. 이것을 주식 선택 시 참고 자료로 이용하고 있다.

기준보다 50% 저렴하게 사고 싶다

가능하면 이 기준의 절반 수준에서 사고 싶다. 10%나 20%의 저렴함으로는 오차의 범위에 가려진다. 적어도 기준치 × 0.75, 솔직히 말해서 기준치 × 0.5로 사고 싶다. 하지만 이것은 가치 투자의 기준이며 위로 갈수록, 즉 성장률이 높아질수록 성장 투자적 판단력이 필요하게 된다.

미래 전망이 '보통' :
가치 함정이 발생할 가능성이 있기 때문에 제외

그렇다면 이상적인 PER 기준법을 아래부터 순서대로 살펴보자. '여러모로 조사해보았지만 앞으로 그렇게 큰 성장은 기대할 수 없다. 미래 전망은 보통'이라는 경우다. 이러한 투자 대상은 비록 저렴하더라도 보류하는 것이 좋다. 이른바 가치 함정이라고 불리는 아무리 기다려도 주가가 오르지 않는 현상에 시달리게 된다. 'EPS → 주가 →'의 상태로는 가치가 확대되지 않기 때문이다. 어디까지나 미래가 밝은 기업에만 투자하는 것이 VE 투자의 중요 포인트라고 할 수 있다.

미래 전망이 '밝음' : 평균으로 기준치를 설정

다음으로 아래에서 두 번째. 미래 전망이 밝다고 느끼는 경우다. 그 기업이 하는 새로운 도전이 수익에 기여하기 시작해 지금까지의 상황과는 다르게, 크게 변화할 것 같은 예감이 들거나 외부 환경이 크게 변해 이 회사가 꾸준히 개발해온 상품의 수요가 앞으로 많이 늘어날 것 같은 경우다. 이 경우에는 당신의 자신감의 정도에 따라 적당하다고 생각되는 PER 수준을 3단계로 설정하자.

나는 꽤 자신이 있는 경우 기준치를 일본 주식의 평균적인 PER의 15배(⇨35번)로 하고 자신감의 정도에 따라 14배, 13배로 기준치를 낮추기로 했다. '자신감이 없다 = 무엇인가 불안 요소가 있다 = 리스크가 높다'일 때는 평가를 낮춘다. 또한 가장 오른쪽, 즉 미래가 밝지만 상당한 불안 요소가 포함된 경우는 투자 대상에서 제외하는 것이 좋다. 일단 상황을 지켜보거나 더 자세히 조사해서 미래에 대한 자신감이 생길 때까지 구매를 미루자.

미래 전망이 '상당히 밝다' : '평균＋25%'로 기준치를 설정

아래에서 세 번째. 그 기업의 경영 판단이 정확하고 상당한 성장이 기대되는 경우다. 이 경우, 앞서 언급한 기준값을 높여야 한다. 매우 오래된 경험법칙 중에 '성장 주식을 시장의 '평균치＋25%' 이하의 수준에서 사면 상당히 높은 확률로 성공할 수 있다'가 있다. 이 발상을 도입했다.

'어? '밝음' '상당히 자신 있음'의 PER 15배를 1.25배 하면 18.75배가 되는데 같은 열의 위쪽은 PER이 20배다. 계산을 잘못한 것 아닐까?' 그런 세세한 것에 신경 쓰는 사람이 있을지도 모른다. 하지만 여러 번 말했듯이 사람들의 상상으로 성립된 질서에 대해 자연과학 같은 엄밀성을 적용해서는 안 된다(⇨5번). 나는 대략 기억하기 쉽게 PER 20배를 기준값으로 하고 있다. 하지만 당신의 기준값이 18.75배라도 상관없다. 표 전체를 더 안전하게 재검토해도 전혀 상관없다.

자, 이 행의 가장 오른쪽을 보자. 전망이 상당히 밝지만, 그것이 정말 잘될지 확신할 수 없는 경우다. 아마 실제로 VE 투자를 시작하면 이런 상황을 여러 번 경험하게 될 것이다. 어떤 종목이든 당신을 불안하게 하는 마이너스 요소가 완전 없지는 않다.

그래서 내가 실전에서 하는 현실적 해결책은 '일단 소액을 사보는 것'이다. 소액이라도 실제로 주주가 됨으로써 당사자 의식이 생겨 더 깊이 조사할 동기가 생긴다. 더 조사함에 따라 불안이 해소되면 왼쪽으로 이동해 PER 16배를 기준으로 하면 되고 아무래도 불안이 해소되지 않으면 그대로 소액 투자를 계속하면 된다.

'도박에서 얼마를 걸어야 옳을까?'를 수학적으로 해명한 켈리 공식에 따르면, 일정 이상의 기대치를 가지고, 확률은 낮지만, 만약 잘되면 큰 수익을 노릴 수 있는 유형의 투자 대상에는 적더라도 일단 투자하는 것이 정답이다. 자금에 여유가 있다면 이 판단을 택하자.

'급격한 성장이 기대됨' : PEG Ratio로 판단

맨 위, 앞으로 급격한 성장이 기대되는 경우에는 성장 투자자의 판단 기준인 PEG Ratio가 도움이 된다.

도표 58　PEG Ratio

PEG Ratio란, PER과 이익 성장률이 같다면 대체로 주가는 적정한 수준이라고 판단하는 방법이다.

PEG Ratio = PER ÷ 당기순이익 성장률(연율)

이 수치가 1 전후이면 적정, 0.5 이하이면 매우 유망, 2를 초과하면 상당히 위험하다고 판단하는 옛날부터 내려온 경험법칙에 기반한 지표다.

PEG Ratio 1배 주식의 그 후의 PER 변화

PER, 이익 성장률	1년 후 PER	2년 후 PER	3년 후 PER
50 (배, %)	33.3 (배)	22.2	14.8
45	31.0	21.4	14.8
40	28.6	20.4	14.6
35	25.9	19.2	14.2
30	23.1	17.8	13.7
25	20.0	16.0	12.8
20	16.7	13.9	11.6

(주가가 그대로 변하지 않는 경우)

PEG Ratio(Price Earnings to Growth Ratio)란 PER과 당기순이익 성장률(연율)이 같다면 대체로 주가는 적정한 수준이라고 판단하는 방법이다.

식으로 설명하면 다음과 같다.

PEG Ratio = PER ÷ 당기순이익 성장률(연율)

이 수치가 1 전후면 적정, 0.5 이하면 매우 유망, 2 이상이면 상당히 위험하다고 판단하는 옛날부터 내려온 투자 기준이다. 가령 PER이 50배로 고평가처럼 보일지라도, 향후 성장률이 100% 이상이 기대된다면 PEG Ratio = 50(배) ÷ 100(%) = 0.5가 되어 저평가라고 판단하는 것이다.

이 또한 이과생들에게는 위화감이 들 수 있는 계산식일지도 모른다. '명백히 다른 개념의 숫자를 나눈 값을 기준으로 하다니…' 하지만 이 경험법칙에는 근거가 있다. 가령 PER과 성장률이 같다고 하고 그 상태가 3년 동안 지속된다면 3년 후에는 대체로 적정한 수준의 PER에 도달하게 된다.

〈도표 58〉의 일람표는 PEG Ratio 1배 주식이 만약 주가가 변하지 않는다면 이후 이익 성장에 따라 PER이 어떻게 변하는지를 나타내고 있다. 가장 왼쪽 열이 PER과 이익 성장률을 나타낸다. 둘 다 동일한 값이므로, 예를 들어 가장 위의 행, PER이 50배인 주식도 성장률이 50%라면, 그리고 만약 주가가 그대로라면, 1년 후에는 PER이 33.3배가 되고, 2년 후에는 22.2배, 3년 후에는 14.8배가 된다. 즉, 3년 후까지 급격한 성장이 계속된다면 그 후에는 성장이 둔화되더라도 대체로 적정한

주가라고 판단할 수 있다는 것이다. 표현을 바꾸면 향후 3년간의 이익 성장이 이미 반영된 상태라고도 할 수 있다. 조금이라도 이익 성장에 둔화 조짐이 보이면 주가는 크게 하락하게 된다.

가치 투자자는 PEG Ratio 0.5배 이하로 매수할 수 있는 날을 꿈꾸고 있다. 결국 저렴하게 사는 것이야말로 리스크를 낮추고 수익을 높이는 최상의 방법이다. 그렇다고 해도 현실에서는 그렇게 간단하게 발견할 수 있는 것이 아니다. 여러 가지 조건이 맞아떨어져야 한다.

성장하는 기업은 메트로놈처럼
일정한 간격으로 성장을 그리지 않는다

여러 번 설명한 것처럼 주식 투자의 수익은 저평가 해소와 이익 성장이라는, 이 2가지에서 비롯된다. 특히 이익 성장률이 매우 높은 성장주에 관해서는 저평가라는 관점에 집착하면 오히려 실패할 수 있다. 비록 저평가된 가격에 사지 못하더라도 그 성장률로 인한 수익이 더 클 것이기 때문이다. PEG Ratio가 1 전후라도 정말 자신이 있다면 매수해도 좋다.

현실의 성장 기업은 메트로놈처럼 일정한 간격으로 성장을 그리지 않는다. 초보자도 앞으로 약 3년 동안에 30% 성장이 예상되는 급성장주를 손에 넣는다면, 경우에 따라서는 다음 1년 동안은 이익이 50% 또는 100% 단위로 증가해 큰 기쁨을 누릴 수도 있다. 특히 인터넷 계열 기업이나 이제 막 적자를 벗어난 벤처 기업은 일단 시스템이 완성되면 비용 증가를 억제하면서 매출이 급격히 확대될 수 있기 때문에 주의가 필요하다.

최선을 다해 예측하고, 주식 세계를 이해하는 사람이 되자

'밝음'과 '상당히 밝음의 경계, 그리고 '상당히 밝음'과 '급격한 성장이 예상됨'의 경계는 모호하다. 다만 전자는 성장률 10% 정도, 후자는 성장률 20% 정도로 선을 그어주길 바란다. 적정 PER 기준표에 EPS 성장률 예측 범위를 포함한 이유가 바로 그것이다. 하지만 현실적으로 초보자가 EPS 성장률을 정밀하게 계산하는 것은 어렵다. 전문가도 자주 틀린다.

그래서 얼마나 성장할지 모르지만, 전망이 밝다면 그것을 성장주로 판단하고, 사람들의 평균 평가와 비교했을 때 큰 차이가 없거나 다소 높게 평가된다면 충분히 저평가되었다고 생각하자. 《논어》에 '알지 못함을 안다고 하는 것, 이것이 아는 것이다'라는 말이 있다. 모르는 것을 모른다고 자각하는 상태야말로 알고 있는 상태라고 할 수 있다는 의미다. 아무리 해도 모르는 것에 대해서는 처음부터 모른다는 전제로, 하지만 조사하면 알 수 있는 것에 대해서는 최선을 다해 조사한다. 마지막에는 자신의 감도 사용해 최선의 예측을 할 수 있는 사람이 되면 주식 세계를 이해하는 사람이 될 수 있다.

미래에 대해서는 겸손함이 중요하다. VE 투자법은 미래의 방향성까지는 충분히 예측할 수 있지만, 언제까지 무엇이 어떻게 되어 있을지 같은 정밀한 미래의 모습은 아무도 알 수 없다는 것을 전제로 투자 전략을 구축하고 있다. 정답이라고까지는 할 수 없지만 아마도 최선이라고 할 수 있을 것이다.

Lesson 12

'회사 사계보' 독파

개인 투자자들의 필수템

53 꾸준한 것이 힘이다

저평가된 성장주를 탐색하는 방법으로 내가 실천하고 있는 것은 〈사계보〉를 정독하는 것이다.

'에이, 그런 두꺼운 책을 3개월에 한 번씩 다 읽다니 말도 안 돼!' 이 말을 꺼내면 많은 사람이 놀라움과 거부 반응을 보인다.

하지만 생각해보기를 바란다. 매일 회사에서 힘들게 일해도 일 년에 저축할 수 있는 금액은 정말 적다. 가령 100만 엔을 저축할 수 있다고 해도 10년 동안 꾸준히 노력해야 겨우 1,000만 엔을 모을 수 있다. 한편 진지하게 성장주를 찾고 10배 상승 주식을 발견해 100만 엔어치를 사면 그 후에는 아무것도 안 해도 100만 엔이 1,000만 엔으로 늘어날 수 있다. 10배 주식은 발견하기 힘들지라도 매입가에서 2~3배 상승하는 주식이라도 찾으면 금전적 여유는 크게 달라질 것이다. 이를 위한 노력으로 〈사계보〉를 읽는 정도의 수고는 들일 만한 가치가 충분히 있다고 생각하는데, 어떻게 생각하는가?

〈사계보〉 정독의 첫 번째 장점은 상장 기업을 포괄적으로 알 수 있다는 점이다. 사계보에 게재된 3,919개 회사(2023년 4집 가을호)는 확실히 매우 많지만 감당할 수 없을 만큼 방대한 숫자는 아니다. 대학 입시에 필요한 영어 단어 수(일본의 센터 시험에 필요한 단어 수는 5,000단어라고 한다)보다 적은 숫자다. 단어력이 없으면 영어 시험에서 고득점을 노릴 수 없는 것처럼, 기업에 대한 지식이 없으면 대박 주식을 찾아낼 힘이 부족하다. 〈사계보〉가 발행될 때마다 꾸준히 읽으면 점차 회사명과 그 회사의 개요가 머리에 들어온다. 한동안은 결과가 나타나지 않을지도 모른다. 하지만 영어 단어 학습과 마찬가지로, 이 노력은 언젠가 결과를 내기 시작할 것이며, 이에 맞춰 실력도 착실히 붙을 것이다.

두 번째 장점은 〈사계보〉를 계속 읽음으로써 시장 감각을 기를 수 있다는 것이다. 모든 기업의 PER, PBR, ROE, 시가총액 등의 주요 주가 지표를 대충 훑어보는 것만으로도 시장이 대체로 어느 정도의 수준이 적정하다고 판단하는지, 대략적인 숫자를 감각적으로 파악할 수 있게 된다. 자신이 보유한 종목만 보고 있으면 아직 가격이 오를 것 같기도 하고, 반대로 가격이 내려갈까 봐 불안해지기도 한다. 하지만 〈사계보〉를 통해 많은 기업의 실제 숫자를 알게 됨으로써 자신이 보유하고 있는 주식이 저평가인지, 고평가인지 판단할 수 있는 기준을 갖게 되는 것이다.

시장은 살아 있다. 인터넷에서 'PER 10배 이하, PBR 1배 이하는 저평가로 판단할 수 있다'라는 등의 지식을 얻었다고 해도 그것만으로는 충분하지 않다. 저평가에는 저평가가 되는 이유가 있기 때문이다. 그 이유를 하나하나 이해하면서 PER과 PBR을 확인함으로써 비로소 저평가인지 고평가인지 진정한 판단을 할 수 있게 된다. 그 힘을 기르기 위해 〈사계보〉를 읽는 것이다.

세 번째 장점은 〈사계보〉를 정독함으로써 성장주를 찾을 수 있는 기회가 많아진다는 점이다. 평소에 아무리 안테나를 높이 세우고 있어도 심리적 맹점에 빠져 그것이 투자 아이디어라는 것을 알아채지 못할 때가 있다. 하지만 〈사계보〉를 통해 구체적인 기업 정보를 알게 되면 갑자기 퍼즐의 조각이 맞춰지듯 유망한 주식을 발굴할 수 있는 경우가 있다.

마지막으로 네 번째 장점은 가격이 상승할 주식의 경향을 파악할 수 있다는 점이다. 보통은 〈사계보〉에 게재된 기업 중에서 유망하다고 생각되는 몇몇 기업을 체크해두고, 그 후 그중에서 더 유망하고 엄선된 기업만을 매수한다. 이러한 절차를 통해 꼼꼼히 기업 정보를 계속해서 조사하게 된다.

그 과정에서 체크는 했지만 '매수하지 않기로' 판단한 종목이 크게 상승하는 경우가 꽤 빈번히 발생한다. '아차, 이 주식이 이렇게나 올랐다니…' 아마도 이런 아쉬운 경험을 여러 번 하게 될 것이다. 여기서 '아쉬우니까 이 회사는 다시는 조사하지 않겠다'라고 생각하지 말고, '왜 이 주식이 더 많이 올랐을까?' 그 원인을 꼼꼼히 조사한다. 그렇게 함으로써 주가가 상승하는 이유를 매우 실질적으로 이해할 수 있게 될 것이다.

 ## 54 처음에는 흥미 있는 종목만 포인트를 빠르게 보고 바로 판단한다

결국 이것을 반복하는 것이다. 이 반복이 실력이 되어 투자력이라는 진정한 재산을 손에 넣을 수 있게 된다. 하지만 투자 초보자가 갑자기 〈사계보〉를 독파하는 것은 확실히 문턱이 높다. 그래서 초보자에게 추천하고 싶은 방법은 자신이 잘 알고 있는, 즉 당신의 강점을 살릴 수 있는 기업만 읽는 방법이다.

첫 페이지부터 빠른 속도로 읽어 내려가다가 흥미가 가는 종목이 있

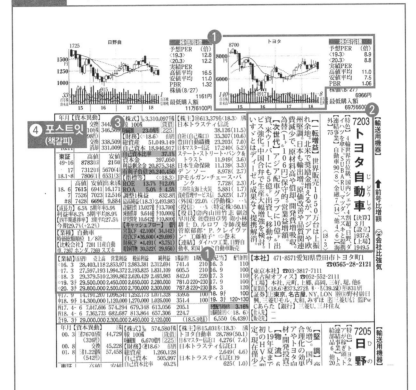

❶ 우측 상단의 예상 PER·PBR 및 차트와 좌측 하단의 실적 추이를 동시에 보는 이미지. 실적이 안정적으로 확대되고 있다면 성장주 후보다. 또한, 실적이 좋은데도 차트가 하락하거나 실적에 비해 PER이 낮다고 느껴진다면 저평가주 후보가 된다. 빠르게 보고 위화감을 알아차릴 수 있도록 하자.

❷ 다음으로 기업명과 글씨 정보를 통해 향후 실적 확대의 힌트를 얻는다. 당신의 실제 경험과 연결된다면 당신만의 강점을 살릴 수 있는 종목이라고 할 수 있다.

~ 여기까지 아무런 흥미를 느끼지 못했다면, 다음 종목으로 이동한다 ~

❸ 어떤 식으로든 흥미를 느낀다면 추가로 시가총액, 자기자본비율, ROE, ROA, 현금흐름, 배당수익률 등을 보고, 유망도를 종합적으로 판단한다.
유망하다고 판단되면 ❹ 포스트잇을 붙이고 다음 종목으로 이동한다.

(출처 : 〈회사 사계보〉 2018년 4집 가을호)

으면 그 부분을 꼼꼼히 읽는 것도 좋다. 그래도 약 100가지 종목은 있을 것이다. 그 수를 조금씩 늘려가면서 주식의 재미를 체감해나가면, 결국 〈사계보〉를 통독하지 않고는 못 배길 것이다.

기업명과 특색, 각종 지표(PER, PBR, ROE, ROA, 시가총액, 자기자본비율, 현금흐름, 유이자 부채, 예상 배당 수익률 등), 주가 차트와 실적 추이를 빠르게 보고 저평가 여부와 성장성에 초점을 맞춰 '매수할 수 있는 것일까, 없는 것일까'를 판단하는 것이다. 처음에는 시간이 걸릴 수도 있지만, 할 일은 한 가지 패턴뿐이다. 〈도표 59〉에 제시한 포인트를 훑어보고 곧바로 판단한다. 이것의 반복이다. 익숙해지면 일주일 정도면 한 권을 다 읽을 수 있게 될 것이다.

 ## 55 숫자는 절대치로 평가하지 말고 비교해본다

각각의 주가 지표는 절대치로 저평가 여부를 판단해서는 안 된다. VE 투자법의 사고방식에 따라 실적의 추이도 감안해 향후 성장성(실적 성장)이 저평가인지 아닌지를 검토해야 한다. 자기자본비율이나 유이자 부채, 현금 흐름 등 재무 건전성에 관한 지표도 마찬가지다. 업태나 비즈니스 모델을 고려하면서 여러 지표를 대조해 종합적으로 판단한다. 예를 들어, 유이자 부채의 숫자만 보고 부채가 많다고 판단해서는 안 된다. 동시에 현금 흐름의 최하단에 기재된 현금성 자산의 금액과 비교해 보유 현금에 대해 부채가 과다한지의 여부를 보거나, 시가총액과 비교해 기업 규모에 비해 부채가 과다한지를 조사해서 재무 건전성을 종합적으로 판단해나가야 한다.

56 발견한 유망주를 비교 검토한다

〈사계보〉를 한 권 다 읽으면 수십 가지 유망주 종목을 찾게 될 것이다. 다음으로 해야 할 일은 이 유망주들끼리 비교하고 이미 보유하고 있는 종목과도 비교해보는 것이다. 이러한 비교 결과, 엄선된 몇 가지 종목만 매수하도록 한다. 이 마지막 선별 과정을 통해 투자력이 길러지는 것이다.

정리하자면, '사계보에서 유망주 찾기 → 홈페이지 등에서 자세히 조사하기 → 다른 유망주나 보유 종목과 비교하기 → 주식 매수하기' 순이다.

'SNS나 인터넷 게시판에서 화제가 된 주식을 사는 것'처럼 초보자가 빠지기 쉬운 투자 행동과의 큰 차이는 깊이와 넓이다. 초보자는 아무래도 시야가 좁아지기 쉽고 화제가 되고 있는 소문 같은 것에 의식을 집중시켜버린다. 우리는 그러지 말고 폭넓게 종목을 조사하고 유망주에 대해서는 깊이 있게 연구한 후 다른 종목과 비교 검토하는 절차를 몸에 익히자.

저평가 여부나 성장성의 관점에서 아무런 흥미도 느끼지 못하는 종목에 대해서는 특별히 시간을 들일 필요는 없다. 빠르게 훑어보면서 시간을 절약하자. 어쩌면 빠르게 훑어본 것 중에도 주가가 크게 상승할 종목이 있을지도 모르지만, '인연이 없었다' 정도로 생각하고 집착하지 않는 편이 좋다.

57 사계보 통독 시의 주의점

마지막으로 몇 가지 주의할 사항을 언급하고자 한다. 먼저 각 회사의 분기 실적 발표 후 〈사계보〉가 발행되기까지는 1개월 또는 그 이상의 시차가 있다. 데이터의 신선함이라는 관점에서는 가치가 낮아 단기 트레이드에는 적합하지 않다. 어디까지나 중장기 투자를 전제로 보길 바란다.

또한, 같은 이유로 발행 직후에 누구보다 빨리 읽어내려는 노력도 헛된 것이다. 1개월 이상 걸려서 읽어도 별로 문제가 없고 매수 후보를 선정해두고 다음 분기 실적 내용을 보고 매수 결정을 내리더라도 늦지 않다. 큰 서프라이즈가 없는 한 실적 반영이나 거기서 생겨나는 저평가 수정 등 주가 변동은 실적 발표 직후에 즉시 해소되는 것도 아니다. 수개월에 걸쳐 서서히 수정되는 경우도 많다. 속도보다는 정확하게 보는 눈을 기르는 것이 중요하다.

사례 편 2

탐색과 분석 순서

코로나19 사태 때의
실전 사례

MCJ
'알 만한 사람은 그 진가를 다 아는 수준'으로 승기를 잡다

코로나19 사태가 발생하기 직전인 2020년 정월에 부하 직원으로부터 이런 상담을 받았다.

"연말에 보너스가 나와서 오쿠야마 씨의 주식 책을 읽고 MCJ(6670)라는 주식을 사봤는데, 어떻게 생각하시나요?"

MCJ는 '마우스 컴퓨터'로 친숙한 컴퓨터 등을 제조 판매하는 회사다. 들어보니 내 저서 《에나훈 류 주식 투자술》에 나와 있던 대로 '회사 사계보'를 꼼꼼히 읽고 그 나름대로 선택한 주식이라고 했다. 바텀업(⇨50번)의 기법을 시험한 것이라 할 수 있다.

나는 원래 이런 개인적인 투자 이야기에 관한 상담은 제대로 응하지 않는다. 하지만 '그 정도로 했다 하니까'라는 생각에 〈회사 사계보〉를 확인해봤다. 첫인상은 '상당히 재밌네'였다.

▮ VE 투자 리스트를 만들다

〈회사 사계보〉 2020년 신춘호에서 MCJ의 페이지를 보면(《도표 60》), 2017년 3월 무렵부터 장기 차트는 횡보 혹은 약간 상승한 느낌을 받는다(❶). 한편 실적 추이를 보면 훌륭하다. 지난 4년간 매출 증가와 이익 증가가 계속되었고 이번 분기에도 매출 증가와 이익 증가가 예상된다(❷). VE 투자 일람표와 대조해보면 〈도표 61〉에 나타난 것처럼 'EPS↑ 주가→' 패턴에 해당할 것 같다.

추정 PER은 9.7배다(❸). 이 예상 숫자는 MCJ사가 제시한 것이 아니라 〈회사 사계보〉 직원이 독자적으로 산출한 EPS를 기반으로 계산된

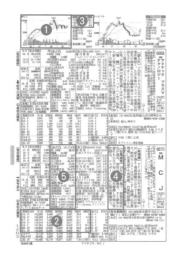

④ 【태풍피해】 19년 10월 태풍으로 일부 제조위탁처가 재해를 입어 부자재나 재고에도 피해 PC 납기 지연도 11월 하순에 새 위탁처를 가동해 조기 정상화를 꾀하고 있다. e스포츠 대회에 제품 적극적으로 대여.

⑤ 【주식】 10/31 101,774천 주
단위 100주 [우대]
시가총액 814억 엔
【재무】〈連結*119.9〉 백만 엔
총자산 73,804
자기자본 40,437
자기자본비율 54.8%
자본금 3,868
이익잉여금 28,679
유이자 부채 14,834
【지표 등】 〈연 19.3〉
ROE 18.3% 추정 20.0%
ROA 9.1% 추정 11.0%
조정 1주당 이익(調整1株益) -엔
최고 순익(19.3) 6,655
설비자본 1,234 추정
감가상각 528 추정
연구개발 87 추정
【현금흐름】 백만 엔
영업 현금흐름 4,093(7,749)
투자 현금흐름 ▲1,755(▲3,036)
재무 현금흐름1,506(▲2,266)
현금 등가물 21,201(17,932)

①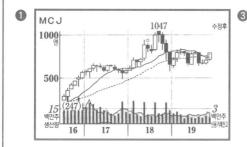

MCJ 1047 수정후
1000 엔
500
(247)
15백만주 생산량 3백만주 신용거래잔고
16 17 18 19

③ 주가 지표

추정 PER	(배)
〈20.3〉	9.7
〈21.3〉	8.9

② [실적](백만 엔)

	매출액	영업이익	경상이익	순이익	1주당 이익(엔)	1주당 배당금(엔)
연15. 3*	102,889	5,068	5,217	2,627	26.9	5
연16. 3*	103,288	5,167	5,014	3,087	31.7	6.5
연17. 3*	108,727	7,463	7,503	5,030	51.7	13
연18. 3*	124,544	8,504	8,743	5,811	59.7	18
연19. 3	137,264	9,688	9,690	6,655	67.9	20.5
연20. 3추정	148,000	12,000	12,000	8,100	82.6	24.8
연21. 3추정	150,000	12,800	12,800	8,800	89.7	25.3

* '連은' '연결'의 뜻으로, 자회사를 가지고 있는 상장 기업은 '연결결산'으로 지표를 보기 때문에 (연)이라고 표시됨. 한편, 자회사를 가지고 있지 않은 기업의 경우에는 "단독"이라는 의미로 (단)쪽에 수치가 표시됨.

(출처 : 〈회사 사계보〉 2018년 4집 가을호)

것이다. 회사의 추정 PER에 비해 편향이나 최근의 외부 환경 등이 고려되어 있어 더욱 정확하다고 할 수 있다.

MCJ의 주력 사업인 마우스 컴퓨터는 TV 광고에서도 본 적이 있다. 파괴적 이노베이션의 초기 단계에서 흔히 볼 수 있는 '뭔가 싸구려 같지만 고객의 니즈를 잘 파악하고 있는 유형'의 기업처럼 보인다. 유니클로도 소프트뱅크도 돈키호테도 처음에는 이런 느낌으로 시작했다. 또한 컴퓨터 제조 및 판매라고 하면 예전에 미국의 Dell사가 급성장했던 것이 떠오른다.

만약 그런 미래가 밝은 성장 기업이라면, PER 9.7배는 매우 저평가된 것이다. 과거 3년간의 이익 성장률은 대략 20% 가까이 되며 적정 PER은 적어도 16~20배가 되어도 좋을 것 같은데〈도표 62〉, 10배를 밑돌다니….

〈회사 사계보〉의 코멘트 란을 보면 공장이 2019년 태풍 19호에 의해 피해를 입었던 것을 알 수 있다(❹). 만약 피해를 입지 않았다면 이 회사는 더 많은 이익을 냈을 것이다. 태풍 피해는 일시적인 손실이며 이 회사의 장기적인 실력과는 관계가 없다.

자기자본 비율은 54.8%로 문제가 없고 유이자 부채 148억 엔에 대해 현금 등가물은 212억 엔이나 있어 실질적으로 무차입 경영이라 할 수 있다(❺). 배당 수익률도 3.1%로 나쁘지 않다.

1차 선택은 합격이다.

"자네, 꽤 가능성 있는 선택을 했어. 이 주식은 성장할지도 몰라. 다만 한 가지 주의하고 싶은 점은 컴퓨터에는 독특한 판매 주기가 존재한다는 것이야. 2020년 3월 분기에는 마침 윈도우 7의 지원 종료 시기와 겹쳐서 교체 특수가 발생했어. 다음 분기에는 그 반동이 나올지도 몰라. 시장은 이미 그것을 반영했을 가능성이 있어."

다음 날, 나는 그에게 그렇게 말하고 그대로 두었다.

도표 61 **MCJ(6670)의 VE 투자 일람표**

	❶	❷	❸	❹	❺
EPS의 변화	→	↑	↑	↑↑	↓
주가의 변화	↓	↓	→	↑	↓↓
추정 PER			9.7		

도표 62 **MCJ(6670)의 적정 PER 기준표의 해당 부분**

미래 전망 ＼ 자신감	상당히 자신 있음	자신 있음	보통	불안, 자신 없음
급성장이 기대됨 (EPS 성장률 : 대체로 20% 이상)	PEG Ratio에 의해 결정			소액을 투자하면서 상황을 살펴본다.
상당히 밝음 (EPS 성장률 : 대체로 10~20%)	20배	17.5배	16배	
밝음 (EPS 성장률 : 대체로 0~10%)	15배	14배	13배	
보통 (EPS 성장률 : 0% 전후 이하)	VE 투자 대상 외			

▌톱다운 접근법으로 종목 교체

마침 그 무렵, 중국에서 신종 코로나바이러스 문제가 발생하고 있다는 뉴스를 처음 접했다. 하지만 그것이 그 후 전 세계를 휩쓸 큰 재앙으로 발전할 것이라고는 상상조차 하지 못했다. 처음에는 SARS(중증 급성 호흡기 증후군)나 MERS(중동 호흡기 증후군)처럼 지역이나 기간 한정 문제라고 대수롭지 않게 여겼다.

하지만 한동안 안정적이었던 시장은 2월 하순에 갑자기 동요하기 시작했고 3월에 들어서자 패닉 장세를 보였다. 폭락이 일어나면 나 자신도 상당한 피해를 입게 되지만, 그 이상으로 기회도 커진다. 나는 흥분한 상태였다. 내가 보유한 주식은 연초부터 30%나 하락했지만, '이 큰 기회를 어떻게 활용할까?'에 관심이 쏠렸다. 일단, 톱다운 접근법(⇨50번)으로 종목 교체를 검토했다.

톱다운 접근법에서는 먼저 핵심 키워드를 작성하고 연상 게임처럼 관련 키워드를 작성해나간다. 또한 인터넷 뉴스 등에서 의외라고 생각한 키워드도 별도로 작성해둔다. 단순한 아이디어 싸움이 아니라 이미 일어나기 시작한 변화를 근거로 삼아 확인하는 것이다. 〈도표 63〉은 그것들의 발췌자료다.

다음으로 이 키워드를 바탕으로 투자 대상을 찾는다. 어쩌면 정성(定性)적 정보를 AI 등으로 기계적으로 추출하는 도구가 이미 개발되어 있을지 모르지만, 개인 투자자 수준에는 제공되지 않는다. 그래서 옛날 방식이지만, 나는 종이로 된 일본 경제신문의 주식 란을 펼쳐서 키워드가 많이 들어맞는 종목을 하나하나 빨간 펜으로 표시하는 방법을 택하고 있다.

다음으로 추출된 종목들을 〈회사 사계보〉에서 확인하고 앞서 MCJ에서 했던 것처럼 1차 선발을 실시한다.

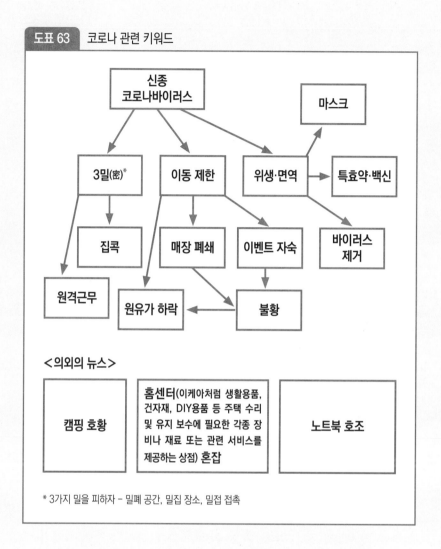

도표 63 코로나 관련 키워드

신종
코로나바이러스

마스크

3밀(密)*

이동 제한

위생·면역

특효약·백신

집콕

매장 폐쇄

이벤트 자숙

바이러스
제거

원격근무

원유가 하락

불황

<의외의 뉴스>

| 캠핑 호황 | 홈센터(이케아처럼 생활용품, 건자재, DIY용품 등 주택 수리 및 유지 보수에 필요한 각종 장비나 재료 또는 관련 서비스를 제공하는 상점) 혼잡 | 노트북 호조 |

* 3가지 밀을 피하자 – 밀폐 공간, 밀집 장소, 밀접 접촉

집콕 관련 주식으로는 이미 게임이나 인터넷 관련 주식이 주목받아 급등하고 있었으므로 그런 정중앙은 피한다. 그 대신 전자책이나 근력 운동 등 주변에서 내가 이해할 수 있는 분야를 조사했다. 야외 활동 관련으로는 벌레 퇴치제나 살충제, 원격근무 관련으로는 리모델링 관련 등을 조사했다.

▌투자 스토리 만들기

그런 접근을 하면서 정월에 부하 직원과 나눈 대화를 떠올렸다. 재택근무를 하려면 노트북이 필수다. MCJ에는 순풍이 불고 있다. 당시에는 윈도우 7 지원 종료의 반동으로 인해 감소가 우려되었지만, 이제 그런 상황은 아니다. 중국에서의 부품 공급 중단으로 이 회사의 주가도 다른 주식들과 마찬가지로 크게 하락했으나 홈페이지를 보면 적극적으로 판매 이벤트를 벌이고 있다. TV 광고도 계속해서 나오고 있어 영향이 크다고는 생각하지 않는다. 설령 영향이 있었다고 하더라도 중국은 이미 신종 코로나바이러스의 정점을 지나 생산 재개를 향해 움직이고 있다. 결국 상황이 좋아질 것은 분명하다.

마침 딸이 다니는 학교에서도 원격 수업을 계획하고 있어서 노트북을 사기 위해 가전제품 매장에 들어가 보았다. 역시 많은 컴퓨터 제조업체가 부품 공급 문제로 재고가 부족했다. 하지만 제품 상담을 하러 오는 손님은 끊이지 않았고 컴퓨터 코너는 '3밀'에 가까운 상태였다.

▌일시적인 현상인가? 지속적인 변화인가?

재택근무는 신종 코로나바이러스가 유행하는 지금만의 일시적인 현상일까? 그렇지 않을 것이다. 실제로 나도 집에서 재택근무를 시작해보았는데, 오히려 사무실보다 일이 더 잘 되었다. 굳이 고객이나 관련 부서를 직접 방문하지 않아도 '화상 회의를 해도 실례가 아니다. 오히려 고맙다'라는 합의가 형성된 것은 대단히 중요한 일이다. 회의실보다 프레젠테이션도 보기 쉽고 프로젝터와의 연결에 대해 고민할 필요도 없다. 재택근무로 인해 절감되는 이동 비용이나 부동산 비용은 막대하다. 항상 비용 절감에 신경을 쓰는 기업이 이 변화를 놓칠 리가 없다. 노트북 비용 같은 것은 금방 본전을 뽑을 수 있을 것이다.

이번에는 너무 긴급했기 때문에 많은 기업이 아직 원격 근무에 대응하지 못하고 있다. 집에서 자기 계발을 하는 사람이나 자택에서 개인 컴퓨터로 일을 할 수밖에 없는 사람도 많다고 들었다. 원격으로 전환이 진행되면 노트북은 계속해서 많이 팔릴 것이다.

3월 중순에 MCJ의 주가는 500엔 전후로 바닥을 쳤고 3월 말 시점에서는 600엔 전후로 회복했지만, 그래도 800엔 전후였던 새해와 비교해 보면 25%나 하락해 파격 세일 중이었다. PER 9배 대도 저렴하다고 생각했는데, 이런 상황을 감안하면 진정한 실력에 대한 PER은 5~6배라고 할 수 있다. 아무리 생각해도 매수 타이밍이다!

코로나19가 한창 기승을 부리던 때에 나는 이 주식을 PER 6배 정도에 살 수 있었다. 어떻게 그렇게 저렴하게 살 수 있었을까? 일단, MCJ의 주력 브랜드인 '마우스 컴퓨터'의 인지도가 그다지 높지 않았다. 최

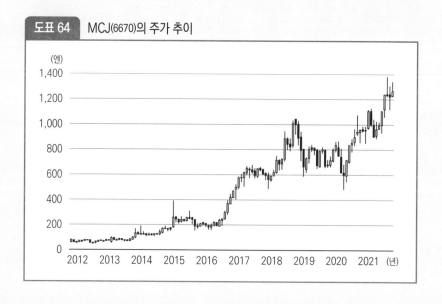

도표 64   MCJ(6670)의 주가 추이

근에는 유명 연예인을 기용한 TV 광고 등으로 어느 정도 알려지게 되었지만, 그 장점은 아직 아는 사람만 아는 수준이다. 그 점이 좋다. 아는 사람만 아는 수준일 때 주식을 사고 그 브랜드가 널리 알려진 후에 팔 수 있다면 엄청난 수익을 얻을 수 있다. 유니클로, 니토리, 워크맨도 상장 초기에는 아는 사람만 아는 수준이었다.

그다음은 시장이다. MCJ는 2021년 9월 현재 도쿄증권거래소 2부에 상장되어 있다(현재는 도쿄증권거래소 스탠다드). 이것 또한 좋다. 도쿄증권거래소 2부는, 쉽게 말해 2부 리그다. 당신이 팀을 승리로 이끌어야 하는 스카우터라고 하자. 만약 실력이 같다면 1부 리그에서 활약하는 유명 선수와 2부 리그에서 열심히 노력하는 앞으로 발전할 선수 중 어느 쪽과 계약을 맺고 싶은가? 당연히 전국적으로는 알려지지 않은 2부 리그 쪽이 계약금은 적게 들고, 아마도 장래성은 전자보다 높을 것이다.

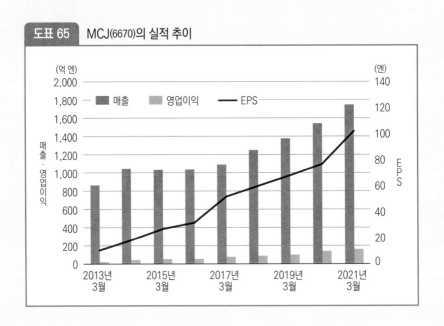

도표 65 MCJ(6670)의 실적 추이

마지막으로 타이밍이다. 다시 한번 MCJ 주식의 차트를 봐보자. 2016년 상반기에는 200엔 정도였던 주가가 2018년 9월에는 1,000엔을 넘어서 상승하고 있다. 2년 남짓한 기간 동안 5배나 상승한 것이다. 이렇게 상승하면 당연히 이익 실현 매도도 증가했을 것이다. 그 후, 2019년 말까지 1년 이상 600~800엔 가격대에서 정체가 계속되었다. 그 결과가 코로나 쇼크였다. 나는 코로나 쇼크가 정점에 달한 2020년 3월에 이 주식을 평균 매입가 610엔 정도에 샀다. 그 수준은 3년 전인 2017년 3월경과 비슷하다. 2023년 9월 현재는 1,150엔 정도로 움직이고 있다.

Lesson 13

실패를
교훈으로

나쁜 습관이나
고정관념을 없애다

58 실패를 되돌아보고
그 극복 방법을 생각해본다

'인터넷에서 화제가 된 주식의 인기에 편승하려다가 꼭대기에서 사
버렸다.'

'당초의 계획이 크게 어긋났음에도 불구하고 그 종목에 집착해 손실
을 키워버렸다.'

'나중에 10배나 상승한 성장주를 매입가에서 30% 올랐다고 기뻐하
며 팔아버렸다.'

이것들은 모두 30년 넘게 투자하면서 내가 경험한 수많은 실패의 일
부에 불과하다. 나도 많은 실패를 겪어왔다. 주식 투자를 계속하는 한
모든 것을 예상대로 맞추기는 불가능하다. 아무리 조사해도, 아무리 감
각이 뛰어나도 불확실성의 먹이가 될 수 있다.

하지만 내 경험상 사람들이 걱정하는 만큼 불확실성은 주주를 파멸
로 이끌지 않는다. 오히려 조사 부족이나 경험 부족, 과도한 리스크 감
수 등 자신의 실수에 실패의 원인이 있는 경우가 압도적으로 많다. 독자
들 중 상당수가 비슷한 경험을 했을 것이다. 이러한 실패는 두 번 다시
기억하고 싶지 않을 수도 있지만 한 번쯤은 그것들을 자신의 약점으로
써 냉정하게 돌아보고 극복 방법을 생각해볼 필요도 있다.

59 고정관념이 있는 것은 아닌지 의심해본다

'기업의 성장을 믿고 투자한다.' 이 간단한 발상으로 투자하면 아마 몇 가지 벽에 부딪히게 될 것이다. 하지만 그것은 재능이나 노력의 한계와 같은 스포츠나 입시 등에서 누구나 마주하는 벽과는 약간 다르다. 성공하지 못하는 개인 투자자들의 대다수는 '사물을 올바르게 보지 못하는' 벽에 부딪히게 된다. 곤란하게도 본인은 그것을 깨닫지 못하거나 깨달아도 그것을 고치려고 하지 않기 때문에 좀처럼 이 벽을 뛰어넘을 수 없다. 이 점에 대해 알아보자.

일단 자신이 가지고 있는 투자에 대한 고정관념을 의심해보기를 바란다. 많은 사람들은 지금까지의 인생 경험을 통해 '주식이란 이런 것이다'라는 어떤 신념을 가지고 있다. 하지만 그것은 대부분 크게 잘못된 것이다.

예를 들어, 잘못된 신념 중에는 '경기가 좋으면 주가는 오르고 경기가 나쁘면 주가는 내려간다', '성장주는 기대되는 성장 산업에서 나온다', '부지런히 손절매하지 않으면 주식에서 승리할 수 없다' 등이 있다. 이것들은 대체로 옳게 느껴지지만 적어도 성장주 투자에 있어서는 잘못된 경우가 많다.

더 본질적인 부분에서 초보자가 실수하기 쉬운 것은 단기 주가 변동을 바라보는 방법이다. 예를 들어, 장기적인 주가는 매일매일 주가가 누적된 결과로 형성되기 때문에 단기적인 판단력이 장기 투자에서도 유효하다는 발상이다. 나도 한때는 이 생각에 사로잡혀 있었다.

프로야구의 정규 리그를 떠올려보자. 약 반년간의 시즌에서 각 경기의 승패가 누적되어 결과적으로 가장 많이 이긴 팀이 우승한다. 당연히 여름이 끝나고 남은 10경기에서 승률이 40% 남짓한 팀은 리그 우승이 불가능하다.

주식의 경우는 어떨까? 경기 동향이 우려되거나 이미지가 나쁜 뉴스가 나와서 봄부터 20%나 하락한 주식이 있다고 하자. 그런데 4~9월 분기의 중간 결산이 발표되었는데, 놀랍도록 실적이 좋아져 전년 동기 대비 20% 이상의 증가를 기록했다. 분석해보니 이 회사의 비즈니스 모델은 경기와의 연동성이 낮다. 또한 '나쁜 뉴스'로 여겨졌던 문제도 잘 극복했음이 밝혀졌다. 그러면 어떻게 될까? 주식 시장은 손바닥을 뒤집듯이 평가를 바꾸고 다음 날부터 주가는 급등한다. 이런 경우 며칠 만에 주가가 40% 이상 상승하는 경우도 있다.

이 사례에서는 대부분 투자자의 우려나 오해, 또는 이를 노린 투자가들의 투기적 움직임에 의해 주가가 반년 동안 계속해서 하락했다. 그리고 결산 발표 후 며칠 동안만 기업의 펀더멘털(기초 조건)이 반영되어 장기적으로 의미 있는 가격 변동을 하게 된 것이다.

최근, 투자에 심리학 지식이나 AI가 응용되면서 이런 현상이 빈번하게 발생하고 있다. 단기적인 주가는 투자자의 심리만 반영될 뿐 실제 기업의 실적과는 무관하게 움직이기 쉽다. 프로야구의 정규 리그와 같은 누적 사상은 버려야 한다. 단기적인 주가는 반드시 펀더멘털과 연동되지 않는다는 전제로 투자를 해야 한다.

60 하락 장세에서는 '나는 도박 중독증이 아닌지?' 의심해본다

개인 투자자들에게 '하락 장세를 어떻게 극복할지'는 '상승 장세에서 어떻게 수익을 올릴지'보다 더 중요하다고 할 수 있다. 큰 하락 장세에서 모든 것을 잃지 않기 위한 대처법에 대해 알아보자.

먼저, 〈도표 66〉의 그래프를 살펴보자. 이는 거품이 시작된 것으로 보이는 1986년부터 2018년 8월 말까지의 닛케이 평균 주가 추이를 나타낸 차트다. IT 거품 붕괴나 리먼 브러더스 사태와 같은 후세까지 기억될 만한 폭락에서 닛케이 평균은 절반 이하로 뚝 떨어져버린다.

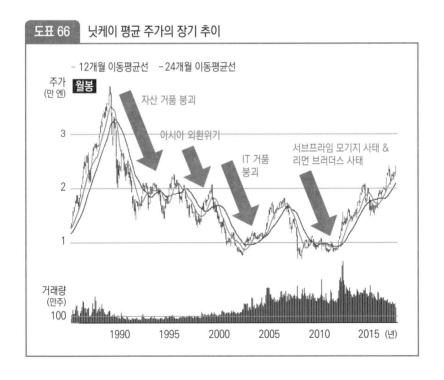

도표 66 닛케이 평균 주가의 장기 추이

또한 하락 장세가 반드시 일관되지 않는다는 점도 눈에 띌 것이다. 크게 하락한 후에는 대개 안정된 국면이 몇 주에서 몇 달 동안 이어진다. 하지만 '이대로 계속 올랐으면 좋겠다'라는 개인 투자자의 바람도 무색하게 다시 폭락이 찾아온다. 그것이 2~3번 반복되면 대부분의 개인 투자자들은 맨정신으로 버틸 수 없게 된다. 그리고 SNS에는 '밤에 잠을 잘 수가 없다'라거나 '더 이상은 버티기 힘들다'라는 비참한 글들이 넘치게 되는 것이다.

이때 누구나 품어볼 만한 의문이 있다. '왜 고점 부근에서 매도해 정리하지 않았을까?'이다. 제삼자의 시각으로 냉정하게 보면, '그동안 상승 장세에서 상당한 수익을 올렸다면 하락 장세에까지 동참할 필요는 없다. 조금 손해 본 시점에 투자를 그만두었으면 좋았을 텐데…'라고 조언하고 싶어질 것이다.

멈출 수 없는 원인에는 여러 가지가 있겠지만 나는 그중 가장 큰 원인은 중독이 아닐까 의심하고 있다. 〈도표 67〉은 미국 정신의학회가 정한 도박 중독의 진단 기준이다. 10개 항목 중 해당 항목이 5개 이상이면 도박 중독으로 진단된다. '도박'을 '주식 투자'로 바꾸어 10개 항목을 읽어보면 어떨까. '나는 다르다'라고 생각하고 싶겠지만 가슴에 손을 얹고 냉정하게 체크하면 5개 이상에 해당하는 사람도 적지 않을 것이다.

주식 투자가 잘되면 얻을 수 있는 이익은 경마나 파친코와는 비교할 수 없다. 평범한 회사원이라면 절대 손에 넣을 수 없는 큰돈을 여러 번 벌게 된다. 뇌 내 마약인 도파민이 대량으로 분비되어 중독되어도 전혀 이상하지 않다.

이 10개 항목 중 5개 이상에 해당되면
도박 중독으로 간주된다.

☑ ❶ 항상 머릿속에서 도박 생각만 한다.

☑ ❷ 흥분을 추구하며 도박에 들이는 금액이 점점 늘어나고 있다.

☑ ❸ 도박을 그만두려고 해도 그만두지 못한다.

☑ ❹ 도박을 그만두면 초조해지고 안절부절못한다.

☑ ❺ 부정적인 감정이나 문제로부터 도피하려고 도박을 한다.

☑ ❻ 도박에서 지고 난 후 패배를 만회하려고 도박을 한다.

☑ ❼ 도박 문제를 숨기려고 가족이나 치료자 또는 다른 사람들에게 거
짓말을 한다.

☑ ❽ 도박 자금을 마련하기 위해 문서 위조, 사기, 절도, 횡령, 착복 등
의 불법 행위를 한다.

☑ ❾ 도박 때문에 인간관계나 일, 학업 등에 지장이 생긴다.

☑ ❿ 도박으로 생긴 빚을 다른 사람이 대신 갚아주고 있다.

10개 항목 중 특히 문제가 되는 것은 3번째와 6번째 항목이다. 그만 두고 싶어도 브레이크가 작동하지 않는다. 시장은 급등락을 반복하고 명백히 위험한 상태임에도 불구하고 잃은 것을 만회하려고 신용거래나 작전주 매매와 같은 고위험 거래에 손을 대게 된다. 변동성 장세에서는 하락 폭뿐만 아니라 일시적인 상승 폭도 큰 것이 특징이다. 이 때문에 잃은 것을 바로 만회할 수 있을 것처럼 느껴져 철수라는 판단을 내리지 못하게 되는 것이다.

참고로 나도 과거에 '걱정으로 밤에 잠을 이루지 못하는 상황'을 여러 번 경험한 적이 있다. 그 당시의 나는 8번과 10번 항목을 제외한 모든 항목에 해당했던 것 같다. 틀림없이 나는 중독이었다. 그렇기 때문에 이러한 이야기를 쓸 수 있는 것이다.

워런 버핏은 '구덩이에 빠져 있다는 것을 알게 되었을 때 가장 중요한 것은 땅 파는 것을 멈추는 것이다'라고 말했다. 만약 자신에게 중독 기미가 보이고 그 상황에서 벗어날 수 없다고 판단된다면 이 말을 떠올려보자. '손실을 만회하겠다'라며 포지션을 더 크게 만드는 것이 아니라 먼저 땅 파는 것을 멈추어야 한다. 그리고 자신의 상황을 냉정하게 다시 살펴본다.

인생은 길다. 손실을 만회할 기회는 앞으로도 여러 번 있을 것이다. 승리할 확률이 높은 상황에서 자신에게 있어 최고의 종목을 찾아내어 만반의 준비를 한 다음, 큰 승부를 거는 것이다. 이것이 성장주 투자의 묘미다. 힘든 상황에서 기사회생을 노리고 위험 부담이 높은 큰 승부를 거는 것은 묘미도 성공의 비결도 아니다.

'나는 주식 투자 중독자다.' 이것을 깨달았을 때 나는 증권 계좌에서 운용 자금의 대부분을 인출한 다음, 은행 창구로 가서 안정적인 운용형 투자신탁을 샀다. 일부러 주식에 자금을 쉽게 투입할 수 없는 상황을 만든 것이다. 그래도 증권 계좌에는 자금의 10% 정도를 남겨두었다. 완전히 그만둘 수 없다는 것을 자각하고 있었기 때문이다. 주식 운용 자금을 갑자기 10%로 줄이면 자극이 너무 적어 처음에는 불만이 있다.

하지만 익숙해지면 그 범위 안에서도 손해를 보면 아쉽고 수익을 내면 우월감을 느낄 수 있게 된다. 주식 시장에서 완전히 손을 떼지 않고 소액으로 상황을 지켜보면서 얻을 수 있는 새로운 지식도 있다. 독자들에게도 참고가 되었으면 한다.

61 냉정하게 판단하려고 마음먹지만 큰 실수를 저지르는 경우도 있다

개인 투자자가 주식 투자로 모든 것을 잃는 원인은 중독뿐만이 아니다. 냉정하게 판단하려고 마음먹지만 큰 실수를 저지르는 경우도 있다.

예를 들어, 호황에서 불황으로 전환된 후의 큰 하락 국면에서는 그전까지의 투자 근거가 전혀 통용되지 않는다. 경기가 상승세일 때와 하락세일 때는 전혀 다른 양상을 보인다. 특히 경기가 정점에 이르렀을 때 실적이 경기 동향에 크게 좌우되는 경기민감주의 PER이 일시적으로 매우 낮아지는 현상이 발생한다. 이것을 보고 '파격 세일'이라고 생각해 큰 승부를 걸고 싶어지지만 바로 여기에 큰 함정이 있다. 경기의 영향을 받기 쉬운 기업의 실적은 순식간에 악화되고 PER은 급격히 상승하기 때문이다.

왜 이런 현상이 발생할까? 가령 경기가 정점에 달했을 때 EPS가 200엔에 달하지만 경기 침체 시에는 50엔으로 적자로 전락하는 경기민감주종목이 있다고 하자. 〈도표 68〉과 같이 이 종목의 장기적인 EPS 평균치는 (200 - 50)÷2 = 75엔이 되고, 장기적인 적정 주가 역시 이 평균치를 기준으로 산출하는 것이 합리적이다. PER의 적정 수준이 12~15배라면, 장기적인 적정 주가는 900~1,125엔 범위에 들어간다.

그런데 실제 주가는 이 범위에 머물지 않는다. 아마도 경기가 정점일 때는 그 당시 EPS 200엔을 기준으로 적정 PER의 12~15배를 곱한 2,400~3,000엔까지 상승할 것이다. 하지만 그 후에 장기적인 적정 주가의 범위를 아는 투자자들의 매도로 주가는 하락하기 시작한다. 2,000엔 부근까지 하락하면 EPS 200엔으로 산출한 PER은 10배가 된다. 매우 저렴해 보이지만, 이 수준에서도 장기적인 적정 주가와 비교하

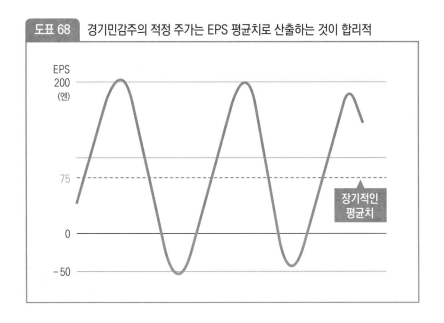

도표 68 경기민감주의 적정 주가는 EPS 평균치로 산출하는 것이 합리적

EPS
200
(엔)

75

0

-50

장기적인
평균치

면 2배에 달하는 고가이기 때문에 계속해서 하락한다. 당장의 PER만 보고 큰 승부를 걸면 상처를 더욱 키우는 결과로 끝이 나게 된다.

나는 경기가 과열되고 주가에 거품이 낄 것 같으면 신속히 게임에서 손을 뗀다. 특히 시가총액이 작은 소형주를 대규모로 매수하면 가격이 하락하기 시작한 후에는 매수자가 나타나지 않아 매도하기 힘들다. 그래서 과열되기 시작하는 시점에 빨리 매도하고 그 이후의 주가는 신경 쓰지 않는다. '머리와 꼬리는 남에게 주는 것'이다.

물론 경기 침체는 일시적인 현상으로 곧 회복될 가능성도 있기 때문에 판단은 어렵다. 그래서 나는 가능하면 경기민감주는 사지 않도록 하고 경기의 영향을 적게 받는 경기방어주나 경기민감주로 간주되는 업종 중에서도 특히나 경기의 영향을 적게 받는 구독형 비즈니스 모델을 구축한 기업에 주로 투자해왔다. 물론 매우 유망한 경기민감 성장주를 발견한 경우에는 그것도 매수하지만, 이 경우에는 너무 욕심내지 않고 신속하게 게임에서 손을 떼어 큰 피해를 피하도록 하고 있다.

사례 편 3

실패의 교훈
그동안 내가 배운 것

교리츠 메인터넌스
서둘러 팔아버려 큰 상승을 놓치다

내가 겪은 실패 중 가장 많은 부분을 차지하는 것은 매우 유망하다고 판단했음에도 불구하고 흠이 걸려 사지 않았거나, 사긴 했지만 2배 정도 상승했을 때 만족하고 빨리 팔아버려 그 후의 큰 상승을 놓친 것이다.

그중 한 가지를 소개해보겠다. 업무로 인해 매달 출장을 다니던 시절, 나에게는 마음에 드는 호텔이 있었다. 바로, '도미인'이다. 대형 목욕탕에 맛있는 조식, 객실도 같은 가격대의 다른 곳과 비교하면 조금 널찍했다. 리셉션에 이 호텔을 운영하는 회사명을 물어보니 교리츠 메인터넌스(9616)라는 회사라고 했다. 곧바로 인터넷으로 조사해봤더니 주로 학생 기숙사와 직장인 기숙사 운영을 주된 사업으로 전개하는 회사이며, 기숙사 운영 통해 쌓은 노하우를 활용해 편안한 비즈니스 호텔 도미인을 전개하고 있다는 것이었다.

하지만 당시 직장인 기숙사의 실적이 부진하고 한편 도미인에서도 개발 비용이 무겁게 짓눌러, 실적은 바닥을 치고 있었다. 나의 감은 '이 호텔은 분명히 성장할 것이다'로 향하고 있었기 때문에 일단은 이 주식을 소액 사보기로 했다. 하지만 결산 자료나 홈페이지를 아무리 조사해도 이 회사의 성장성을 뒷받침하는 데이터는 얻을 수 없었다. '애초에 호텔을 개발하는 데는 막대한 비용이 든다. 그런데 그 자금을 어떻게 조달할까?'라는 걱정이 머리를 스쳤다.

▋ '사업 구조를 철저히 조사해야 한다'는 교훈

부동산 개발에 대해 잘 아는 사람이라면 알고 있겠지만, 이러한 수익 물건에는 다양한 자금 조달 수단이 존재한다. 소유자로부터 토지를 빌리고 호텔을 SPC(Special Purpose Company-특수목적법인)로 만들어 투자자나 은행으로부터 우선출자나 대출을 받는 등의 방법을 쓰면 소액의 자기 부담금으로 큰 개발이 가능하다.

그런데 당시 나는 그것을 몰랐다. 지식 부족으로 인해 큰 이익을 놓친 것이다. 투자 금액은 소액이었고 게다가 30% 정도 상승했을 때 모두 매도하는 큰 실수를 저질렀다. 외국인 관광객의 뒷받침도 있어 그 후

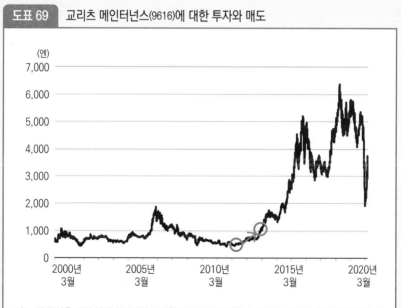

도표 69 교리츠 메인터넌스(9616)에 대한 투자와 매도

나는 이 주식을 상장 이래 최저가에 근접한 500엔에 구입할 수 있었다. 하지만 30% 정도 상승하자 신속히 매도해버렸다. 그 후 주가는 계속해서 상승해 만약 신종 코로나바이러스 사태의 직격탄을 받은 후 팔았더라도 매입가 대비 3배 상승한 가격에 팔 수 있었을 것이다.

8년 동안 교리츠 메인터넌스의 EPS는 8배로 확대되었고, 주가는 내가 매수했던 가격 대비 12배나 상승했다(그 후 신종 코로나바이러스의 영향으로 주가는 크게 하락했다).

이 실패의 교훈은 자신의 감이 '사라'고 속삭일 때 철저히 그 사업 구조를 조사해야 한다는 것이다. 기존의 업종 특성이나 비즈니스 모델은 잊는 편이 좋다. 시대는 크게 변하고 있다. 여기서 얻은 교훈은 나중에 소니에서 활용할 수 있었다(⇨성공 사례 3)

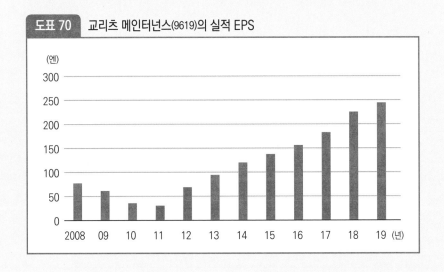

도표 70 교리츠 메인터넌스(9619)의 실적 EPS

실패 사례 02

온리
성공 스토리가 사라지다

다음은 외부 환경을 깊이 생각하지 않고 주식을 사버린 사례다. 정장 제조 판매 회사인 온리는 오리지널 맞춤 정장 온라인 판매 사업이 좋은 반응을 얻어 매출이 확대되고 있었다. 매장에서 한번 치수를 재면 그 데이터를 바탕으로 다음 번부터는 인터넷으로 구입할 수 있으며, 경우에 따라서는 자신이 직접 치수를 잴 수도 있다.

특히 원단 선택과 치수를 재기라는 단순 주문 시스템을 채택한 '미니멀 오더'는 납기는 살짝 오래 걸리지만 '2벌에 3만 8,000엔부터'라는 맞춤 정장의 상식을 뒤집는 저비용을 실현한 시스템이다. 나는 조사를 위해 매장에 가서 제일 좋은 정장을 2벌 정도 주문하고 돌아왔는데, 제냐(Zegna)나 로로피아나(Loro Piana) 같은 최고급 원단을 사용한 정장을 백화점의 절반 이하 가격으로 살 수 있다는 것에 대만족했다. 곧바로 이 회사의 주식을 전처럼 바로는 팔 수 없는 수준까지 사들였지만, 바로 이것부터가 큰일이었다.

맞춤 정장의 인터넷 판매는 곧바로 다른 회사들도 흉내 내기 시작해 큰 차별화로 이어지지 않게 되었다. 또, 사람들의 정장 기피 현상은 나

도표 71 온리에 대한 투자와 매각

반응이 좋았던 맞춤 정장 인터넷 판매에 눈이 팔려 이 주식을 샀지만 곧 먹구름이 드리워졌다.

의 상상 이상으로 빠르게 진행되었다. 근로 방식 변화의 목소리와 함께 자연스러운 바지에 가볍게 재킷을 걸치는, 이른바 재킷 팬츠 스타일이라도 실례가 아니라는 암묵적 합의가 회사 내외에서 이루어지기 시작했다. 무심코 아무 일도 없는 날에 그런 고급 정장을 입고 회사에 가면 '오늘이 결혼식이냐?'라고 놀림을 받는 상황에 이르렀다.

실적도 일시적으로 확대되었지만, 성장세는 이내 멈췄다. 950엔 부근에서 매집한 이 주식을 1년 뒤 800엔 안팎에서 처분하기로 결정했다. 다행히 후한 주주 우대와 고배당 덕분에 안정적인 매수세가 들어왔기 때문에 조금씩 매도해 몇 개월에 걸쳐 모두 처분할 수 있었다. 유일한 위안은 코로나19의 여파로 주가가 더 내려갔다는 정도다(2021년 MBO*(Management buyout-경영자 매수)에 의해 상장폐지).

▮ 바로 갈아탈 수 있는 '백업 선수'를 준비해둔다

이 주식에서 얻은 교훈은 전망이 밝다고 생각했지만, 곧 그 밝음이 사라져버린 경우의 대처 방법이다. 예측이 항상 맞을 수는 없다. 장기 투자라고 해서 앞날이 어두워져도 계속 보유하면서 그 기업을 응원해야한다는 생각은 버려라. 만약 단기적인 요인에 의해 일시적으로 상황이 나빠진 경우라면 이야기가 다르다. 계속 보유한다고 판단해도 문제없다. 하지만 이 회사의 경우 중장기적인 성장 스토리 자체가 의심스러워졌다. 나는 이런 주식을 보유하게 되었을 때 바로 다른 주식으로 갈아타려고 한다. 이 경우, 중요한 것은 주력 선수의 컨디션이 나빠졌을 때를 대비해 항상 백업 선수를 준비해두는 것이다.

* 회사가 주주들의 주식을 사들인 후 상장폐지

232 가치 투자 실천 바이블

1차, 2차 선정을 통과한 종목을 찾았는데 기존 보유 종목이 그보다 더 유망하다면, 나는 그 종목을 백업 선수로 삼고 소액 매수한다. 소액만 매수하는 이유는 그 종목을 완전히 잊어버리지 않기 위해서다. 최근에는 투자 앱이나 증권사 사이트 등에 관심 종목을 등록해두는 기능이 있으므로 자금이 적은 사람들은 이러한 도구를 이용해도 좋을 것이다. 그리고 주력 선수의 컨디션이 나빠지면 바로 벤치로 돌려보내고 백업 선수를 출전시키는 것이다.

Lesson 14

인터넷 정보에 대한 대처

유언비어나 쓸모없는 정보에 현혹되지 않는다

62 악의적인 정보를 퍼뜨리는 사람들이 있다

최근에 주식을 시작한 초보 투자자에게 있어 내가 걱정하는 점이 한 가지 있다. 바로 SNS나 인터넷 게시판과의 관계다.

어쩌면 '누구보다 빠르게, 누구보다 많이, 누구보다 인터넷 정보를 잘 아는 사람이 주식에서 승리한다'라고 착각하는 사람이 있을지도 모른다. 혹시 몰라 경고하는데, SNS나 인터넷 게시판에서 아무리 많은 정보를 수집해도 승리로 이어지는 경우는 적다. 오히려 방대한 양의 쓸모없는 정보와 거짓 정보에 휘둘리고 시간만 낭비할 뿐이다. '아니, 그렇지 않다. 매우 유익한 정보를 제공해주는 사람도 있고, 내가 이해하지 못했던 부분을 깨달을 수도 있다'라고 반박하고 싶은 사람이 있을지도 모르겠다. 하지만 대부분의 경우, 다음과 같은 이유로 해악이 훨씬 더 크다.

지금 막 사려는 주식에 관한 비장의 정보를 굳이 다른 사람에게 먼저 알려줄 바보는 없다. 만약 그런 짓을 하면 자신이 사기도 전에 주가가 올라서 불리하게 작용하기 때문이다. 몇 년 동안 승리를 계속해온 능력 있는 베테랑 투자자가 유익한 정보를 댓글로 남긴다는 것은 그들이 이미 사들인 후이며, 당신이 그 정보를 손에 넣었을 때는 이미 상당히 늦은 것이다.

또한 만약 그것이 정말로 유효한 정보라면, 그 정보가 퍼지길 원치 않는 다른 사람들이 혼란스러운 정보를 대량으로 퍼뜨리기 시작한다. 공매도를 하는 사람이나 지금부터 그 주식을 사들이고 싶은 사람에게는 긍정적인 정보가 퍼져서 주가가 상승하는 상황이 전혀 반갑지 않다. 그래서 그것을 상쇄시킬 부정적인 정보를 일부러 퍼뜨린다. 혹은 전혀 의미 없는 쓸모없는 정보를 대량으로 퍼뜨린다. 게시판을 의미 없고 쓸모없는 정보로 가득 채워 투자자의 심리를 어둡게 하거나 아예 읽고 싶은 마음이 들지 않게 만드는 것이다.

반대로 많은 사람이 그 주식을 팔고 싶을 때, SNS나 인터넷 게시판에는 긍정적이고 꿈이 있는 정보가 넘쳐난다. 그것을 읽고 사려는 사람이 나타나면 잘만 하면 높은 가격에 팔아넘길 수 있기 때문이다. 즉, 당신이 인터넷에서 얻는 투자 정보는 대부분 당신에게 마이너스거나 무의미한 것들뿐이라는 것이다.

물론 악의를 포함하지 않는 정보도 돌아다니기는 하지만 그중 대부분은 개인적인 메모 수준에 불과해 배울 만한 것이 거의 없다. '오늘은 아침부터 A주식을 샀다. 좋은 타이밍에 매수했지만 매도 타이밍이 안 좋아서 성과가 별로였다. 내일은 분발해야지'와 같은 개인 트레이더의 주식 매매 기록을 읽는 것이 도대체 무슨 의미가 있을까?

그 사람이 단기적으로 이겼는지 졌는지에 대한 정보와 그 기업의 실적이 장기적으로 확대될지는 전혀 별개의 문제다. 그 사람은 그 사람, 당신은 당신, 기업은 기업이다. 오늘은 오늘이고, 내일은 내일이며, 3년 후는 3년 후다. 이들 사이에 관련성이란 거의 존재하지 않는다. 오늘 주식이 오른 것과 내일 오를지의 여부는 별개의 문제고, 그 사람이 이긴 것과 당신이 이길 수 있을지는 또 별개의 문제다. 어떤 사람이 오늘 그 회사의 주식을 단타하다가 손해를 본 정보와 3년 후 그 기업의 실적은 전혀 관계가 없다.

워런 버핏은 말한다.

"예측이 우리에게 가르쳐주는 것은 미래가 아니라 예측자에 관한 것이다."

이는 어디의 누구인지도 모르는 전혀 상관없는 남에 대해 알기만 할 뿐, 미래 등에 대해서는 거의 아무것도 알 수 없다. 그저 엄청난 시간을 낭비하게 될 뿐이다.

'유언비어의 심리학'이 가르쳐주는 것

고든 윌라드 올포트(Gordon Willard Allport)와 레오 포스트먼(Leo Postman)은 《소문의 심리학(The Psychology of Rumor)》에서 '유언비어의 유포량'은 '중요성'과 '모호함'의 곱에 비례한다고 하면서 다음과 같은 공식을 발표했다.

$$R \sim I \times A$$

R=유언비어(rumour)의 유포량, I=정보의 중요성(importance), A=정보의 모호함(ambiguity), '~'는 '비례한다'라는 의미다. 즉, 어떤 정보가 중요하면 중요할수록, 그리고 모호하면 모호할수록 유언비어나 소문이 퍼지기 쉽다는 것이다.

신종 코로나바이러스가 기승을 부리던 시절, '휴지가 부족하다'라는 유언비어가 퍼지면서 슈퍼나 마트에서 휴지가 사라졌던 경험을 떠올려보자. 휴지는 없어서는 안 될 필수품이다. 휴지가 없으면 엉덩이를 닦을 수 없게 된다. 이 정보의 중요성은 매우 높다.

한편으로 휴지가 부족한 이유에 대해서는 휴지 공급망을 정확히 아는 그 분야의 전문가에게 듣지 않는 이상 긍정도 부정도 할 수 없다. 그런 사람이 거의 없기 때문에 '잘 모르겠지만 휴지가 부족한 것 같아. 그리고 실제로 슈퍼나 마트에서도 휴지를 찾아보기 힘들어. 미리 사둬야 해…'라는 중요하면서도 모호한 정보를 근거로 사람들이 잘못된 행동을 하는 것이다.

자, 이 공식을 주식 투자에 적용해보자. 당연하겠지만 '앞으로 주가가 어느 방향으로 움직일까?'라는 정보는 당신에게 아주 중대한 관심사일 것이다. 한편으로 앞으로 주가가 어떻게 움직일지를 정확히 아는 사람은 이 세상에 존재하지 않는다. 결국 미래는 아무도 알 수 없다는 것이다. 따라서 SNS나 인터넷 게시판에 넘쳐나는 '조만간 ○○주식은 반드시 오를 것이다'라든가, '이 패턴으로 보아 내일 대폭락은 피할 수 없다'라고 하는 정보는 전형적으로 중요하면서도 모호한 정보가 되어버린다. 그래서 이 유언비어의 공식에 적용하면 유포량도 매우 커진다.

나도 블로그에 'A주식을 매수해 보유하고 있다'라는 등의 글을 쓴다면 큰일이 난다. 당장 A주식 인터넷 게시판과 SNS에서 '애나훈이 A주식을 주목하고 있다' → '애나훈이 A주식을 사 모으고 있다' → 'A주에는 작전세력이 개입하고 있다' → 'A주는 반드시 오른다' 등으로 사실이 조금씩 왜곡되고 자신들의 사정에 맞게 가공되어 유포되어버릴 것이다.

물론 나는 작전세력이 아니다. 하물며 '이 주식은 반드시 오를 것'이라고 생각해 주식을 보유한 적은 한 번도 없다. 수익을 올릴 가능성이 크다고 판단하면서도 그렇지 않을 가능성을 부인하지는 않는다. 항상 오를 가능성과 떨어질 가능성을 저울질하며 신중하게 투자 판단을 이어가고 있다. 그 사고 과정의 일부를 블로그에 공개하는 것인데, 그 문장 속에서도 특히 자신들의 구미에 맞는 일부분의 정보만이 인용되어 확산된다. 따라서 이것들이 중요하면서도 모호한 정보가 되어 유언비어의 근원이 되어버리는 것이다.

이처럼 SNS나 인터넷 게시판에는 유언비어가 넘쳐나지만, 가끔 정확한 정보도 담겨 있다. 하지만 어느 것이 정확하고 어느 것이 소문이나 유언비어인지 그 종류를 가려내기란 매우 어렵다. 이전에 2ch(일본의 온라인 커뮤니티)의 설립자인 니시무라 히로유키(西村ひろゆき) 씨가 이런 말을 해서 화제가 된 적이 있다.

"거짓말을 거짓말이라고 알아차리는 사람이 아니고서는 (인터넷 게시판을 사용하는 것은) 어렵다."

당신에게는 그런 재능이 있는가?

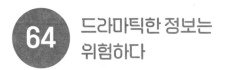

64 드라마틱한 정보는 위험하다

SNS와 인터넷 게시판에 넘쳐나는 주식 정보의 대부분은 매우 자극적이다. 단순히 사실만을 전달하는 것은 지루하다. 모두가 다양한 연출과 스토리를 준비해 감정에 호소한다. 일부러 자극적인 표현과 단정적인 말투를 사용해 기대와 실망을 유발한다. 같은 내용을 반복적으로 여러 번 써서 기억에 각인시킨다. 무심코 웃게 만드는 재미있는 표현으로 공감을 불러일으킨다. 특히 충격적인 정보일수록 사람들에게 놀라움을 주고 널리 퍼지기 때문에 당신에게 도달하는 정보는 과도하게 당신의 감정을 자극하는 것들뿐이다. 그로 인해 이성보다 감정을 토대로 중요한 판단을 내리기 쉽다. 팔지 말아야 할 타이밍에 팔고 싶어지고 사지 말아야 할 주식을 사고 싶어진다.

《팩트풀니스》에서, 저자 한스 로슬링(Hans Rosling)은 수백만 년에 걸친 진화 과정에서 인류는 다가오는 위험으로부터 벗어나기 위해 다양한 본능을 습득했다고 설명한다. 그중에는 드라마틱한 이야기에 귀를 기울이는 본능이 있다고 말한다. 아마도 고대인들은 일상의 평범한 정보보다 자극적이고 드라마틱한 정보를 우선함으로써 위험을 감지하고 치열한 생존 경쟁에서 살아남았을 것이다.

하지만 그때와는 비교할 수 없을 정도로 평화로워진 현재, '드라마틱한 세계관'은 사람들을 정확한 분석으로부터 멀어지게 하고 세상을 있는 그대로 보는 것을 방해하는 요인이 되고 말았다. 이 문제를 극복하기 위해서는 어떻게 해야 할까? 《팩트풀니스》는 이를 위한 지혜를 풍부하게 소개한다.

매일매일 드라마틱한 정보에 감정이 흔들리는 주식 투자자들은 팩트풀니스를 익히는 노력을 하는 것이 좋다. 위험하지 않은 것을 위험하다고 믿게 만드는 '공포 본능', 눈앞의 숫자가 가장 중요하다고 생각하게 만드는 '크기 본능', 하나의 예가 모든 것에 적용된다고 생각하게 만드는 '일반화의 본능', 지금 당장 행동하지 않으면 큰일 날 것이라고 생각하게 만드는 '다급함 본능' 등 주식 투자자가 극복해야 할 항목이 많다.

정말로 의미 있는 '정확한 기업 정보'를 수집하는 데 시간을 사용하자

주식 투자자가 정보에 접근하는 방식으로 《팩트풀니스》보다 더 중요한 포인트가 있다. 그것은 의미 없는 정보나 유언비어, 감정을 강하게 자극하는 정보, 즉 투자할 회사를 탐색하거나 보유 주식의 향후를 점치는 등의 주식 매매의 근거를 인터넷 게시판이나 SNS에서 찾는 행위를 의식적으로 차단하는 것이다. 얻을 수 있는 것이 극히 적고 판단을 흐리게 하며 행동을 혼란스럽게 만드는 대량의 정보를 굳이 찾아가며 얻을 필요는 없다. 그러한 것에 방대한 시간을 낭비하느니, 한 종목이라도 더 많이 정확한 기업 정보를 수집하는 데 시간을 할애하는 것이 더 효율적이다.

간혹 베테랑 투자자가 인터넷에 유용한 정보를 제공하는 경우가 있기는 하다. 하지만 대부분은 기업 사이트나 해당 업계 관련 뉴스 등, 누구나 얻을 수 있는 공개 정보를 꼼꼼히 조사한 것에 불과하다. 이런 정보는 매일 5분씩 같은 노력을 기울이면 당신도 쉽게 얻을 수 있다. 투자할 기업의 공식 사이트에서 최신 정보를 얻고 그 회사나 주력 상품명을 구글에서 검색한다. 그 업계에 관해 정리된 책을 읽고 그 회사의 상품이나 서비스를 실제로 손에 넣거나 체험해본다. 더욱 유리한 것은 투자 대상이 자기 일이나 취미와 깊은 관련이 있을 경우다. 당신이 읽는 업계

잡지나 취미 사이트에서 유망한 투자 대상을 찾거나 투자할 기업의 미래를 예측할 수 있는 중요한 정보를 얻을 수 있을 것이다.

해보면 금세 알 수 있겠지만, 아무리 인기 종목에 투자하더라도 그 기업에 관한 놀라운 뉴스나 획기적인 신제품 발표 같은 정보는 거의 흘러나오지 않는다. 현실에는 지극히 지루하고 평범한 정보가 담담히 흐를 뿐이다. 정말로 의미 있는 정보는 그런 종류의 것들이다. '그 기업이 다음 단계로 무엇을 하려고 하는가?', '현재 상황을 어떻게 극복하려고 하는가?', '그 기업이 가진 강점은 무엇인가?' 쓸데없는 정보나 유언비어를 배제하고 그런 시각으로 담담하게 기업을 분석하는 것이다.

혹시 오해할까 봐 말해두지만, SNS를 차단하라는 이야기는 아니다. 아마 그렇게 하는 것이 인생을 더 편하게 해줄 수도 있겠지만, 그것은 조금 다른 차원의 이야기다. 다시 말하지만, 여기서 말하고 싶은 것은 '매매의 근거나 보유 주식의 미래 예측을 SNS나 인터넷 게시판에서 찾지 말라'는 것이다. 투자 전반에 관한 정보나 투자 노하우를 성실히 전해주는 사람들의 노력을 부정하지는 않는다. 사실 나도 블로그를 쓰고 있다. 물고기를 잡는 방법이나 버섯을 찾는 방법을 배우는 것은 전혀 상관없다. 하지만 누군가가 잡은 물고기를 SNS에서 공짜로 얻으려 하거나 이미 조리된 버섯 요리를 인터넷 게시판에서 공짜로 얻으려고 하면 그곳에 마음의 빈틈이 생기게 된다.

66 얼마 없는 유용한 정보도 투자 스타일의 차이에 따라 독이 될 수 있다

SNS에서 투자 노하우를 공부할 때도 주의할 점이 몇 가지 있다. 이미 수억 엔을 벌어들인 능력 있는 투자자라 해도 항상 이기기만 하는 것은 아니다. 실패할 때도 많다. 어느 시점에서는 그 사람의 투자법이 유효했더라도 많은 투자자들이 그 노하우를 공유하게 되면, 그 유효성이 떨어질 수도 있다. 많은 사람들이 이해하고 일반화된 시점에서 그 투자법은 시대에 뒤떨어지게 되어 곧 사용하지 못하거나 이미 사용할 수 없게 되는 것이다. 그런 이유로 정말로 유용한 투자 노하우는 좀처럼 알려주지 않는다. 또는, 초보자를 기만하는 노하우로 승승장구하는 능력 있는 투자자도 존재한다. 사람들에게 특정 종목을 추천하면서 자신은 그 주식을 고가에 팔아 치우는 식이다.

당연히 아무리 유명한 투자자라도 내일 주가가 오를지 내릴지 알 수 없고, 3개월 후의 예측도 상당히 불확실하다. 나는 며칠이나 몇 주, 혹은 몇 달 같은 단기적인 주가 변동을 무시하고 몇 년 단위로 수익을 높이는 투자 스타일을 취하고 있는데, 그런 장기 투자자가 단기 트레이드의 노하우를 얻을 필요는 없다. 따라서 자신에게 맞는 투자 스타일을 찾아내는 것이 필요하다.

3명의 투자자가 있으면 3가지 투자 스타일이 존재한다. 그 차이를 이해하지 않고 그들의 노하우를 혼합해 흡수하면 오히려 이상한 버릇이 생겨서 잘되지 않는다. 단기 트레이드와 장기 투자는 사고방식이 전혀 다르고, 장기 투자라고 해도 분산 투자와 집중 투자는 사고방식이 정반대다. 사고방식이 다르더라도. 경우에 따라서는 정반대일지라도 그 어느 쪽에든 성공한 사람이 존재하는 것이 바로 투자의 세계다. 그런 여러 가지 사고방식이 뒤섞여 당신에게 전달된다. SNS나 인터넷 게시판은 대부분 유언비어나 쓸모없는 정보이며, 간신히 찾아낸 소수의 유용한 정보도 투자 스타일의 차이에 따라 독이 될 수도 있고, 약이 될 수도 있다.

폭넓게 다양한 투자 노하우를 모으기보다 어느 시점에서는 과감하게 투자 스타일을 확정하고 그곳에 깊고 날카롭게 파고드는 것이 성공할 가능성이 크다. SNS에서도 많은 투자자를 팔로우하기보다 투자 스타일이 비슷하고 신뢰할 수 있는 투자자로 팔로우 수를 좁히는 편이 더 잘될 것이다.

67 실시간 주가나 시세 정보는 편리하지만 위험하다

장기 투자자에게 있어서 끊어야 할 성가신 정보는 인터넷상의 유언비어나 소문만이 아니다. 차트나 시세 정보 같은 실시간 주가 정보도 이에 해당된다. SNS나 인터넷 게시판과 함께 주가 정보를 실시간으로 바라보기 시작하면 시간은 순식간에 지나가 버린다. 만약 당신이 '시시각각 변하는 주식 가격을 계속 보고 있는 사람이 평소에는 주식 가격을 완전히 잊고 있다가 가끔 생각나면 확인하는 사람보다 유리하게 싸울 수 있다'라고 생각한다면, 이에 대해서도 생각을 고치는 편이 좋다.

스마트폰이나 컴퓨터로 실시간 시세 정보(《도표 72》)를 보고 있는 사람은 눈치챘을 테지만 그곳에는 상당한 신경전이 존재한다. 솔직히 '저, 800엔에 1,000주 사고 싶으니 팔아주세요' 같은 정보만 표시되는 것은 아니다. 마치 사고 싶다는 듯이 시세를 힐끔힐끔 보여주면서도 사실은 대량의 주식을 팔아 치우는 사람도 있고, 일부러 주가를 올리기 위해 매수를 진행하는 사람도 존재한다.

이러한 행위는 엄밀히 말하면 시세 조종에 해당할 수 있다. 하지만 시세 조종과 그렇지 않은 거래의 경계는 매우 모호하며 극단적으로 눈에 띄는 행동을 하지 않는 한 잡히지 않는다. 축구 경기를 보고 있으면 일

| 도표 72 | 시세 정보와 보여주기 주문(허수 주문) |

<일반적>		<보여주기 주문(허수 주문)>	
매도량	**매수량**	**매도량**	**매수량**
200 780		4,800 780	
400 779		12,000 779	
1,200 778		24,800 778	
200 777		5,200 777	
1,100 776		4,800 776	
775		1,300 775	
774	1,200	774	1,200
773	400	773	400
772	200	772	200
771	1,300	771	1,300
770	100	770	100

시세 정보는 개별 종목마다 '얼마에 몇 주의 주문(매수·매도)이 들어왔는지'를 표시한 것이다.

<보여주기 주문(허수 주문)>

매수 주문 수량에 비해 매도 주문 수량이 극단적으로 많으면 주가는 오르기 어렵다. 그 현상을 이용해 팔 의사도 없으면서 허수 주문을 넣어 매도 물량을 두껍게 깔아 주가를 억제하는 방법이 있다. 그 매도 주문을 보고 매수하려고 하면 곧 매도 주문이 사라져 그것이 거짓임을 알게 된다.

부러 발을 걸어 반칙했는지, 열심히 공을 쫓다 결과적으로 그렇게 되었는지 판정하기 어려운 경우가 있다. 그것과 비슷하다.

참고로 기본을 설명하자면 큰 자금을 운용하는 프로는 많은 주식을 사들이기 위해 대량의 매수 주문을 한 번에 넣지 않는다. 완급을 조절해 조금씩 매수를 진행한다. 이때 매수 주문만 계속 넣으면 순식간에 주가가 상승해버리기 때문에 '냉각 주문'이라고 불리는 매도 주문을 가끔 넣어 일부 이익을 실현시키면서도 최종적으로는 목표 금액까지 매집한다.

매수 + 매수 + 매수 + 매도 + 매수 + 매수 + 매도 + 매수 + 매수 + 매수 + 매도 + 매수···. 알기 쉽게 표현하자면 이런 느낌이다. 반대로 매도할 때는 매도 주문을 많이 매수 주문은 적게 넣으면서 완급을 조절하며 연속적으로 매매를 반복한다.

일반적으로는 매수량과 매도량을 비교해서 매수가 많을 때 주가는 오르고 매도가 많을 때 주가가 하락한다고 배운다. 하지만 현실은 그것만으로는 설명할 수 없다. 잠재적인 매수 주문이 대량으로 존재하더라도 실제로 팔 의사가 없으면서 대량의 매도 주문을 보여주어 주가를 억제하는 방법이 있다. 이른바 '보여주기 주문(허수 주문)'이다. 겉보기에는 대량의 매도 주문이 존재하기 때문에 주가가 오르기 어려워져 실제로는 매수하고 싶었던 사람도 매수 의욕을 잃고 만다.

반대로 매도 주문이 적을 때(매도세가 약할 때) 일부러 주가가 오르도록 강하게 매수 주문을 넣으면 아주 적은 금액으로도 주가를 상승시킬 수 있다. 급격히 상승하는 주가를 보고 따라 사려는 움직임이 있기 때문에 한번 주가를 끌어올린 후 보유 주식을 팔아버리는 기술이다. 이는 널리 알려진 고전적인 기술이다. 이 외에도 더 고도의 기술을 섞어가며 조금이라도 싸게 매수하거나 조금이라도 비싸게 매도하는 다양한 방법이 존재할 것이다.

예전에는 이런 행위를 사람이 생각하면서 했기 때문에 볼 줄 아는 사람이 보면 무슨 일이 일어나고 있는지 상상할 수 있었다. 나도 그런 시세 읽기 기술을 연마해서 어느 정도 승리할 수 있었던 시기도 있었다.

그러나 약 10년 전부터 알고리즘을 사용한 초고속 매매가 널리 사용되기 시작했다. 앞서 언급한 '매도+매수'를 초고속으로 기계적으로 처리하기 때문에 인간의 눈으로는 무슨 일이 일어나는지 전혀 알 수 없게 되었다. 게다가 최근에는 그러한 알고리즘에 행동 재무 이론이 도입되어 일부러 심리적인 데미지를 주도록 프로그램되었다는 소문도 있다. 절망, 불안, 불만, 혹은 희망, 안심, 환희. 그런 심리를 교묘하게 이용해 잘못된 행동을 유도하는 것이다.

더 큰 변화는 AI의 등장이다. AI는 과거의 거래 데이터를 통해 승리 패턴을 학습하고 기계적으로 매매를 실행한다. 당연히 과거 사람들이 행해온 행동 재무에 기반한 투자 스타일이나 허수 주문, 시세 조종에 기반한 투자 스타일을 모두 학습했을 것이다. 사람들에게 심리적으로 견디기 힘든 가격 변동 패턴을 가장 효과적인 매매 패턴으로 인식해 담담하고 냉정하게 그것을 실행하고 있을지도 모른다.

어쨌든 실제로 주가의 움직임을 온종일 쫓다 보면 심하게 피로해진다. 오르기를 바랄 때는 주가가 서서히 정체되어 좀처럼 오르지 않고,

반대로 한번 오르기 시작하면 당신의 상상을 훨씬 뛰어넘어 급상승한다. 여기에 놀라 허둥지둥 매수 주문을 넣는 순간, 이번에는 놀랄 만큼 하락하는 것이다. 마치 당신의 마음을 완벽히 꿰뚫고 있는 마술사와 일대일로 포커를 하는 기분이 들 것이다. '단기적으로 잘해서 조금이라도 용돈을 벌어보겠다'라는 가벼운 마음으로 주식 거래를 시작하면 정신적으로도 금전적으로도 큰 타격을 입게 될 것이다.

인간의 버릇에 대한 대처

직관적이고 감정적인 판단을 해서는 안 된다

68 당신을 혼란에 빠뜨리는 편향을 염두에 둔다

❶ 손실 회피 편향

경제학 세계에서는 최근 '심리적 편향이 사람들을 합리적인 행동에서 멀어지게 해서 시장에 왜곡이나 편차를 초래한다'라고 여기고 있다. 이러한 사고방식은 행동경제학이나 행동재무 이론으로 불리며 체계화되었다.

이 분야의 선구자이자 노벨 경제학상 수상자인 대니얼 카너먼(Daniel Kahneman)과 동료인 에이모스 트버스키(Amos Tversky)는 '사람은 금액이 동일할 경우 이익을 얻었을 때의 기쁨보다 손실을 보았을 때의 고통을 더 강하게 느끼기 쉽다'라는 것을 입증했다. 그리고 이 심리적 경향을 '손실 회피 편향'이라고 명명했다. 그들의 연구에 따르면, 사람은 동일한 금액의 이익을 얻었을 때의 기쁨보다 손실을 보았을 때 그보다 2배나 큰 정서적 고통을 받는다고 한다.

온종일 주가 정보를 계속 본다면, 당신도 금세 이 이론을 실감할 수 있을 것이다. 가령, 당신이 보유한 주식의 어제자 종가가 500엔이었다고 하자. 오늘 시초가에서는 10엔 올라 510엔이 되었다. 당연히 당신은 크게 기뻐할 것이다. 10엔만큼의 기쁨을 얻는 것이다. 하지만 그 후 점차 매도세에 밀려 어제의 종가와 같은 500엔이 되었을 경우, 1엔도 손해 보지 않았는데도 '아까 팔았으면 좋았을 텐데…'라는 생각이 들며 그것이 손실로 느껴지고, 10엔의 기쁨에 2배인 20엔만큼 고통을 받는다.

오후에 주가는 다시 크게 올라 일시적으로 520엔이 되었다. 당신은 20엔만큼의 기쁨을 얻고 매우 기뻐할 것이다. 그러나 그 후 서서히 하락하기 시작해 결국 그날의 종가는 어제와 같은 500엔으로 돌아가 버렸다. 이로 인해 20엔의 기쁨에 2배인 40엔만큼 고통을 받게 된다. 여러 사건이 있었더라도 어제와 비교해 1엔도 손해를 입지 않았기 때문에 슬퍼할 필요는 없다. 하지만 오늘 하루 동안 얻은 심리적 기쁨과 고통의 총량을 비교하면, 더하고 빼 30엔 손해 본 것 같은 느낌에 사로잡히게 된다.

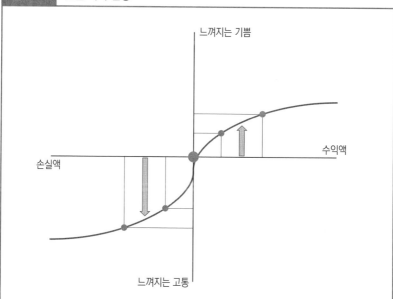

도표 73 | 손실 회피 편향

느껴지는 기쁨

손실액

수익액

느껴지는 고통

노벨 경제학상 수상자인 대니얼 카너먼(Daniel Kahneman)과 동료인 아모스 트버스키(Amos Tversky)는 '사람은 수익을 냄에 따라 얻을 수 있는 기쁨의 크기보다 손실을 입었을 때 받게 되는 고통의 크기를 더 크게 느끼기 쉽다'라는 사실을 입증하고 그 심리적인 편향을 '손실 회피 편향'이라고 명명했다. 그들의 연구에 따르면, 손실을 보면 같은 금액의 수익을 올려 얻을 수 있는 기쁨의 2배에 해당하는 데미지를 입는다고 한다.

'젠장, 최악이야. 시가에서 팔아서 10엔 수익을 내고, 500엔으로 내려갔을 때 다시 산 다음 오후에 520엔으로 올랐을 때 다시 팔았어야 했는데 아무것도 하지 않고 가만히 있었더니 1엔도 벌지 못했어. 아, 나란 자식 얼마나 바보 같냐….'

이런 후회에 사로잡히게 된다. 매일매일 이러한 반복이 계속된다면 해로 따지면 상당한 수익을 얻었을지라도 오히려 더 큰 패배감에 사로잡히게 될 것이다. '결국 그렇게 많이 노력했는데 100만 엔밖에 벌지 못했어.' 복권 같은 걸로 100만 엔이나 벌었다면 당신은 상당한 기쁨을 느낄 수 있겠지만, 주식의 경우에는 '내가 능력이 있었다면 1,000만 엔을 벌어야 했는데, 100만 엔밖에 못 벌어 손해 보는 기분'이 들 것이다. 물론, '내가 능력이 있었다면'이라는 가정은 극히 비현실적인 망상에 불과하지만 말이다.

❷ 앵커링 효과

SNS나 인터넷 게시판에서 보유 중인 주식에 관한 정보를 모으려고 하면 반드시 다음과 같은 게시물을 읽게 될 것이다. '(지금은 400엔인) A주는 실력으로 따지자면 1,000엔 이상 가도 이상하지 않다.'

'드디어 상승이 시작되었다. 이 기세대로라면 2,000엔 정도까지 상승할 것이다.'

'이 주식이 3,000엔이라니 말도 안 된다. 3개월 후에는 1,000엔 아래로 떨어져 있을 것이다.'

이러한 가상의 주가 정보들이 당신의 결정에 어느 정도 영향을 미칠까?

다니엘 카너먼은 자신의 저서 《생각에 관한 생각(Thinking, Fast and Slow)》에서 심리학 용어인 '앵커링 효과'를 소개하고 있다. 앵커링 효과란, 어떤 숫자를 예측할 때 사전에 어떤 숫자가 머릿속에 주입되면 그 숫자의 영향을 받아 예측하는 심리적 경향을 가리킨다.

예를 들어, '소니 주식은 3년 후에 5만 엔을 넘어설 것 같나요? 구체적으로 당신은 얼마라고 예상하나요?'라는 질문을 받은 사람들과 '소니 주식은 3년 후에 1만 엔을 유지할 수 있을 것 같나요? 구체적으로, 당신은 얼마라고 예상하나요?'라는 질문을 받은 사람들은 예측 숫자가 크게 다르다. 전자는 5만 엔이라는 큰 숫자에 끌려서 3~4만 엔 같은 높은 가격을 예상하는 경향이 있고, 후자는 1만 엔이라는 숫자가 머릿속에 남아서 1만 3,000엔이나 1만 5,000엔 같은 저렴한 가격을 예상하게 된다. 물론, 5만 엔이나 1만 엔 같은 숫자는 어떠한 근거도 없는 그저 내가 떠올린 상상 속 주식 가격일 뿐이다.

행동 금융과 심리학을 공부하지 않은 사람들은 '그런 바보 같은 일이 어딨느냐'고 할지도 모른다. 하지만 이 분야는 매우 광범위하게 연구되어왔고, 사람들은 합리적으로 행동하려고 하지만 도무지 합리적으로 행동할 수 없는 심리적인 습관을 가지고 있다는 것이 알려져 있다. 이런 경우, 아무런 근거도 없는 숫자라도 의사 결정 전에 보이면 거기에 심리적인 앵커, 즉 닻을 내려놓게 되어 그 숫자에 끌려가는 경향이 존재하는 것이다. 이런 경향을 '앵커링 효과'라고 한다.

이 앵커링 효과는 매우 강력하며, 대다수의 사람들은 원치 않을 정도로 암시에 민감하게 반응하기 때문에 '이 속아 넘어가기 쉬움을 이용하는 무리가 다수 등장하고 있다'라고 다니엘 카너먼은 경고한다. 가격 협

상에서도 먼저 수를 둬서 상당히 높은 금액을 제시한 후, 점진적으로 가격을 낮추는 방식은 앵커링 효과를 이용한 일반적인 기술로 흔하게 사용된다.

당연히 주식 시장에도 이런 앵커링 효과를 이용하는 무리가 존재한다. 인터넷 게시판에서 자주 볼 수 있는 '이 주식은 실력으로 따지자면 1,000엔 이상 가도 이상하지 않다'라는 등의 게시글을 솔직한 의견으로 파악해서는 안 된다. 당신으로 하여금 높은 닻을 내리게 만들어 자신이 보유한 주식을 높은 가격에 매도하려는, 혹은 조금이라도 높은 가격에 공매도하려는 악의적인 사람의 발언일 가능성을 부정할 수 없다.

물론 SNS에서 띠드는 모든 주가 예측이 그런 악의를 띠고 있다고 생각하지는 않는다. 하지만 오히려 그것이 문제를 더 복잡하게 만든다. 모든 것에 악의가 있다면 그것을 쉽게 무시할 수 있지만, 진지한 게시물이 섞여 있기 때문에 악의적인 주가 예측 글과 분간할 수 없게 되는 것이다. 또한, 더 나아가 실제 주가 자체가 앵커가 되는 경우도 생각해볼 수 있다.

당신이 어떤 주식을 600엔에 샀다고 치자. 저평가라는 관점에서 50% 상승을 기대해볼 수 있다고 생각했기 때문이다. 거기서 특별히 사업에 변화가 없을 경우를 가정해 목표 주가를 900엔으로 설정했다. 그런데 산 다음 날부터 기세 좋게 오르기 시작하더니 한 달여 만에 1,000엔까지 도달했다. 대성공이다.

하지만 그것은 정말 순식간의 일로, 그 직후에 수익 실현 매도에 밀려

도표 74 앵커링 효과의 예시

나는 이 주식을 평균 단가 1,030엔으로 매수했다. 목표대로 2개월 후에 2배에 가까운 1,900엔까지 상승. 그 후, 하락 장세로 전환해 1,700엔 전후에서 절반 수익을 실현했다. 나머지 절반은 패배한 듯한 마음으로 1,400엔대에서 매도했다. 1,900엔이라는 높은 숫자가 앵커가 된 셈인데, 사실 돌이켜 보면 나쁜 투자는 아니었다.

현재 주가는 900엔 전후에서 왔다 갔다 하고 있다. 당연히 원래 노렸던 대로 목표 주가를 달성했으니 당신은 신속하게 900엔에서 수익 실현을 달성하면 될 일이다. 하지만 이것은 어려운 일이다. 순간에 보고 만 1,000엔이라는 가격이 앵커가 되어 900엔에 팔면 손해를 본 기분이 든다. 결국 좀처럼 매도 판단을 내리지 못하고 있는 사이에 주가는 순식간에 떨어져버린다. 주식 투자를 하는 사람이라면 그런 경험을 여러 번 해본 적이 있을 것이다.

69 '시스템 1 두뇌'를 봉인하고 '시스템 2 두뇌'를 작동시킨다

앞서 언급한 《생각에 관한 생각》에서 다니엘 카너먼은 직관적으로 즉각 판단을 내리는 뇌의 시스템을 '시스템 1', 처리는 느리지만 사물을 순서대로 판단하는 뇌의 시스템을 '시스템 2'라고 부르고 있다. 사람들은 이 2가지 서로 다른 회로로 다양한 판단을 내리고 있다는 것이다.

주가 하락에 공포를 느끼고 게시판이나 SNS의 글에 마음이 흔들려 곧바로 팔지 않으면 안 된다고 판단하는 것이 시스템 1, 실적이 좋음에도 불구하고 주가가 하락하는 현상은 기회가 온 것이라고 판단하고, PER이나 배당 수익률에서 이득을 산출하고, 결산 자료나 중기 경영계획을 통해 기업의 앞날을 분석하는 것이 시스템 2다.

대부분의 경우 중요한 판단을 방해하는 것은 시스템 1이다. 우연히 본 수상한 정보를 근거로 단기적인 판단을 내리고, 시스템 2를 사용해 시간 들여 고안한 장기 투자 전략을 망쳐버린다. '그렇게 조사해서 산 주식을 왜 한때의 심경 변화로 팔아버렸을까. 바로 지금부터 급등이 시작될, 가장 팔아서는 안 될 타이밍이었는데…' 이런 경험은 누구에게나 있다.

혹은, 충분히 조사해서 산 주식이 그 후 예상과 다르게 하락해 1년이나 지나서 겨우 매입가로 돌아왔을 때, 그것을 간신히 매도한 경험도 많을 것이다. 하지만 그곳에 냉정한 분석이란 거의 존재하지 않는다. 본인에게는 간신히 매도한 것처럼 보이지만, 냉정하게 생각해보면 저렴하다고 생각해서 산 주식이 1년 동안 실적을 더욱 성장시키고 더욱 저렴해진 것이다. 게다가 일단 바닥을 찍고 나서는 시스템 2로 무장한 냉정하고 안정적인 장기 투자자가 매수하기 시작하는 타이밍이기도 하다.

당신은 아무리 기다려도 오르지 않는 이 주식에 짜증이 나고 그동안 부정적인 글들만 가득한 게시판이나 SNS를 읽고 지쳐서 마침내 매입가로 돌아왔다고 기뻐하며 그 주식을 팔아버린다. 하지만 그런 직관적이고 감정적인 판단과 기업의 본질적인 가치는 전혀 별개의 것이다.

'팔고 싶어지면 시스템 2를 작동시켜라!' 이것이 가장 중요한 조언이다. 물론 시스템 2를 작동시켜도 여전히 팔아야 한다는 판단이 들면 팔아도 된다. 하지만 냉정하게 생각하면 생각할수록 전혀 팔 가치가 없다는 판단이 든다면 이때는 어떻게든 인내심으로 버텨야 한다. 당신의 승패는 이런 상황에서 결정된다.

반대로 주식을 사는 경우에도 마찬가지다. SNS에서 화제가 되고 있기 때문에 혹은 게시판에서 매우 유리해 보이는 정보를 얻었기 때문에 즉각적으로 주식을 구매해서는 안 된다. 시스템 2를 호출해 차분히 기업 분석을 진행하고 투자 방침을 결정해야 한다. 자신이 그렇게 하고 싶은 것과 마찬가지로 대다수의 사람들도 시스템 1만으로 판단을 반복해 터무니없는 대폭등을 일으킬 수 있으니 주의해야 한다.

무언가 흥미로운 재료가 나오면 많은 개인 투자자들이 그 종목에 몰려들어 단기 매매를 반복한다. 그 모습이 떼로 몰려들어 벼를 먹어 치우고 다음 장소로 날아가는 메뚜기와 이미지가 겹치기 때문에 그런 집단을 가리켜 메뚜기떼 혹은 메뚜기 투자자 등으로 부른다. 메뚜기떼의 맹

렬한 매수가 계속되면 본래 기업의 실력을 초과해 깜짝 놀랄 정도로 급상승이 나타난다. 따라서 자연스럽게 그쪽에 눈이 가게 된다. 하지만 그러한 강렬한 상승은 찰나일 뿐이다. 어느 날 갑자기 대폭락이 시작되어 메뚜기 타워라 불리는 극단적인 차트를 형성하게 된다.

이러한 주식은 바이앤홀드의 대상이라고 하기 어렵다. '기본적으로 그런 극단적인 테마주에는 손을 대지 않는다'라는 마음가짐을 갖는 편이 좋다. 적어도, 인기 절정의 테마주에 즉흥적으로 뛰어드는 행위는 절대 금물이다. 바이앤홀드의 자세를 망칠 뿐만 아니라 아마 큰 손해를 볼 것이다. 또한, 만약 자신이 계속해서 보유하고 있던 주식에 메뚜기 투자

도표 75 메뚜기 타워의 사례

신종 코로나바이러스가 널리 확산되면서 마스크 부족 현상이 심각해진 2020년 1월, 마스크 연관 주인 가와모토 산업(3604)은 인기가 인기를 부르는 전형적인 메뚜기 타워를 형성했다. 다들 알고 있듯이 자본주의 시스템은 금세 마스크 대량 공급을 실현시켰고, 2개월 후 가와모토산업의 주가는 고점에서 4분의 1 부근까지 하락하고 말았다.

자들이 몰려들어 급등이 시작된 경우에는 시스템 2를 호출해 냉정하게 팔아치우자. 바이앤홀드라고 해서 급등하더라도 팔지 말아야 한다는 규칙은 존재하지 않는다.

충분히 상승하면 그 후 상승 여지는 줄어들고 반대로 하락 리스크는 높아진다. 일단 매도한다는 판단도 괜찮다. 한 번에 전부 파는 것이 아니라 먼저 3분의 1을 팔고, 그 후에 또 3분의 1, 하락하기 시작한 후에 나머지 3분의 1을 파는 식으로 상승세를 관망하면서 분할 매도하는 것이 좋다. 한 번에 모두 팔려고 하면 아무래도 판단이 흐려지기 마련이다. 조금씩 파는 다소 복잡한 규칙을 적용함으로써 시스템 2가 호출되어 냉정함을 유지할 수 있게 된다.

70 장기 투자의 적은 자기 자신

실적 성장에 따른 장기적인 주가 상승이라는 큰 파도의 과정에서는 단기적인 가격 변동을 쫓는 몇 개월 단위의 작은 파도가 연속적으로 나타난다. 작은 파도라 해도 그 변화는 격렬하며 일반적으로 20~30%, 기세가 붙으면 50~100%까지 변동한다. 이는 단기적인 실적 변화나 시장 전체와 연동되어 투자자 심리나 수급이 크게 변하기 때문이다. '연간 실적 변화는 고작 10%이지만, 그 기간의 저가와 고가를 비교하면 주가가 50% 이상 변동한 일'이 빈번히 일어난다. 바이앤홀드의 가장 어려운 포인트는 여기에 있다.

'조금 오르거나 내리더라도, 3년이고 5년이고 계속 보유하겠다'라는 굳은 결심으로 그 주식을 샀더라도 몇 개월 만에 50%나 상승하고 그 다음 몇 개월 동안 그 상승분의 대부분을 잃게 된다면 결심은 한순간에 흔들린다. '아, 왜 그 타이밍에 팔지 않았을까?' 하는 후회스러운 마음이 생겨나고 결국 다음번 상승에서 빨리 팔아버리고 그 돈으로 좋아 보이는 다른 주식을 산다. 하지만 대부분의 경우, 하락할 때는 다른 주식도 연동되어 하락하기 때문에 새로 산 주식에서도 손해를 본다. 점차 투자 스타일은 단기화되고 어느새 단기 트레이딩 투자자로 변하게 된다.

성장 중인 큰 파도보다 몇 개월 단위의 작은 파도의 상승과 하락 폭이 더 가파르기 때문에 그 작은 파도를 멋지게 타고 내릴 수 있다면, 당

| 도표 76 | 주가의 큰 파도와 작은 파도 |

실적 성장에 따른 장기적인 주가 상승이라는 큰 파도의 과정에서는 수개월 단위의 작은 파도가 연속적으로 나타난다. 작은 파도라 해도 그 변화는 격렬하며 일반적으로 20~30%, 기세가 붙으면 50~100%까지 변동된다. '연간 실적 변화는 고작 10%인데, 그 기간의 저가와 고가를 비교하면 주가가 50% 이상 변동했다'라는 일이 빈번히 일어난다. 그 작은 파도를 보기 좋게 넘을 수 있다면 바이앤홀드로 큰 파도를 노리는 것보다 훨씬 더 큰 수익을 얻을 수 있다.
하지만 그것은 매우 어려운 일이다. 정보와 심리전의 소용돌이에 휘말리고, 프로 중의 프로나 수완 좋은 단기 트레이더, 혹은 AI가 당신의 앞을 가로막을 것이다.

연히 바이앤홀드로 큰 파도를 노리는 것보다 훨씬 더 큰 수익을 얻을 수 있다. 하지만 그것은 매우 어려운 일이다. 정보와 심리전의 소용돌이에 휘말리고, 프로 중의 프로나 수완 좋은 단기 트레이더 혹은 AI가 당신의 앞을 가로막을 것이다.

선택지는 2가지다. 모든 것을 걸고 단기 트레이딩의 길을 끝까지 밀고 나가 정보전과 심리전에서 철저하게 승리하는 길을 선택할 것인가? 아니면 작은 파도는 완전히 무시한 채 바이앤홀드에 집중할 것인가? 이 책을 읽고 바이앤홀드를 실천하기 시작한 당신은 아마 여러 번 이 질문과 싸우게 될 것이다.

나는 항상 단기 매매가 액션 게임이라면, 장기 투자는 임업과 같다고 생각한다. 시스템 1을 사용해 적이 내놓는 다양한 공격을 순간적인 판단으로 피하면서 적의 빈틈을 찾아서 역으로 공격을 가한다. 피해를 최소화하고 공격을 최대화한다. 그 누적으로 포인트를 쌓아가는 것이 단기 트레이딩이다.

한편, 바이앤홀드와 같은 근본적인 장기 투자에는 적이 존재하지 않는다. 있다면 바로 자기 자신이다. 기업 자체는 어제도 오늘도 거의 아무런 변화가 없다. 매일 변하는 것은 거기에 투자하는 사람들의 심리와 자금의 움직임이며, 이를 완전히 무시하면 그저 지루한 나날이 이어질 뿐이다. 하지만 충분히 시간을 두고 카메라를 멀리서 당겨 그 변화를 계속해서 지켜보면 기업은 조금씩이지만 착실하게 성장해간다. 막 심은 작은 묘목들이 몇 년 후에는 모두 사람 키를 넘어섰고, 10년이 지나면 완전히 숲을 형성하기 시작한다. 처음에 최대한 노력을 기울여 올바른 선택을 하기만 하면, 그 후에는 자연스러운 성장을 기다리기만 하면 되는 것이다.

71 진짜 절호의 기회는 사람들의 심리 이면에 존재한다

주식 시장은 거짓말, 소문, 심리전으로 가득 차 있다. '겉보기에 절호의 기회 같아 보이는 것'은 여기저기 널려 있지만, 그것들 중 대부분은 함정이다. 당신은 재산의 상당 부분을 쉽게 잃을 위험에 처해 있다. 진짜 절호의 기회는 사람들의 심리 이면에 존재한다. '엄청난 폭락이 시작됐다. 주식은 계속해서 하락할 것이다. 서둘러 전부 팔아치우는 것이 좋다'라는 의견이 인터넷에 넘쳐나기 시작하면 필사적으로 성장주를 찾아야 한다. 그런 때야말로 최고의 성장주를 저렴하게 살 수 있다.

또한 인기가 없는 성장주는 대체로 어디를 찾아봐도 그다지 화제가 되지 않는다. 그래서 인기가 없는 것이다. 이 경우에는 차분하게 탐색하는 능력이 필요하다. 서두를 필요는 없다. 5가지 종목을 3~5년 보유하는 전략이라면 1년에 1~2가지 신규 종목을 발견하는 것만으로 포트폴리오를 돌릴 수 있다. 아마 진지하게 찾기 시작하면 저평가된 성장주처럼 보이는 종목을 10~20가지는 발견할 수 있을 것이다. 그중에서 신중하게 고르고 '이 회사라면!'이라고 생각되는 1~2군데 기업으로 가짓수를 좁힌다. 그리고 그것을 현재 보유하고 있는 5가지 종목과 비교해, 교체할지의 여부를 최종 판단하는 것이다.

실력 있는 기업이 혼란에 빠져 있을 때 인터넷에는 악평이 넘쳐나고 파산 소문도 돌기 시작한다. 그 결과 실적회복주를 사기 위한 첫 번째 조건, 즉 엄청나게 저평가된 주식이라는 조건이 갖추어진다. 남은 것은 그 기업이 진심으로 도전하기 시작할지의 여부다.

공장 폐쇄나 직원 해고 등의 충격적인 뉴스 뒤에 '어라?' 싶을 만한 신제품이 나와 있는지를 찾는다. 불필요한 지출을 억제하고 이길 수 없는 싸움에서 철수하며 승리할 수 있는 사업 분야에 집중적으로 경영 자원을 배분하는지 확인한다. 그런 교과서적인 개혁이 진행되고 있는지 확인하면서 그 경영 개혁의 집대성이라 할 수 있는 혼이 담긴 신제품에서 진정성을 찾는 것이다.

작은 아이디어로 약간의 차별화를 꾀하고 있는 정도라면 불합격이다. 신기술이나 신개념을 아낌없이 도입한, 그 기업만의 새로운 제품이 출시되고, 그것이 시장에서 받아들여지고 있다면 합격이다. 이후에는 세세한 것에 신경 쓰지 말고 그 기업의 경영진을 믿고 주식을 계속해서 보유하면 된다. 바이앤홀드에서는 단기 매매와 반대되는 발상이 요구된다. 장기 투자를 잘 못하는 사람 중 대다수는 뉴스나 소문에 너무 민감하다. 조금 더 차분히 앉아서 기업의 경영을 꾸준히 지켜보는 자세가 중요하다. 기업은 아무것도 하지 않는 것이 아니다. 약간의 문제는 대개 극복할 수 있다. 조금 부정적인 무언가가 있을 때마다 주식을 팔면 장기 투자를 지속할 수 없다.

단기 트레이더는 민첩함이 시험되지만, 장기 투자자는 둔감함이 시험된다. 단기 트레이더는 투자자의 심리를 보지만, 장기 투자자는 투자자의 심리에 좌우되어서는 안 된다. 단기 트레이더는 트렌드를 중시하지만, 장기 투자자는 근거 없는 트렌드를 역이용해 매매한다. 오를 것 같아서 사는 것이 아니라 싸고 좋은 회사이기 때문에 사고, 내릴 것 같아서 파는 것이 아니라 실력에 비해 너무 비싸기 때문에 파는 것이다.

72 '둔감력'을 기른다

바이앤홀드를 택하고 장기 투자법을 실천한다고 해서 심리전이나 단기적인 가격 변동에 현혹되지 않을 것이라는 보장은 없다. 큰 변동이 있으면 어쩔 수 없이 SNS나 게시판을 보게 되고 단기적인 가격 변동을 확인하고 싶어진다. 무언가 조처를 할 필요는 있지만 사실 특효약은 없다. 대중요법으로 갈 수밖에 없는 것 같다. 그 방향성으로는 다음 2가지를 생각해볼 수 있다.

- 강한 의지를 갖고 SNS나 게시판, 실시간 가격 변동은 일부러 보지 않도록 한다.
- 설령 SNS나 게시판, 실시간 가격 변동을 보더라도 냉정한 판단을 유지할 수 있도록 한다.

결론부터 말하자면 아마도 이 2가지 모두 매우 어려울 것이다. 나도 여러 가지 시도해봤지만, 오늘날에는 SNS로 정보를 수집하는 것을 그만둘 수 없고, 스마트폰을 보면 닛케이 평균 주가의 움직임을 전하는 뉴스에 눈길이 가서 마음이 불안해지는 경우도 있다. 하지만 예전만큼 민감하지 않게 된 것은 확실하다.

그래서 내가 실천해온 진흙탕에서 빠져나오는 방법을 몇 가지 소개하고자 한다. 어디까지나 나라는 개인의 이야기이므로 더 좋은 방법은 얼마든지 있을 것이다. 부디 여러분 나름대로 강화를 위한 방법을 고안해서 둔감력을 길렀으면 한다.

❶ 낮에는 일에 전념한다

주식 외에 강한 관심을 끌만 한 대상이 있다면 그쪽으로 의식을 돌릴 수 있다. 최근 파이어족(Financial Independence, Retire Early)이라 불리는 조기 은퇴자가 많다고 들었다. 하지만 나는 지금도 회사원 생활을 계속하고 있다. 일을 계속함으로써 실제 경제에 계속 접해 있을 수 있다는 이유도 있지만, 낮 동안에는 주식 생각을 완전히 잊을 수 있다는 큰 장점도 있다.

회사에서 돌아오는 길에 그날의 종가나 SNS에서 동요할 만한 정보를 보았다고 해도 즉시 매매할 수 있는 것이 아니다. 시스템 1에 의한 순간적인 판단으로 깊게 생각하지 않고 충동적으로 매도 주문을 거는 일이 없어진다. 적어도 시스템 2를 불러내어 냉정한 판단을 할 시간이 주어지는 것이다. 한숨 돌리며 '이봐, 나! 성급하게 굴지 마!'라고 스스로에게 조언하는 느낌으로 다시 한번 '그 주식을 왜 사게 되었는지, 그리고 그 조건이 정말로 무너졌는지'를 확실히 판단할 수 있을 것이다.

물론 '일을 계속하는 것이 유리하니까 파이어족을 목표로 하지 말라'는 것은 아니다. 이 책을 읽고 바이앤홀드를 계속하는 사람 중에는 적지 않게 조기 은퇴를 이루어도 생활에 지장이 없는 수준까지 수익을 낸 사람도 나올 것이다. 싫은 일을 언제까지나 계속할 필요는 없다.

하지만 그런 경우에도 낮 동안 SNS나 주가 동향을 계속 보는 생활은 피해야 한다. 그렇게 되면, 결국 무엇을 위해 조기은퇴를 했는지 알 수 없게 된다. 어쩌면 직장생활을 계속하는 것보다 더 스트레스를 받을지도 모른다. 자원봉사, 여행, 농사 등 주식 외에 관심을 가질 수 있는 것을 준비해보자. 주가를 무시할 수 있는 환경을 마련함으로써 삶은 더 풍요로워질 것이다.

❷ 그런 것이라고 받아들인다

'다른 주식은 잘 오르는데 내 주식만 떨어지는 게 아닐까?', '오늘 갑자기 하락했다. 뭔가 나쁜 재료가 나온 게 분명해.'

누구나 이런 불안감에 최신 정보를 찾으려고 스마트폰을 손에 들게 된다. 그런데 이리저리 조사해봐도 정답은 잘 알 수 없다. 다만 대량으로 본 부정적인 정보만이 머리에 남아 그 주식을 팔고 다른 주식으로 옮기고 싶게 만든다.

결론부터 말하면, 인터넷에는 부정적인 정보가 넘치는 것이 당연하다. 그것과 주가는 관계없다. 짜증 나는 주가 변동이 일어나는 것도 당연하다. 마음 편히 안심하고 볼 수 있는 주가 변동이란 거의 존재하지 않는다. 믿기지 않는다면 무작위로 다른 종목의 주가 변동을 봐도 좋다. 어떤 주식도 직선으로 계속해서 오르지는 않는다. 기분 좋게 오르는 기간은 아주 잠깐이고, 그 후에는 숨 막히는 급락 국면이나 침체 국면이 기다리고 있다.

실수로 불쾌한 정보를 보더라도 '맞아, 맞아. 원래 그런 거야. 그런 거야.'
주가가 계속해서 짜증 나게 움직이더라도 '맞아, 맞아. 원래 그런 거야. 그런 거야.'

이렇게 바로 머리를 전환하는 습관을 들이면 좋다. 한마디로 말하자면, 사람들은 정보에 대해 너무 민감하다. 어떤 일에도 흔들리지 않는 둔감력이야말로 인간이 인간답게 살기 위한 훌륭한 힘이라는 것을 인정하는 것부터 시작하자.

❸ 비인기 주식을 매수한다

아직 인기를 끌지 못한 성장주를 매수할 수 있다면, 당신의 승리는 보장된 것과 다름없다. 성장에 따른, 즉 EPS 확대에 따른 주가 상승에 더해, 비인기에서 인기 주식으로의 변화에 따른 주가 상승, 즉 PER의 상승이 언젠가는 반드시 올 것이다. 문제는 '그것이 언제 올까? 정말 올까?' 그런 불안과의 싸움이 될 것이다.

하지만 이런 종류의 비인기 성장주라면 심리전이라는 관점에서 그리 힘든 싸움이 되지 않을 것이다. 일단 비인기 주식은 SNS에서도 화제가 되지 않는다. 야후 파이낸스 게시판에는 몇 달간 글이 올라오지 않는다. 주가는 몇 달간 지루하기 짝이 없는 움직임을 계속 보인다. 즉, 인기가 없기 때문에 아무도 심리전을 걸어오지 않는 것이다. 그런 주식을 계속 보유하는 것은 대형주나 인기 주식을 보유하는 것보다 심리적인 부담이 훨씬 적다.

경험상 주식을 산 직후가 가격 변동이나 인터넷 정보에 대해 가장 신경 쓰이는 법이다. 일단 매수를 완료하고 나면 그저 주가가 오르기를 기다릴 수밖에 없으니 '다른 사람들은 이 주식을 어떻게 생각할까?' 궁금해져 SNS를 뒤지고 싶어진다. 이런 타이밍에 부정적인 정보를 접하게 되면 갑자기 불안감이 커진다. 하지만 비인기 주식이라면 이런 최대의 난관을 쉽게 넘길 수 있다. 아무도 관심을 갖지 않기 때문이다.

미래에 인기를 얻게 되어 격렬한 심리전이 시작될 때쯤이면 주가는 이미 몇 배로 올랐을 것이다. 그때가 되면 이미 마음의 여유가 생기므로 조금은 냉정하게 상황을 바라볼 수 있다. '아, 드디어 이 주식도 심리전의 대상이 될 정도로 인기 주식이 되었구나'라는 마음을 갖고 아이를 보는 부모 마음으로 대하면 작은 것 하나하나에 화가 나지 않을 것이다.

❹ 장기 차트로 '착각'을 방지한다

'하루에 주가가 4%나 하락했다. 내가 투자한 곳에 무슨 큰 문제가 생긴 건 아닐까…' 어떤 주식을 가지고 있어도 이 정도의 하락은 반드시 발생한다. 그런데 머리로는 충분히 이해하고 있어도 실제로 내 주식이 그런 움직임을 보이면 상상 이상으로 동요하게 된다.

내 생각에는 그 이유 중 하나가 시간봉이나 일봉과 같은 단기 차트가 실제로는 몇 퍼센트라는 아주 작은 변화에 불과한데도 스마트폰이나 컴퓨터 화면에 그 부분만 크게 확대되어 표시되기 때문인 것 같다. 화면의 왼쪽 위에서 오른쪽 아래로 크게 하락하는 차트를 보면 뭔가 큰 변화가 일어나고 있는 것처럼 느껴지게 된다. 그래서 이러한 착각을 방지하는 대책으로 그런 날에는 5년 차트나 10년 차트를 보는 것이 좋다. 10년 단위의 가격 변동을 보면 오늘의 4% 하락은 미풍이 불었던 정도, 그저 일상에 불과할 뿐임을 이해할 수 있을 것이다.

결국, 20% 이내 정도의 변동 대부분은 기업의 성장과 거의 무관하게 움직인다. 그런데 매일매일 그 20% 이내 정도의 주가 변동을 확대해서 계속 보면 점점 그 정도의 변화에 민감해지게 된다. 그럴 때는 10년 차트를 보면서 이 회사의 주식을 3~5년 단위로 보고 2배 상승을 목표로 샀던 것을 떠올리는 것이다. 〈도표 77〉을 보자. 예를 들어, 소니(6758)는

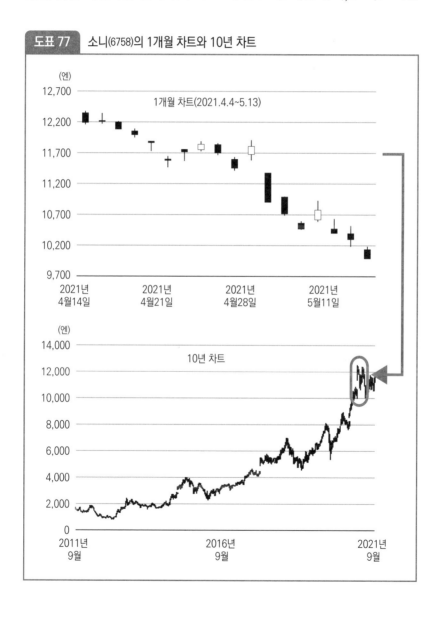

도표 77　소니(6758)의 1개월 차트와 10년 차트

2021년 4~5월에 걸쳐 약 20% 하락했다. 실시간으로 그 부분만 확대해서 보면 대폭락이 시작된 것처럼 느껴지지만, 10년 차트로 보자면 흔히 발생하는 흔들림 중 하나였음을 알 수 있다.

❺ 금액이 아닌, 비율로 생각한다

'이번 달에 15만 엔 벌었다.', '오늘은 3만 엔 손해를 봤다.' 이런 식으로 주식 투자로 인한 자산 변동을 매번 금액 기준으로 확인하게 되면 어쩔 수 없이 일상의 금전 감각에 휩쓸리게 되고 만다. '세후 월급이 20만 엔인데 이번 달은 주식으로 15만 엔이나 벌었다'라거나 '러닝화를 만 엔에 사려고 했는데 오늘은 주식으로 3만 엔이나 손해를 봤다' 등과 같이 필요 이상으로 감정이 흔들릴 수밖에 없다. 만약 300만 엔을 운용하고 있어서 월에 15만 엔을 벌었다면 월 수익률은 5%의 자산 변동이고, 하루에 3만 엔을 손해 본다면 하루당 1%의 자산 변동이라고 할 수 있다. 그 정도의 흔들림은 주식 투자에서 굉장히 흔하게 발생한다. 그 정도의 변동에 매번 마음이 흔들린다면 주식 투자를 결코 지속할 수 없다. '아침에 체온을 재니 36.0도였는데, 저녁에 재니 36.3도로 0.3도나 올랐다! 이대로 계속 올라가면 어떡하지'라고 큰 소란을 피우는 것과 유사한 어리석은 심리 변화라고 할 수 있다.

증권사의 웹사이트나 주식 전문 앱에서는 어제와 비교해서 얼마나 수익, 또는 손해가 발생했는지 등을 실시간으로 자세히 알려준다. 하지만 가능한 한 이런 하루 변동액을 보지 않도록 하거나 만약 실수로 보게 된다면 즉시 비율로 생각하게끔 한다. 이 훈련은 매우 중요하다.

장기적으로 투자를 계속하면 꽤 많은 사람이 자산을 몇 배로 증가시킬 수 있다. 처음에는 300만 엔일지라도 10년이나 20년 동안 투자를 계속하면 그 금액이 1,000만 엔, 3,000만 엔으로 점점 늘어날 것이다. 그 결과, 하루 변동액은 일반적으로 수십만 엔이 되며, 때에 따라 백만 엔을 넘는 날도 있을 것이다.

'월급이 30만 엔인데, 하루에 100만 엔이나 벌었어!' 이런 자극은 너무 강렬하다. '의식하지 말자'라고 다짐해도 뇌는 그것만을 생각하게 된다. 주식 투자를 시작함과 동시에 금액이 아니라 비율로 판단할 수 있도록 머릿속을 조절하자. 그렇지 않으면 온종일 주식에만 몰두해 재미없는 인생을 살게 될 것이다.

❻ 간단히 팔아치울 수 없을 정도로 대량으로 사들인다

이는 꽤 응용 편에 해당하는 내용인데, 저평가된 성장주를 계속 찾다 보면 하루 거래량이 2,000주밖에 되지 않는 초소형 유망주를 발견하게 되는 경우도 있다. 거래량이 너무 작으므로 많은 투자자의 탐색 필터에서 벗어나 성장력에 걸맞지 않게 저평가되는 것이다. 보통은 '유망주인 것은 틀림없지만 너무 소형주라서 만약 무슨 일이 생기면 팔고 싶어도 팔 수 없게 될 수 있다. 사더라도 적은 금액만 사보자'라는 판단에 이르게 된다. 이것은 매우 타당한 생각이므로 일단은 독자들에게도 이 판단을 추천한다.

하지만 만약 그 주식이 크게 상승하더라도 상식적인 방법으로는 금액 기준의 이익은 그다지 크지 않다. 나는 이런 상식에서 벗어나 일부러 그런 초소형주를 1만 주 혹은 2만 주 단위로 사들여 여러 번 큰돈을 벌 수 있었다. 호랑이 굴에 들어가지 않고는 호랑이 새끼를 얻을 수 없다. 결국 어디선가 큰 리스크를 감수하지 않으면 큰 수익을 얻을 수 없는 법이다.

'그 리스크를 어디서 어떻게 감수할 것인가?'가 개별주 투자 실력을 보여주는 부분인데, 사실 바이앤홀드 전략을 채택할 경우, 즉시 팔 수 없는 리스크, 즉 유동성 리스크는 일반적으로 사람들이 느끼는 것만큼 큰 리스크는 아니다. 시간을 들여 조금씩 사고, 시간을 들여 조금씩 팔면 되는 이야기이기 때문이다. 보통 사람들이 하루 동안 하는 행위를 한 달에 걸쳐서 하면 되는 것이다.

너무 당연한 이야기라 미안하지만, '주식 투자의 수익 = 가격 상승률 × 투자 금액'이다. 우리 장기 투자자에게 텐 배거는 동경의 대상이지만 1,000엔에 100주를 사서 그것이 10배 상승해도 90만 엔밖에 이익이 되지 않는다(세금으로 20%를 가져가므로 실제로는 약 72만 엔 정도에 불과하다). 물론 이것도 충분히 기쁘기는 하지만 만약 이것을 1만 주로 가정해보자. 9,000만 엔(세금을 포함하면 7,200만 엔)의 이익이 된다. 한마디로 말해, 나는 이 방법으로 '억만장자'가 되었다.

잘 생각해보면 워런 버핏이나 피터 린치 등 세계적으로 유명한 프로 투자자들은 모두 이 유동성 리스크를 감수함으로써 큰 성공을 거두었다. 물론 그들은 우리 개인 투자자들보다 훨씬 큰 금액을 다루기 때문에 대형주나 주식 이외의 투자 대상으로 선택 범위를 넓히지만, 어쨌든 '큰 수익을 낼 가능성이 크다는 판단이 들면 즉시 철수할 수 없을 정도로 대량으로 사들인다'라는 점에서는 같은 방법을 사용하고 있는 셈이다.

이 방법은 여러 가지 장점이 있다. 일단 SNS나 게시판에서 어떻게 떠들더라도 즉시 팔 수 없기 때문에 주가가 하락하면 하락한 채로, 상승하면 상승한 채로 그대로 둘 수 있다. 애초에 그런 유동성이 낮은 주식은 화제가 되지도 않는다. 만약 '메뚜기 타워'가 형성되는 상황이 되면 거래량이 급증해 거의 최적의 타이밍에 매도할 수 있다. 시간이 걸려 성장하는 타입이라면 꾸준히 보유할 수밖에 없으므로 처음에는 소형주였던 것이 꽤 큰 기업이 될 때까지 지켜볼 수 있다.

결국 싫어도 단기 변동이나 심리전을 무시할 수 있는 것이다. 유감스럽게도 예상과 달리 실적이 부진해지면 손해를 본다. 단념하고 저가에 팔 수밖에 없다. 하지만 여러 번 말했듯이 0이 되는 것은 아니다. 뭐, 반값에 20% 할인된 가격(매입가의 32%) 정도에서는 팔 수 있을 것이다. 이기면 10배, 지면 32%라면 나쁜 내기는 아니다. 바이앤홀드는 그런 유형의 승부라고 단호하게 생각하자.

몇 년간 투자를 계속하고 자금력도 높아지며 투자력도 갖추게 되었을 때 뜻밖에 엄청난 소형 성장주를 발견하게 되면 꼭 이 점을 기억해주길 바란다. 자신도 깜짝 놀랄 만큼 당신의 투자 인생이 크게 변화될 가능성이 있다(⇨Lesson 16).

❼ 평소에 기업 정보를 수집한다

주가가 급락 → SNS나 게시판에서 원인을 찾음 → 부정적인 글을 보고 불안해짐 → 더 하락하는 주가를 보고 매도 → 얼마 지나지 않아 주가는 급상승

이 최악의 연쇄 반응을 끊을 필요가 있다. 이를 위해 가장 중요한 것은 급락할 때마다 그 기업을 조사하는 임시적인 자세를 버리는 것이다.

급락하든 급등하든 그런 것과 상관없이 평상시에도 자신이 보유한 주식에 관한 지식을 폭넓게 수집하는 노력이 필요하다. 기업 사이트, 기업명이나 상품명으로 뉴스를 검색, 경쟁사나 관련 기업과의 비교, 업계 정보 등을 통해 그 회사에 장기 투자하는 이유를 항상 자신 안에서 확립해나가는 것이다. 무엇이 어떻게 되면 이익이 급감할까? 반대로 무엇이 어떻게 되면 이익이 급증할까? 이를 위해 어떤 변수에 주목해야 할까? 사업 구조를 깊이 이해하면 그런 것들에 대해 알 수 있게 된다.

이러한 기본자세를 갖추게 되면 SNS나 게시판에 휘둘리는 투자 스타일이 얼마나 어리석은 것인지 점차 깨닫게 될 것이다.

나는 2019년에 전력 컨설팅과 전력 관련 제품 판매 결합해 실적을 성장시키고 있는 그림스-유비쿼터스에너지(3150)라는 주식을 약 950엔 정도에 매입했다(2020년에 주식 분할을 했기 때문에 당시 가격으로 따지면 1,900엔 전후였다). 직후 코로나19 사태의 영향을 받아 한때 800엔을 밑돌기도 했다. 하지만 새로 탄생한 스가 정권과 미국 바이든 정권이 탈탄소화 성장전략을 강하게 내세우면서, 에너지 분야에서 새로운 도전을 이어가는 이 기업은 테마성을 띠게 되었고, 주가는 2020년 후반에는 2,000엔을 넘을 정도로 대폭 상승했다. 1년 남짓 만에 2배로 오른 것이다.

나도 처음에는 장기적인 관점으로 보면 더 많이 오를 것이라고 낙관적으로 보고 있었지만, 한편으로는 한 뉴스가 신경 쓰이기 시작했다. '여름에 시작된 라니냐 현상의 영향으로 이번 겨울은 상당히 혹독한 한파가 예상된다. 그렇게 되면 일본 내 전력 수급이 긴박해지고 전력 소매 시장에서 가격이 급등할 위험이 있다.'

당시 이 회사가 판매하는 전력의 대부분은 전력 소매 시장에서 조달하고 있었다. 만약 시장 가격이 급등한다면 상당한 손실이 예상된다. 시장은 아직 그 리스크를 반영하지 않았다. 결국 나는 주가가 2,500엔을 넘었을 때 주식을 전량 매도했다. 원래 3~5년 안에 2~3배 상승을 노렸던 것이 1년 남짓 만에 2.5배가 되었으니 아주 만족스러웠다.

그동안 그림스 주식에 투자하는 사람들의 SNS나 야후 파이낸스 게시판에서 라니냐 현상이나 전력 소매 가격 급등 같은 단어를 한 번도 들어본 적이 없었다. 애초에 그러한 리스크가 존재한다는 것을 이해하지 못하는 개인 투자자가 많았던 것도 있지만, 나처럼 이해한 사람도 굳이 그런 부정적인 정보를 매도 전에는 공표하지 않는다. 결국, 그해 겨울에는 도쿄에서도 연못이 얼어붙을 정도로 혹독한 한파가 찾아왔고 난방 수요의 급증으로 전력 수급은 긴박해져 이 회사는 큰 손실을 보았다. 인터넷상에서는 전력 수급이 긴박해지고 주가가 하락하기 시작하자마자 큰 소동이 일었고, 결국 1,500엔 전후까지 급락했다.

이것은 한 가지 사례일 뿐이다. SNS나 게시판, 나아가 인터넷 뉴스까지 포함해서 일반적인 인터넷 정보는 그 분야에 정통한 사람들이 봤을 때는 '지금에 와서 무슨 소리야…'라고 말하고 싶어질 정도로 늦은 정보로 큰 소란을 일으키는 경우가 상당히 많다. 투자 대상 기업을 깊이 분석하고, 경영자의 의도를 정확히 이해하고 있는 투자자에게는 몇 달 전부터 충분히 예상할 수 있었던 전개라도 널리 인식되기 전까지 주가는 큰 반응을 보이지 않는다.

당신이 성공한 투자자가 되고 싶다면, 표면적이고 감정적인 인터넷 정보를 무시하고 투자 대상 기업이나 업계 관계자의 정보를 의식적으로 모으는 노력을 해야 한다. 그렇다고 해도 당신과 전혀 관련이 없는 업계의 정보를 모으는 것은 어렵다. 먼저 자신의 본업이나 좋아하는 취미, 지역 기업 같은 가까운 유망주를 찾는 것이 좋다. 어느 한 업종에 대한 이해가 깊어지면 다른 업계에 관해서도 조사해야 할 포인트를 상상할 수 있게 된다. 그렇게 조금씩 자신이 잘 아는 업종을 넓혀가는 것이다.

참고로 나는 본가 근처에 소형 태양광 발전소를 만드는 등 재생 가능 에너지에 대해서 10년 전부터 여러모로 조사해왔다. 언젠가 지구 온난화 등의 환경 문제가 한계에 도달하고 그 대책이 세계 규모로 이루어질 것이라는 예측 아래, 깊이 있는 지식을 쌓아왔던 것이 그림스 주식 투자에서 도움이 되었다.

❽ 다른 투자법을 이해한다

자, 7가지 대책안을 제시했지만, 또 한 가지 다른 관점에서 '장기 투자 스타일을 채택하지 않는 다른 투자자들은 어떤 의도로 주식을 매매하는지'에 대한 지식을 조금이라도 가지고 있으면 좋다.

주가가 뭐가 뭔지 알 수 없는 이유로 뭐가 뭔지 알 수 없는 움직임을 보이기 때문에 불안해진다. 그 불안을 해소하기 위해 다른 투자법을 머릿속에 담아두는 것도 손해는 아니다.

하지만 알게 된 탓에 오히려 신경 쓰이게 되는 '모르는 게 약'과 같은 측면도 있어서 여기서는 굳이 깊게 들어가지 않겠다. 알면 알수록 당신은 수렁에 빠지게 된다. '맞아, 맞아. 또 평소처럼 돈 나눠 먹기 싸움 때문에 주가가 흔들리고 있구나…' 정도로 다소 초연해지지 않으면, 바이 앤홀드를 지속할 수 없다.

그런데 한마디로 '매수'라든가 '매도'라고 간단히 말해도 실제로 정말 다양한 사람들이 다양한 이유로 그것을 실행한다. 대표적인 것들을 나열하면 〈도표 78〉과 같다. 상장 기업이나 그 관련 기업에 근무하며 매일 상사에게 성적이 나쁘다고 질책을 당하거나 엄격한 할당량을 부여받아 신경이 곤두서 있는 직장인들에게는 아주 유감스러운 소식이지만, 그 최종 평가자인 주식 투자자들의 대다수는 기업을 성실하게 평가하지 않는다. 감각이나 감정, 다른 사람의 동향이나 화제성, 또는 주가의 움직임만을 분석해 매매를 반복하거나 시세 조작적으로 주가를 움직여 투자자들로 하여금 매매하지 않을 수 없게 의도적인 상황을 만들어내며 이익을 얻는다.

또는 기업을 분석해도 어차피 이길 수 없기 때문에 분석은 다른 사람

도표 78	사람들이 주식을 매매하는 이유		
올라갈 것 같다	⇔	내려갈 것 같다	① 감각
탐욕·안심·초조함	⇔	불안·두려움·초조함	② 감정
사람들이 사니까 산다	⇔	사람들이 파니까 판다	③ 다른 사람
화제성이 있어서 산다	⇔	화제성이 없어서 판다	④ 재료
살 만한 가치가 있다	⇔	보유할 만한 가치가 없다	⑤ 평가
주가를 근거로 산다	⇔	주가를 근거로 판다	⑥ 주가
기계적으로 산다	⇔	기계적으로 판다	⑦ 시스템
주가를 끌어 올리고 싶다	⇔	주가를 끌어 내리고 싶다	⑧ 조작
사지 않을 수 없다	⇔	팔지 않을 수 없다	⑨ 항복
자사주를 산다	⇔	증자	⑩ 자사
경기를 자극시키고 싶다	⇔	경기를 식히고 싶다	⑪ 정책
같은 것이 더 싸다	⇔	같은 것이 더 비싸다	⑫ 재정
돈이 남아서 산다	⇔	돈이 없어서 판다	⑬ 자기 사정

에게 맡기고 기계적으로 모든 종목을 넓고 얇게 사는 전략이 유행하고 있다. 개별 주식을 세심하게 평가하고 장기 투자를 전제로 매매하는 매우 합당해 보이는 투자 방법은 사실은 소수파에 불과하며, 그렇지 않은 투자자들이 대다수라는 것을 이해할 수 있었을까?

그 결과, 주가는 단기적으로는 완전히 불합리한 움직임을 반복한다. 정의감이 강한 사람들은 '이런 것은 이상하다'라고 말하고 싶겠지만, 이러한 불합리한 움직임 덕분에 유망주를 저가에 매입할 수 있는 상식적으로 일어날 것 같지 않은 현상이 자주 발생한다. 불합리함을 용인하면서도 일일 가격 변동으로부터 거리를 둠으로써 승리를 거머쥘 수 있는 것이다.

 ## 73 주식 시장을 '큰 냄비'라고 생각한다

그런데 이렇게 말하면 '뭐야. 결국 주가는 기업의 실력과는 무관하게 단기 트레이더들이 하고 싶은 대로 적당한 가격이 붙을 뿐이잖아…'라고 생각할지도 모른다. 확실히 하루 평균 약 4조 엔 전후로 움직이고 있는 도쿄증권거래소 프라임 시장의 거래 대금(2023년 9월 기준)을 보자면, 기업을 하나하나 분석해 주가의 적정성을 평가하는 장기 투자자의 자금비율은 현저히 작다.

하지만 그것은 하루의 거래 흐름에 관한 이야기이고, 주식으로서의 도쿄증권거래소 프라임 시장 전체 주식의 시가총액 약 800조 엔(2023년 9월 말 현재)에 대해서 말하자면, 그 대부분은 장기 투자자들이 쥐고 있으며, 그 자금력 또한 압도적이다. 따라서 단기적으로는 불합리한 움직임을 반복하는 것처럼 보여도 장기적으로는 합리적인 가격이 형성된다. 장기 투자자로부터 '이 주식은 좋다'라고 인정받으면, 시간이 지남에 따라 매우 많은 자금이 그 종목으로 유입되어 장기 상승 트렌드가 형성된다.

그 와중에도 단기적으로는 격렬한 등락이 반복되지만, 그러한 단기 변동을 잘 활용하면서 장기 자금에 의한 매집이 진행되는 것이다. 반대로 장기 투자자가 외면하면 자금은 빠져나가고 아무리 기다려도 주가는 오르지 않게 된다.

큰 냄비를 상상하면 이해하기 쉬울 것이다. 수도꼭지를 열어 큰 냄비에 물을 계속 받으면 냄비 안 물의 양은 점점 늘어나고 수위 또한 올라간다. 이것이 장기적인 주가 변동이다. 한편 냄비를 두드리거나 흔들면 수면이 요동치며 위아래로 움직일 것이다. 이것이 단기적인 주가 변동이다. 단기 자금이 아무리 냄비를 두드리고 흔들어도 수도꼭지에서 물이 세차게 들어오면 결국 냄비 속 물은 넘치게 된다. 바이앤홀드에서는 이 수도꼭지의 물을 보는 것이지, 수면의 요동을 보는 것이 아니다.

반대로 좋지 않은 주식은 구멍 뚫린 냄비와 같다. 그냥 두면 물은 점점 빠져나간다. SNS나 게시판에서 아무리 떠들어도 그것과는 상관없이 수위는 계속해서 낮아진다. 중요한 것은 자금력이 있는 장기 투자자가 사고 싶어 하는 주식을 그들보다 한발 먼저 사는 것이다. 이것이 우리의 목표다. 수면의 요동침만을 신경 쓰는 사람들은 옆에 제쳐두고 우리는 수위의 상승에 신경을 집중하는 것이다.

Lesson 16

억만장자가
되기 위해

투자 자금을
확대하다

74 실력과 기회에 따라 투자액을 늘린다

당신은 소액으로 2~3년 동안 연습을 했다고 가정해보자. 스스로 조사해서 찾아낸 저평가 성장주가 사람들이 생각하는 것 이상으로 잘 오른다는 것을 이해했다고 치자. 자, 이제는 승부할 때가 되었다. 그런데 여기서 문제가 발생한다.

'그렇다면 도대체 얼마나 투자하는 것이 좋을까?'

이에 대해 피터 린치는 아주 명확하게 말한다.

'가지고 있는 자금을 전액, 주식 투자에 넣는 것이 좋다.'

내 경험으로도 이 생각은 아마도 맞다. 과거에 주식으로 벌어들인 자금으로 주식 외의 투자 상품이나 태양광 발전 같은 실물 자산에도 투자해왔지만, 주식 투자는 그것들의 수익률을 훨씬 능가한다. 결론적으로 전액을 주식 투자에 계속 투입하는 것이 훨씬 더 큰 부자가 되는 방법이다.

내 경우 과감하게 승부수를 던지기로 결심했을 때, 여유 자금의 30%를 개별 주식 투자에 투입하기로 했다. 30%로 잠시 투자해보고 내가 수익을 낼 수 있다는 확신이 들면, 피터 린치를 믿고 전액을 개별 주식 투자에 넣으려고 했다. 이 당시의 판단은 나쁘지 않았다고 생각한다. 주식 투자의 경우, 다른 도박과 달리 빚을 지지 않는 한 판돈이 완전히 0이 될 가능성은 작다. 상장 기업에 투자하는 한, 투자 대상 기업이 파산할 위험은 극히 낮고, 5가지 종목을 보유하고 있는 상황에서 모든 종목이 파산할 일은 거의 존재하지 않기 때문이다.

하지만 5가지 종목으로 분산 투자하더라도 약 30% 정도 자산이 줄어드는 일은 꽤 자주 발생한다. 이 경우 여유 자금 전체의 30%를 투자해서 그중 30%가 줄어들었기 때문에, 30% × 30% = 9%로, 전체적으로 따지면 10% 이내의 손실이다. 나는 '그 정도라면 견딜 수 있다'라고 판단했다.

한편 제대로 조사하고 신중하게 투자 대상을 선택했다면 몇 년 안에 재산을 2배로 늘리는 일도 충분히 가능하다. 만약 당신의 여유 자금이 1,000만 엔이고, 그중 30%인 300만 엔을 투자해 그것이 2배가 된다면, 300만 엔의 이익을 벌어들이게 된다. 대략 자동차 1대 값이다. 이 정도로 벌 수 있다면 투자의 가치도 있을 것이다.

30%가 줄어들어도 견딜 수 있고 2배가 되면 충분히 기쁜 금액이라는 것은 사람에 따라 더 적을 수도 있고 더 많을 수도 있다. 하지만 어쨌든 이익을 봤을 때의 미래만 상상하며 투자 금액을 결정하는 것이 아니라 손해를 봤을 때의 비참한 자신도 동시에 상상하면서 투자 금액을 결정하는 것이 중요하다. 내일 거대한 지진이 일본 열도를 덮칠 수도 있고, 다시 한번 미지의 바이러스가 전 세계로 퍼질 수도 있다.

자, 그렇게 해서 투자 금액을 여유 자금의 30%로 정하고 승부에 나섰다고 하자. 그리고 만약 운이 좋아서 계획대로 그 금액이 2배가 되었다고 하자. 그러면 여유 자금 전체에서 본 개별주 투자 비율은 30%를 크게 웃돌게 된다. 여유 자금이 1,000만 엔이었다면 개별 주식은 300만 엔에서 600만 엔으로 늘어나고, 전체적으로도 1,000만 엔이 1,300만 엔으로 늘어난다. 이때, 개별 주식의 투자 비율은 600만 엔 ÷ 1,300만 엔 = 46%가 된다. 여기서 한 가지 생각이 떠오를 수 있다. 바로 리밸런싱이다.

이제 충분히 이익을 보았으니 다시 1,300만 엔을 분모로 삼아 투자 비율을 30%로 낮추는 발상이다. 이 경우, 1,300만 엔 × 30% = 390만 엔을 개별 주식 투자에 할당하고, 나머지는 다른 금융 자산으로 돌리는 것이다. 물론, 그렇게 하고 싶다면 그렇게 해도 좋다. 이를 부정하지는 않는다. 하지만 억만장자를 목표로 한다면 다음과 같은 사고방식이 필요하다.

사고방식 1 : 실력에 따라 투자액을 늘린다
사고방식 2 : 기회에 따라 투자액을 늘린다

이 사고방식에 따르면 당신이 해야 할 일은 오히려 반대다. 투자액을 늘리는 것이다. 리밸런싱을 반복해서는 인생이 극적으로 변하지 않을 것이다. 시간이 지나도 큰 부자가 되지 못할 것이다. 물론 사고방식 2에 따라 '큰 기회를 발견할 수 있다면'이라는 전제가 따른다. 유망한 주식을 발견하지 못하면서 투자액만 늘리는 것은 피하는 것이 좋다.

하지만 '내가 가진 5가지 종목은 성장성이 높다. 게다가 저평가되어 있다고 확신할 수 있으며 사실 더 사고 싶다'라고 생각한다면 투자액을 확대하라. 당신은 이미 5가지 종목에 분산 투자해서 평균적으로 2배로 늘린 실력이 있다. 그 과정 중에는 기대한 대로 주가가 상승하지 않고 오히려 하락하는 어려움도 겪었을 것이다. SNS와 인터넷 게시판을 어떻게 대해야 하는지도 잘 이해했을 것이다. 초보 시절과는 분명히 차이가 있다.

하지만 이 단계에서 피터 린치를 믿고 여유 자금 전액을 개별 주식 투자에 넣는 것은 조금 무리일 수 있다. 우연히 좋은 흐름을 타서 2배가 되었을 수도 있기 때문이다. 그렇다면 예를 들어 1,300만 엔 × 60% = 780만 엔 혹은 1,300만 엔 × 70% = 910만 엔으로 늘리는 발상은 어떨까?

당신은 이미 300만 엔을 벌었다. 증액해 910만 엔으로 승부를 걸었을 때 투자가 잘되지 않아 만약 30% 재산을 잃는다고 해도 910만 엔 × 30% = 273만 엔의 손실이다. 그래도 처음과 비교해서 손해를 본 것은 아니다. 반대로 만약 다시 2배로 늘릴 수 있다면 910만 엔의 수익을 얻게 된다. 이 경우, 당신의 여유 자금은 2,210만 엔이 되어 처음 1,000만 엔과 비교했을 때 재산이 2.2배로 늘어난 셈이다. 이 중 1,820만 엔이 개별 주식, 나머지 390만 엔이 다른 금융 자산이 된다. 드디어 억만장자로 향하는 출발을 하게 되는 것이다.

75 '나쁜 내용의 승리'에 올라타서는 안 된다

자, 잘됐을 때의 이미지 트레이닝은 했다고 치고 반대로 잘 안 될 경우는 어떻게 할까? 앞에서처럼 예를 들어보자. 300만 엔을 개별 주식에 투자해 목표와 반대로 30%나 손실을 보아 210만 엔으로 밑천이 줄어든 경우다. 이 경우에도 여유 자금 전체로 따지면 9%밖에 손실을 보지 않았다. 아직 910만 엔이 남아 있다. 여기서 당신은 2가지 생각 사이에서 왔다 갔다 할 것이다.

'아직 실력이 부족해 30%나 손실을 보았다. 당분간은 투자 금액을 늘리지 않고 210만 엔 범위에서 투자를 계속하자' 한편으로는 이런 생각도 든다. '신중하게 성장주를 탐색하고 충분히 저렴하게 샀음에도 불구하고 30%나 하락했다. 그렇다면 VE 투자법에서 말하는 'EPS↑ 주가↓' 상태로 큰 기회가 아닐까. 지금이야말로 자금을 증액해 승부에 나설 때다.'

도박 세계의 경우, 손실을 만회하는 것에 집착해서 자금을 추가로 투입하는 행위는 가장 패배가 잦은 패턴이다. 전자는 올바른 생각이다. 그런데 한편으로 신중하게 투자 대상을 선택했음에도 불구하고 평균적으로 30%나 재산이 줄어드는 상황은 꽤 흥미롭다. 평균적으로 30%라는 것은 5종목 중 몇몇은 50% 가까이 떨어졌으며 아마 상당한 대폭락에 휘말렸을 것이다. 마음이 위축되었을지도 모르지만, 지금이야말로 기회라는 발상은 나쁘지 않다. 후자의 경우도 올바르다.

그럼 전자와 후자의 차이는 무엇일까? 그것은 투자 실력의 문제인지, 불확실성의 영향만 받은 것인지의 차이다. 만약, 시장 전체가 크게 하락한 것도 아닌데 당신만 크게 손실을 보고 있다면 아마 투자 실력의 문제일 것이다. 자금을 늘려서는 안 된다. 만약, 당신이 승부에 나선 타이밍이 안 좋아 폭락에 휘말렸을 뿐이라면, 조금은 자금을 늘리는 것이 좋을 것이다. '사고방식 2 : 기회에 따라 투자액을 늘린다'이다.

마작의 비공식 프로 세계에서 대타로서 절대적인 강함을 자랑했던 사쿠라이 쇼이치(桜井章一) 씨는 《운의 정체》에서 이렇게 말하고 있다.
"내용과 승부의 관계를 나는 이렇게 생각합니다. 이상적인 것은 '좋은 내용으로 이기는 것'입니다. 다음으로 바람직한 것은 '좋은 내용으로 지는 것'입니다. 세 번째는 '나쁜 내용으로 지는 것'이며 가장 나쁜 것은 '나쁜 내용으로 이기는 것'입니다."

불확실성이 지배하는 주식 시장에서는 원래 오를 리 없는 주식이 크게 상승하는 경우도 있고, 실력으로는 떨어질 리 없는 종목이 크게 하락하는 경우도 있다. 교묘한 심리전과 강압적인 매수로 승리를 노리는 시세조작주, 별다른 실력도 없으면서 메뚜기 투자자들이 몰려드는 인기주(⇨69번), 알고리즘을 사용한 의도적인 공매도(⇨67번) 등 다양한 이유로 시장은 왜곡된다.

장기 투자에서 중요한 것은 기업의 실력과 무관한 그런 가격 변동에 스스로 휩쓸리지 않는 것이다. 앞서 언급한 사쿠라이 씨가 말하는 '내용과 승부의 관계'로 보면 가장 나쁜 '나쁜 내용으로 이기기'를 노리지 않는 것이다. 일시적으로는 이길 수 있어도 장기적으로 계속 이기기는 어렵다. 모든 것을 잃는 투자자는 대체로 모두 거기에 빠져든다. 당신은 자기도 모르게 그런 나쁜 주식만을 찾고 있는지도 모른다. 그 결과로 진다면, 투자액을 늘려서는 안 된다. 냉정하게 자기 분석을 해보기를 바란다.

장기 투자에서 성과를 올리고 싶다면 오직 '좋은 주식을 저렴하게 산다는 원칙'을 철저히 지켜야 한다. 사쿠라이 씨의 표현을 빌리면 이상적인 것은 '좋은 종목으로 이기는 것'이다. 다음으로 바람직한 것은 '좋은 종목으로 지는 것'이다. 세 번째는 '나쁜 종목으로 지는 것'이며 가장 나쁜 것은 '나쁜 종목으로 이기는 것'이다. 어쩌면 당신은 '좋은 종목으로 지고 있는 것'일지도 모른다. 그렇다면 이야기는 다르다. 신중함을 잊어서는 안 되지만 투자액을 늘린다는 선택지도 가능하다. 장기적으로 눈덩이처럼 자산을 계속 불리고 싶다면 좋은 종목을 계속 선택하는 것이 중요하다. 그 방향으로 실력을 키우는 것이다.

마지막은 자신의 책임이다. 그러나 만약 그런 상황에 부닥치게 된다면 꼭 사쿠라이 씨의 말을 떠올리기를 바란다. 아마도 그것이 투자 인생에 있어 중요한 분기점이 될 것이다.

Lesson 17

행운을
만나기 위해

주식 투자는
버섯 채집과 같다

76 채집할 수 있는 범위를 샅샅이 탐색한다

대학생 시절, 버섯에 대해 잘 아는 직장인 선배와 함께 10명 정도 그룹으로 버섯 채집을 하러 간 적이 있다. 시끌벅적하게 소풍이라도 가는 분위기로 산에 들어섰지만, 처음 1시간 정도는 거의 수확하지 못했다. 완전 초보였던 나는 간신히 발견한 버섯을 선배에게 확인해달라고 했지만, "이건 먹을 수 없는 버섯이야"라는 슬픈 대답만 돌아왔다.

'도대체 버섯은 어디서 자라는 걸까?' 만약 버섯을 찾았다 하더라도 '어떤 게 맛있는 버섯이고 어떤 게 독버섯일까?' 그조차도 알 수 없었다. 유일하게 의지할 곳이라고는 직장인 선배 한 명뿐인 상황이었다. '오늘은 어려울 것 같다'라는 생각이 들었다.

그래도 2시간 정도 돌아다닌 후였을까. 드디어 후배가 맛있는 버섯을 찾아냈다. '우와, 이거 먹을 수 있는 거구나…' 생각하며 주변을 살펴보니 버섯이 있는 것이 아닌가. 그 후 계속해서 나왔다. "있다!", "여기 많이 있어!" 하며 여기저기서 환호성이 울려 퍼졌다. 지금까지 그렇게나 안 보였는데, 그 주변에 같은 종류의 버섯들이 군생하고 있었다. 다들 이를 계기로 뭔가 요령을 터득했는지, 점점 다른 버섯도 찾을 수 있게 되었다. 바구니 가득 버섯을 담아 돌아와 그날 밤 모두 함께 버섯전골을 먹으며 한잔했는데, 지금까지도 잊을 수 없는 즐거운 추억이 되었다.

주식 투자는 버섯 채집과 비슷하다.
① '버섯을 따러 가자'라고 결심하지 않는 한, 버섯은 얻을 수 없다.
② 맛있는 버섯과 독버섯의 차이를 구분할 수 있는 확실한 선별 능력

이 필요하다.

③ 시기와 장소 등 몇 가지 조건이 갖춰지지 않으면 버섯은 자라지 않는다.

④ 만일 버섯이 거기에 있어도 찾는 방법이 잘못되면 찾을 수 없다.

이 4가지를 주식 투자로 대체해보자.

① 주식 투자를 시작하기로 결심하지 않는 한 큰돈을 벌 수 없다.

② 유망주를 찾을 수 있는 확실한 선택 능력을 기를 필요가 있다.

③ 몇 가지 조건이 갖추어지지 않으면 대박주는 탄생하지 않는다.

④ 만일 대박주가 눈앞에 있어도 평소에 의식하지 않으면 그냥 지나쳐버린다.

나는 지금까지 매년 2배, 3배 상승하는 대박주를 발견해왔다. 하지만 그 빈도는 낮다. 보통 '이것은!'이라고 생각되는 진짜 저평가 성장주를 발견하는 것은 기껏해야 1년에 1~2개에 불과하다. 바텀업 접근 방식(⇨50번)으로 자세히 조사해도 그 정도다. 하지만 이것은 오로지 내 시선에서 조사한 것이기 때문이지, 시장에 다른 대박주가 없는 것은 아니다. 무수한 대박주를 눈치채지도 못하고 놓치고 있는 것이다.

당신도 산에 있는 모든 버섯을 딸 필요는 없다. 당신의 시선으로 당신이 걸을 수 있는 범위에서 탐색하고 그날 밤 술 한잔하기에 충분한 양의 버섯을 구하면 된다. 5~10가지 종목을 3~ 5년 보유한다는 전제라면 그것으로 충분하다.

반면 리먼 브러더스 사태나 코로나19 사태와 같은 폭락 국면은 맛있는 버섯 러시라고 할 수 있다. 평소 같으면 비싸서 손을 댈 수 없는 유망주를 놀라운 가격에 살 수 있다. 다소 바쁘겠더라도 수많은 유망주 중에서 톱다운 접근 방식(⇨50번)으로 '다음 변화'를 잡을 수 있을 것으로 예상되는 성장기업에 집중해 과감하게 매입한다. 비관 속에서 논리와 경험과 감성을 총동원해 대승부를 벌이는 것이다. 나는 이런 반복을 통해 다행히도 어떻게든 재산을 늘릴 수 있었다.

77 우연을 거듭하는 노력을 한다

주식으로 성공한 사람을 보고 '그저 우연이 겹쳤을 뿐'이라고 말하는 사람이 있다. 전적으로 그 말이 맞다. 나도 그 우연이 겹친 사람 중 한 명이다. 하지만 그러한 우연을 거듭하기 위한 노력은 충분히 해왔다고 생각한다. 만약 주식 계좌를 개설하지 않았다면, 이 우연은 절대로 찾아오지 않았을 것이다. 만약 어떤 주식이 잘 오르고, 어떤 주식이 그렇지 않은지에 대해 아무런 지식도 없었다면, 눈앞에 유망주가 있어도 그것이 무엇인지 이해할 수 없었을 것이다.

그저 멍하게 하루하루를 보내는 것이 아니라 '어쩌면 투자 기회가 굴러다니고 있지 않을까?'라는 전제로 주변 변화에 항상 안테나를 세우고 있지 않았다면, 엄청난 우연이 찾아왔다 하더라도 그것이 엄청난 우연인지 알아채지 못하고 지나쳤을 것이다. 이러한 우연한 행운, 혹은 우연한 행운을 얻는 능력을 '세렌디피티(serendipity)'라고 한다. 확실히 나는 짚신 장수처럼 세렌디피티의 축복을 받았다. 그것은 우연임이 틀림없지만, 필연적인 부분도 있다. 아마 그 경계는 모호할 것이다.

다음은 주식 투자에서 세렌디피티를 만나기 위한 포인트를 나열해보았다. 이 책에서 지금까지 언급한 내용과 겹치지만, 정리하는 기분으로 읽어보기를 바란다.

❶ 어쨌든 주식을 시작한다

먼저 세렌디피티를 받아들일 준비를 시작하는 것이 중요하다. 즉, 계좌를 개설하고 성장주를 찾기 시작하는 것이다. 시작하지 않으면 행운의 여신은 미소 짓지 않는다.

어쨌든 주식을 시작하라. 이것이 세렌디피티를 일으키는 첫 번째 포인트다. 좋은 주식을 만나면 당신은 부자가 될 것이다. 나쁜 주식을 만나면 당신은 투자 노하우를 축적할 수 있을 것이다. 만약 사회에서 비즈니스를 실천하는 직장인이라면, 설령 주식 시장에서 세렌디피티를 얻지 못하더라도 회계나 투자, 비즈니스 모델에 관한 생생한 지식을 풍부하게 얻어 업무 측면에서 세렌디피티가 발생할 수 있을 것이다. 손해를 볼지도 모른다는 부정적인 면만 보지 말고 주식 투자를 통해 얻을 수 있는 다양한 긍정적인 면을 더 의식해야 한다.

행운은 어느 날 갑자기 찾아온다. 이 책을 읽고 '자, 저평가된 성장주를 찾아보자!' 하고 의욕을 불태워도 처음부터 큰 성과를 내는 주식을 잡기란 어려울 것이다. 이는 앞서 설명한 버섯 채집과 같다. 처음에는 연습이라고 생각하고 적은 금액으로 경험을 쌓는 것이 중요하다. 몇 번의 작은 성공과 작은 실패를 반복하면서 조금씩 주식 시장의 불가사의한 움직임에 익숙해지길 바란다.

'단기적으로는 인기 투표지만, 장기적으로는 가치를 평가하는 시스템'이란 무엇일까? 저렴하게 사서 비싸게 팔면 이익을 얻을 수 있는데, 왜 사람들은 그 반대로 행동해버리는 걸까? 실제로 주식 투자를 해보면 곧바로 실감하게 될 것이다. 이렇게 조금씩 세렌디피티를 받아들이는 체제를 갖춰나가는 것이다. 그런 노력을 계속하다 보면 문득 눈앞에 펼쳐져 있는 세렌디피티를 발견하게 될 것이다.

❷ 너무 가까워서 알아차리지 못하는 변화를 알아차리는 힘을 기른다

〈도표 79〉는 미국 애플(AAPL)의 장기 차트다. 당신은 언제 아이폰을 샀는가? 그때 이 제품이 시대를 변화시킬 것이라고 느껴지지 않았는가?

당신은 비즈니스맨으로서 업계 내의 변화를 계속 지켜봐왔을 것이다. 그런 가운데 지난 10년 동안 업계 질서를 파괴하고 새로운 가치를 제공해 급성장한 기업이 1~2군데 있지 않았는가? 그때 사내에서도 화제가 되었던 그 불편한 경쟁사의 주식을 사는 발상을 했다면 거기에 세렌디피티가 생겨나지 않았을까?

두 번째 포인트는 이것이다. 너무 가까워서 알아차리지 못하는 변화를 감지하는 힘, 이 힘을 기를 수 있다면 그것만으로도 세렌디피티가 발생할 확률은 상당히 높아질 것이다. 이 능력을 높이기 위해서는 어쨌든 일이나 생활 속 변화를 투자와 연결 짓는 습관을 기르는 것이 중요하다.

'어? 신제품이 나왔네. 이거, 혹시 잘 팔리는 거 아냐?', '저기, 그거 알아? 이 앱 재밌어!', '최근에 등장한 A사의 B 사장이 업계 질서를 어지럽혀서 문제야. 뭔가 대책을 세워야 해…', '이 서비스를 이용하시면 이전의 절반 비용으로 2배의 혜택을 누리실 수 있습니다!' 우리 주변의 이

도표 79 애플(AAPL)의 주가 추이

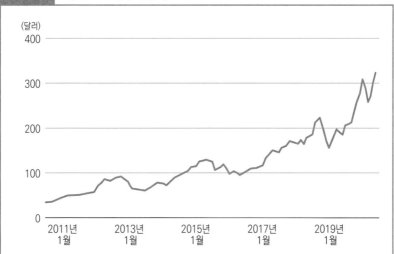

당신이 처음 아이폰을 샀을 때 이 제품이 시대를 바꿀 것이라고 느끼지 않았는가? 당신이 속한 업종에도 업계 질서를 파괴하고 새로운 가치를 제공해 급성장한 기업이 1~2군데 있지 않은가? 그때 사내에서도 화제가 되었던 그 불편한 경쟁사의 주식을 사는 발상을 했다면 거기에 세렌디피티가 생겨나지 않았을까? 너무 가까워서 알아차리지 못하는 변화를 감지하는 힘, 이 힘을 기를 수 있다면, 그것만으로도 세렌디피티가 발생할 확률은 상당히 높아질 것이다. 이 능력을 높이기 위해서는 어쨌든 일이나 생활의 변화를 투자와 연결 짓는 습관을 기르는 것이 중요하다.

런 사소한 정보야말로 VE 투자법에서 말하는 고유 정보(⇨33번)가 되는 것이다. 아마 이런 노력이 금방 결실을 보지는 않을 것이다. 조사할 때쯤에는 이미 늦어서 주가가 이미 많이 오른 상태일지도 모른다. 혹은 그 기업이 아직 상장하지 않았을지도 모른다. 하지만 그래도 이것을 계속하는 것이다.

이미 많이 올랐더라도 진짜배기라면 아직 더 오를 것이다. VE 투자 목록의 'EPS↑↑ 주가↑'의 상태다. 만약 그 기업이 상장하지 않았다 하더라도 비슷한 일을 하는 다른 상장 기업이 있을지도 모른다. 그 주변에 기회가 있다. 작은 변화를 제대로 조사하는 노력이 중요하다. 세렌디피티는 그런 노력을 하는 중에 전혀 생각지도 못한 다른 각도에서 미소지으며 다가온다. '어? 혹시, 이 회사 이야기인가?' 이런 느낌이다.

❸ 이상한 습관을 버린다

세 번째 포인트는 이상한 습관을 버리는 것이다. 아마, 당신은 이 책 외에도 다양한 주식 관련 책을 읽거나, 인터넷에서 투자 요령 같은 것을 공부해왔을 것이다. 그러나 여기에 큰 함정이 있다. 실제로 투자 방법에 따라서 봐야 할 포인트나 전략이 크게 다르기에 그것들을 혼합해버리면 큰 혼란을 초래하게 된다.

예를 들어, 단기 트레이딩의 노하우는 장기 투자에는 전혀 도움이 되지 않을 뿐만 아니라 오히려 해악을 가져온다. 단기 트레이딩에서는 10% 하락하면 이유가 무엇이든 손절매해야 한다는 식의 스탑 로스 규칙을 주입받는다.

하지만 애플의 차트(《도표79》)를 보면 알 수 있듯이, 고점에서 10% 하락할 때마다 매도했다면, 도대체 몇 번이나 이 주식을 손에서 떠나보내야 했을까. '아니지, 10% 하락하면 팔고, 바닥에서 다시 사면 되잖아'라고 반박하는 단기 트레이더도 많을 것이다. 하지만 그 10% 하락한 시점이 바로 바닥일 때가 많다. 좋은 주식일수록 여러 번 손절매하게 만들고 보물 같은 주식을 팔게 만드는 수상한 움직임을 보인다.

손절매뿐만이 아니다. 거래량에 대한 평가도 정반대다. 우리와 같은 장기 투자자는 거래량이 적은 인기 없는 주식을 선호한다. 인기가 없기에 싸게 살 수 있다. 하지만 단기 트레이더는 그런 주식에는 눈길도 주지 않는다. 거래량이 어느 정도 존재하지 않으면 승부의 전제가 갖춰지지 않기 때문이다. 그 외에도 필요한 능력이나 봐야 할 포인트 등도 놀라울 정도로 정반대다. 정반대인데 그 습관이 남아 있어서 장기 투자가 원활하게 돌아가지 않는다. 혹은 반대로 장기 투자 습관이 단기 트레이딩에서는 실패 원인이 된다. 그런 점을 머릿속에 새기길 바란다. 마찬가지로 인덱스 투자와 개별주 투자도 동일시해서는 안 된다. 같은 장기 투자라고 해서 같은 전략이 통용되는 것은 아니다.

자금력이나 입장(전업인지 겸업인지, 프로인지)에 따라 종목 수나 투자 기간 등에서 다소 응용은 허용된다. 하지만 기본 전략이 전혀 상이한 다른 투자법은 사용해서는 안 된다. 너무 복잡하게 생각하면 세렌디피티에서 멀어지게 된다.

❹ 자신의 머리로 생각한다

네 번째 포인트는 자신의 머리로 생각하는 것이다. 이는 많은 가치 투자자들이 알려주는 중요한 포인트라고 할 수 있다. 물론 이렇게 폭넓게 정보가 공유되고 있는 시대에 다른 사람의 생각을 전혀 참고하지 말라는 이야기는 아니다. SNS나 투자 사이트, 주식 잡지 등의 정보로부터 예상치 못한 유용한 정보를 손에 넣을 가능성도 충분히 존재한다.

하지만 그것은 정말 정보의 소스 중 하나로, 그러한 정보에 당신의 모든 자금을 맡기는 행위는 피해야 한다. 진위를 확인하고 당신만의 투자 스토리를 구축해 다른 주식들과 비교해보자. 그래도 사야겠다는 판단이 들면 매수하면 된다. SNS의 소문을 보고 검증할 시간도 갖지 않고 곧바로 스마트폰을 들어 매수하는 민첩성은 필요 없다. 많은 개인 투자자들이 이것 때문에 실패한다.

어쩌면 1~2번은 그런 방법으로 이길 수 있을지도 모르지만 언젠가는 큰코다치게 될 것이다. 세렌디피티와 동시에 그 이상으로 큰 불운을 불러오는 노력이라고 할 수 있다. 행운만 얻고 불운을 멀리하기 위해서는 결국 스스로를 갈고닦는 것 외에는 다른 방법이 없다.

❺ 여유 자금으로 투자한다

다섯 번째 포인트는 여유 자금으로 투자하는 것이다. 불운을 불러들이는 노력에 대해서 이야기하자면, 가장 걱정스러운 부분은 돈의 출처다. 1년 뒤 필요한 자녀의 학자금으로 주식을 하는 행위도 세렌디피티의 미움을 받는다. 아무리 훌륭한 종목을 발견하더라도 시세 여건에 따라 1년 이상 계속 하락하는 상황은 충분히 일어날 수 있다. 그런 이상한 일들이 벌어지기 때문에 VE 투자가 성립히는 것이다. 그 대전제에 따라서 자금을 투입해야 한다.

마찬가지로 신용거래(주식을 담보로 증권사에서 돈을 빌려 투자하는 것)도 기본적으로는 피해야 한다. 3~5년 동안 계속해서 빚을 지다 보면 이자가 하늘을 찌를 수 있고, 최악의 경우 주식 가격이 반 토막 날 수 있다는 점도 항상 염두에 두어야 한다. 아무리 유망한 주식이었더라도 말이다. 만약 신용거래로 원금의 2배를 투자했다면, 신종 코로나바이러스로 인해 폭락했던 3월에 당신은 이미 게임 오버가 되었을 것이다. '여유 자금으로 주식을 산다', 이것이 대전제라고 할 수 있다. 생각할 수 있는 최악의 수가 전개되더라도 장기적인 생활 수준에 지장이 가지 않는 범위 내에서 투자해야 한다.

❻ 시야를 넓게 가진다

여섯 번째 포인트는 시야를 넓게 갖는 것이다. 손해를 만회하려고 서두르는 사람에게 세렌디피티는 찾아오지 않는다. 세렌디피티의 반대말로 젬블러니티(Zemblanity)라는 것이 있다. 정해진 것만을 발견하는 능력을 말한다. 마음이 조급해지면 시야가 좁아지고 이전에 실패했던 것과 동일한 방법으로 다시 실패를 반복한다. 주식에서 그런 실패를 반복하다 보면 순식간에 재산을 잃게 된다. 30% 손해를 3번 반복하면 재산은 3분의 1로 줄어든다.

한번 성공하면, 같은 패턴으로 큰 수익을 노리는 개인 투자자가 많은데, 그것은 젬블러니티를 불러온다. 기회는 자주 찾아오는 것이 아니고, 겉보기에 비슷해 보여도 주식의 경우 모든 상황이 다 똑같을 수는 없다. 그 미세한 차이 때문에 주가는 전혀 반대로 움직일 수도 있다.

세렌디피티를 발생시키기 위해서는 성공 패턴 자체를 늘리는 노력이 필요하다. 내 경험에 비추어보면, 아쉽게도 나는 하이테크나 IT 관련 주식에 서툴렀다. 문과생의 슬픈 본성이다. 조금 공부해봐도 무엇이 무엇인지 도통 이해할 수 없었다. 그래서 주로 소매점이나 외식, 고객 서비스 같은 이해하기 쉬운 기업에만 투자했다. 하지만 요즘 시대에 인터넷이나 AI와 같은 IT 관련 주식을 피했다가는 큰 기회를 놓칠 것 같아 마음을 다잡고 조금씩 IT 관련 주식을 매수하면서 그 기업들의 특징을 이해하려고 노력했다. 처음에는 요령을 얻지 못했지만, 점차 컴튜어(3배 상승), 소니(2배 상승), JBCC 홀딩스(2.5배 상승) 등의 주식으로 수익을 내면서 이 분야에서도 승리를 쌓을 수 있게 되었다.

지금처럼 격렬하게 변화하는 시대에는 이전보다 더 의식적으로 시야를 넓히려는 노력이 중요하다고 할 수 있다. 결과론적이지만 소매점이나 외식 관련 주식에서 벗어날 수 있었기 때문에 신종 코로나바이러스의 피해도 적게 받을 수 있었다.

❼ 사람의 도리를 지킨다

마지막으로, 사람의 도리를 지키는 것이다. 동일본 대지진 때 지인은 일본의 미래를 비관하며 엔화 가치가 하락해 매도될 것으로 예측했다. 그는 엔화 매도 달러 매수에 큰 레버리지를 걸어 한도까지 주문을 넣었다. 하지만 예상과 달리 하룻밤 사이에 놀라울 정도로 엔화 가치가 상승했고, 아침에 눈을 떠서 컴퓨터 화면을 확인하니 오랜 세월 동안 차곡차곡 투자로 벌어온 재산이 모두 사라져 있었다.

당시 나도 주식이 하락해 상당한 평가손실이 있었다. 하지만 주식을 팔지는 않았다. 물론 공매도도 하지 않았다. 쓰나미로 집과 가족이 휩쓸려가고 내일을 알 수 없는 상황에서 고통받는 사람들이 많은데 그 혼란을 이용해 주식으로 돈을 벌고 싶지는 않았다. 우리는 주식 투자자이기 전에 사람이다. 돈 버는 것에만 필사적으로 되어 사람의 도리를 잊어버리면 운도 떠나가 버린다.

신종 코로나바이러스가 만연하는 가운데 이때다 싶어 공매도를 했지만 예상치 못한 반등 장세에 맞닥뜨려 큰 손해를 본 투자자도 많다고 들었다. 이런 분들은 사람으로서 어떨까? 전 세계가 코로나와 싸우고 있을 때 코로나 편인 진영에 서서 세계의 불행을 돈으로 바꾸려 하고 거기다 큰 손해를 본다. 이런 꼴사나운 이야기가 있을까?

감사하는 마음이 중요하다고 생각한다. 많은 사람이 주식으로 돈을 벌면 그것이 전부 자신의 실력이라고 생각하기 쉽다. 하지만 적어도 장기 투자의 경우에는 경영자나 직원들의 끊임없는 노력 덕분에 수익을 올릴 수 있는 것이다. 클레임을 해결하기 위해 머리를 숙이고, 힘든 상황 속에서도 현장을 움직이며, 조금이라도 고객을 만족시키기 위해 작은 노력을 쌓아 올린 결과가 주가 상승이라는 형태로 주주에게 돌아오는 것이다. 누군가가 큰 고생을 하며 당신을 도와주었다면 진심으로 감사하는 것은 지극히 당연한 행위다. 어린아이들도 이해할 수 있는 사람의 도리라고 할 수 있다.

장기 투자에서는 긍정적인 사고가 중요하다. 부정적인 사고로는 3년, 5년 동안 같은 주식을 계속해서 보유하기 어렵다. 큰 사건이 있을 때마다 불안과 두려움에 시달리며 그때마다 주식을 팔게 되고, 나중에 돌아보면 '그 주식을 계속 가지고 있었다면 지금쯤 큰 부자가 되었을 텐데…'라며 후회하게 된다. 응원이나 감사 같은, 인간이라서 가진 좋은 감정이 긍정적인 사고를 뒷받침한다.

주식 시장은 당신에게 평가자로서의 눈을 요구한다. 주주는 기업에 대해 성적표를 매기는 역할을 하고 있다. 사람들이 올바르게 평가함으로써 시장은 효율적으로 된다. VE 투자는 그런 올바른 평가를 익히기 위한 도구라고 할 수 있다. 하지만 그 대가는 모두 투자 대상 기업의 노력에서 비롯된다. 주식 투자로 성공하기 위해서는 당신의 노력도 필요하지만, 그 이상의 대가는 기업의 노력으로부터 온다는 사실을 절대 잊어서는 안 된다.

최근, 유명 초등학교의 교사와 담소를 나눌 기회가 있었는데, 그가 이렇게 말하는 것을 듣고 주주와도 비슷하다고 생각했다.

"저는 항상 아이들에게 활기를 주려고 노력해왔습니다. 그런데 신종 코로나바이러스가 기승을 부려 아이들이 학교에 오지 않게 되면서 절실히 깨닫게 되었습니다. 사실 우리 교사들이야말로 아이들로부터 활기를 얻고 있었다는 것을 말이죠…."

'프롤로그'에서도 언급했지만, 나는 피터 린치의 책과 만난 덕분에 지금의 투자 스타일을 확립할 수 있었다. 하지만 투자 전략의 뼈대는 세워졌지만, 이를 실천에 옮기는 것은 그리 간단한 일이 아니었다. 머리로는 이해하지만, 감정이 따라오지 않았다. 회사에서 아무리 열심히 일해도 월급은 수십만 엔 단위다. 한편, 주식 투자로 운용하는 금액이 커지면 그 정도 금액은 하루(경우에 따라서는 몇 분) 만에 늘었다 줄었다 한다. 장기 투자할 각오로 성장주를 사더라도 3일 정도 지나 30만 엔이라는 평가 이익이 생기면 '지금 팔아야 해!'라고 마음이 흔들리게 된다. 즉, '손해를 보고 싶지 않다'라는 인간이라서 갖고 있는 약점이 방해하는 것이다.

이 약점을 극복하는 데는 사실 블로그가 큰 도움이 되었다. 독자들에게 '나는 성장주 투자자다. 단기적인 주가 변동에는 관심이 없다'라고 선언하며 매일 글을 썼기 때문에 마음속 소리가 '팔라'고 외쳐도 '지금 팔아버리면 블로그 독자들에게 본보기가 되지 않는다'라는 이성이 작용해 간신히 참을 수 있었다.

그렇게 하다 보니 블로그 독자를 위해 메시지를 쓰고 있는 것인지, 아니면 나 자신이 흔들리지 않기 위해 글을 쓰고 있는 것인지 알 수 없게 되었다. 어쨌든 피터 린치나 워런 버핏, 존 템플턴 같은 위대한 투자자들의 명언을 인용하며 내 생각을 언어화함으로써 어느새 '즉시 이익을 실현하고 싶다'라는 감정적인 약점을 극복할 수 있었다. 블로그상의 나는 현실의 나보다 훨씬 훌륭한 인격을 가지게 되었다. 진짜 나도 블로그 속의 나처럼 되고 싶다.

가치 투자
실천
바이블

제1판 1쇄 2024년 12월 23일

지은이 오쿠야마 쓰키토(奥山月仁)
옮긴이 이성희
펴낸이 한성주
펴낸곳 ㈜두드림미디어
책임편집 최윤경
디자인 김진나(nah1052@naver.com)

㈜두드림미디어
등 록 2015년 3월 25일(제2022-000009호)
주 소 서울시 강서구 공항대로 219, 620호, 621호
전 화 02)333-3577
팩 스 02)6455-3477
이메일 dodreamedia@naver.com(원고 투고 및 출판 관련 문의)
카 페 https://cafe.naver.com/dodreamedia

ISBN 979-11-94223-36-8 (03320)